经济法文库第二辑

经济法名家论坛

顾功耘 主编

北京大学出版社
PEKING UNIVERSITY PRESS

图书在版编目(CIP)数据

经济法名家论坛/顾功耘主编. —北京:北京大学出版社,2013.5
(经济法文库. 第2辑)
ISBN 978-7-301-22366-6

Ⅰ. ①经… Ⅱ. ①顾… Ⅲ. ①经济法-研究-中国 Ⅳ. ①D922.290.4

中国版本图书馆CIP数据核字(2013)第070624号

书　　名:经济法名家论坛
著作责任者:顾功耘　主编
责 任 编 辑:王业龙　姚文海
标 准 书 号:ISBN 978-7-301-22366-6/D·3309
出 版 发 行:北京大学出版社
地　　址:北京市海淀区成府路205号　100871
网　　址:http://www.pup.cn
新 浪 微 博:@北京大学出版社
电 子 信 箱:law@pup.pku.edu.cn
电　　话:邮购部62752015　发行部62750672　编辑部62752027　出版部62754962
印　刷　者:北京宏伟双华印刷有限公司
经　销　者:新华书店
730毫米×980毫米　16开本　16印张　302千字
2013年5月第1版　2013年5月第1次印刷
定　　价:45.00元

Jingjifa Mingjia Luntan

上海市高校一流学科（法学）建设计划（经济法学科）阶段性成果

卷首语

“经济法律名家论坛”是华东政法大学经济法律研究院的一个学术品牌。自2009年研究院正式成立以来，本论坛已邀请了数十位国内外知名经济法律专家、学者进行演讲。本卷收录的主要是“经济法”领域的学者演讲实录。

在我国，经济法自产生以来，经过三十多年的发展，无论是立法还是理论研究都取得了显著进步。对经济法的发展历程进行一个客观、全面的回顾可以让我们站在一个更高的角度审视这段发展进程中的得失，从中总结出有益的经验教训，进而更好地促进研究的深入以及立法的不断完善。

多年的研究使我们发现，经济法的制度核心就在于政府与市场的行为界定。如何定位市场经济建设中政府的角色，如何设定出合理的公权干预维度，如何从宪政层面为经济法寻求更好的理论支撑与前进路径，是经济法研究的逻辑起点。

理念层面的制度设想必须依靠具体制度的落实方可得以实现。宏观调控法是国家依靠“有形之手”弥补市场“滞后性”缺陷，发挥社会资源配置、经济结构调整的有力制度措施。然而，宏观调控法的体系究竟应如何构建、如何在程序层面对政府的调控行为予以规制并进行有效的监测，依旧是一个难题。市场规制法作为确保市场有序运行的基本规范，是经济法的另一支撑力量，尤其是一度有着“经济宪法”之称的反垄断法更是不可或缺。2007年，我国《反垄断法》的颁布无疑丰富和完善了经济法的制度体系，但通过与成熟市场经济国家的制度比较，我们可以发现，这部法律无论是在具体制度设计上，还是在执法理念上，都有待进一步完善。此外，在当前经济全球化的背景下，市场经济的健康发展不能忽视外商投资给我们带来的机遇与挑战，认真分析、仔细审视我国当前外商投资制度的缺失与不足，尤其是对国民待遇问题、外商投资企业法与公司法的冲突与衔接问题、吸引外资与维护国家经济安全问题等进行深入研究极为必要。最后，任何市场的发展都离不开适当的监管，具有高风险性的金融市场更是如此，那么，如何应对金融市场发展的新趋势，在统一监管与分业监管中寻找出适合我国自身特色的监管模式;如何摆脱金融危机的阴影,快速探索出科学的、宽严有度的证券市场监管机制,也成为经济法研究中不可回避的现实问题。

总之,市场经济的健康发展离不开经济法的规范。唯有如此,经济法为市场经济健康发展保驾护航的作用方可发挥,其生命力也方可体现。

令人欣慰的是,上述所有这些事关经济法发展的关键问题、前沿问题,都得到了经济法理论界和实务界专家、学者的热切关注。他们依靠深厚的理论知识、丰富的实践经验,本着严谨的治学态度,孜孜不倦地研究着、探求着问题的解决路径。相信他们的研究成果无论对于我们研习经济法还是对今后相关制度的完善都能起到极大的推动作用。正是基于这种考虑,我们将各位专家、学者的真知灼见通过演讲实录的方式结集出版,使其思想能够得以传播,同时,以飨读者!

顾功耘

2012 年 10 月于华政园

CONTENTS 目 录

经济法总论

CONTENTS 目录

CONTENTS 目 录

CONTENTS 目 录

CONTENTS 目 录

CONTENTS 目 录

经济法总论

经济法学三十年历程的回顾

主讲人:王全兴　中国法学会经济法学研究会副会长、中国社会法学研究会副会长、中国劳动法学研究会副会长

主持人:顾功耘　华东政法大学副校长、教授、博导

记录人:徐志辉　高守阁　王雅琦　高娅(2008级经济法专业研究生)

时　间:2008年10月14日 18:30—20:30

地　点:华东政法大学长宁校区交谊楼报告厅

顾功耘:今天我们请到的是王全兴教授,王全兴教授是很多研究会的会长、副会长和很多大学的客座教授,他是经济法学界很有影响的学者,我们今天请王教授来做一个关于经济法三十年回顾的讲座。今年是改革开放第三十年,同时也是经济法发展的第三十年,在这三十年中,我国的经济法取得了什么成就,还存在着哪些不足,今后经济法研究的方向在哪里,我想今天王教授一定会给我们带来一场精彩的报告,下面让我们用热烈的掌声欢迎报告的开始。

王全兴:各位老师、各位同学,大家晚上好!首先,感谢华东政法大学、感谢顾校长给我这个机会来这作一场报告,我今天讲的题目是"经济法学三十年历程的回顾"。当然,怎样回顾是一个很大的课题,无法在这么短的时间内完成,今天我只谈一下我对怎样回顾的一点思考。我国经济法经历了三十年的风风雨

雨,发展到今天很不容易。时至今日,回顾成为一个时髦的话题,现在各行各业,从上到下,都在回顾,所以我在这对经济法学这三十年的历程谈一点看法。经济法学界本身对这个问题也是特别重视,经济法学研究会还组织了很多的资源来研究这个问题,也开了很多会议来讨论这个问题。今年,在上海财经大学举行的经济法学年会上,也把它作为一个重要课题,一些研究会也把它作为一个重要主题加以讨论。

在谈这个问题之前,首先要提出一个问题,我们为什么要回顾?如果这个问题没有搞清的话,回顾是要出现偏向的;到底回顾什么?值得回顾的东西很多,我们应该回顾什么?回顾的重点是什么?怎样回顾?这都是我们必须首先要解决的问题。现在有很多学者有这样一种倾向,即只回顾自己,回顾自己在这三十年中的贡献,当然,这是一种自信心的表现,但是只是这样回顾是不够的,这只是一个角度,如何从回顾中受益才是主要的。对于年轻人来说,年轻人是没资格回顾的,只有亲身经历过的人才有资格回顾。年轻人作为学生,所要关注的应该是从别人的回顾中得到什么经验教训,你们虽然没有经历这个过程,但应当回顾,这时的回顾主要是从受益角度来进行的。

下面我准备讲以下内容:首先,是回顾三十年的意义;其次,是三十年的阶段划分,三十年回顾的视角。然后我具体举两个例子,一个是关于经济法调整对象的讨论,这个问题曾经影响很大,值此三十年之际,我对应当怎样评价它谈一下自己的看法;再一个是从研究方法上我谈一点我的体会,在经济法学界,有两个研究方法是值得我们关注的,一个是法外论法,一个是结构性研究,我举例说明这两个方法并对它们作一个评价。最后,我再简单谈谈经济法发展的今后方向。

一、回顾三十年的意义

一般来说,我们回顾任何过程、任何历史,无非是考虑总结过去,把握未来。其中,把握未来更重要,如果回顾只是总结过去,那是没有任何意义的。我们应该从回顾历史、回顾过去中找到未来发展的方向。尤其是经济法三十年的回顾,我觉得特别有意义。我们知道,一个人三十而立,而经济法在这三十年的发展中成就很大,在我国的各门法律学科中,只有经济法是与我国的改革开放同步发展起来的。我国经济法的历史非常短,而其他学科的历史则长得多,这三十年是经济法的第一个三十年,与其他学科的三十年相比,它的意义明显不同。特别是经济法的前景,经济法的正当性、合理性,甚至上升到经济法的合法性等,还有经济法未来的命运怎么样,生命力怎么样,与经济法的这三十年都大有关系。其他学科目前还不存在这种危机的思考。另外,要特别注意的是,我们现在对经济法回顾的背景是我国正在进行第二次转型,第一次转型发生在1978年的十一届三中全会,那次转型是由以阶级斗争为纲转型至以经济建设为中心,而现在进行的第二次转型是由以经济建设为中心转向以经济社会协调发展为中心。这次转型以"胡温新政"为标志,可以这么说,第一次转型已经基本完成,现在我们正在探索第二次转型的道路,回顾第一次转型的三十年历程并进而推测今后,所以我们回顾的目的是为了回答我们应当怎样进行第二次转型,转向何处,因而其具有特别的意义。

二、回顾的内容

任何学科的回顾都是在改革与发展的过程中进行的,其同时影响着我们的改革与发展,所以,也可以这样说,我们的任何回顾都是改革与发展的重要组成部分。所以,任何回顾都要放在改革开放这个大背景下进行,不能孤立地回顾,如果就事论事,单回顾本学科,那是没有任何意义的,其得出的结论也是不深刻、不完整的。

在改革与发展的过程中,至少有以下方面要注意:经济体制改革、经济发展、法制建设、法学发展等。无论是从经济法还是从经济法学的角度回顾,都要放在这个大背景中,要从经济法、经济法学与经济体制改革、经济发展、法制建设、法学发展的比较和关联中分析问题,而不能毫无目的的回顾。总之,回顾本身也要形成一个体系。

三、阶段划分

以市场化的、市场取向的经济体制改革为标准,我们可以将经济法三十年分为以下三个阶段:第一阶段,1978年至1986年;第二阶段,1986年至1992年;第三阶段是1992年至今。

在第一阶段,我国的经济体制可以表述为计划经济及有计划的商品经济,这是进行经济体制改革的第一个决定。计划经济,即有计划的商品经济的含义,是在计划经济体制中引进价值规律,引进商品,让商品在计划经济体制中发挥作用。当时,商品经济还是放在计划经济体制之下的,当时的国家领导人陈云曾这样形象地描述此时的经济体制,"计划经济是个笼子,市场、商品就是关在笼子中的一只鸟。"当时,我们的改革思路集中体现在当时的《宪法》中,当时《宪法》规定,我国实行计划经济为主,市场调节为辅的经济体制。在"有计划的商品经济"的改革思路下,人们当时有两种理解,一种观点是把重点放在"计划"上,他们认为“有计划的商品经济”毕竟还是计划经济，只是具有商品因素；另一种则把重点放在“商品”上，他们认为“有计划的”在语句成分中属于定语，“商品经济”才是主语，因而重点要落在“商品经济”上。从这些可以看出，当时是否走市场经济道路并不明确，只是在计划经济中引入价值规律。

到了1986年之后，政府公开宣布要建立社会主义商品经济。这相对于“有计划的商品经济”的提法，政府的改革思路有了很大进步。明确了这一点之后，“有计划的商品经济”是“计划经济”还是“商品经济”的争论就结束了。在此之后，对商品经济的运行机制的认识又有两个阶段的发展，第一个阶段是1986至1989年，此时，我国的经济体制可以表述为国家引导市场，市场调节经济，否定了“以计划经济为主，市场经济为辅”的经济体制，市场化、商品化程度提高。1989年政治风波以后，官方的提法有所改变，改为“计划经济与市场调节相结合”，国家的经济体制改革出现了短暂的停滞和后退，但是这仍比第一阶段的“计划经济为主，市场经济为辅”的提法有所进步，它不存在主辅问题，而是两种经济体制并重。

在经历了三年的曲折之后，以邓小平同志南方谈话为起点，我国又确立了以市场经济为发展方向的经济体制改革目标。1993年，全国人大把《宪法》第15条修订为“国家实行社会主义市场经济”和“国家加强经济立法，实行宏观调控”，把市场调节作为基础调节。与“计划经济与市场调节相结合”相比，市场化程度明显提高，在此之后，我国继续完善社会主义市场经济，并加入了WTO。加入WTO一方面是我国改革开放的程度进一步提高的一个里程碑，另一方面，也催化加速了我国的市场化程度，使我国的市场经济体制固定化。当时，关于中国是不是市场经济国家在世界上有不同的看法，甚至现在也有很多国家还没有承认我国的市场经济国家地位，入世标志着我国的市场经济体制得到了国际的认可，这本身是我国市场化程度进一步提高的标志。

通过分析，我国的经济体制改革可以分为三个阶段。当然，这三个阶段不是割裂的，它是一个市场化程度不断提高的过程。甚至可以这样说，在邓小平同志的心目中，早在1978年，就确定了走市场经济道路的目标，1979年，他在会见一个美国朋友时说，计划不等于社会主义，市场也不等于资本主义，但当时他并没有提出来，直至1992年他才在南方谈话中公开提出，这确实是一个伟大的政治智慧，如果他早在1978年就提出走市场经济道路，恐怕会有很多人反对，我国的改革开放事业会遇到更大的困难，也会遭遇更大的风险。尽管我国的经济体制改革是一步一步探索进行的，但是以市场化为取向的方针始终没有改变过。

法律在经济体制改革的不同阶段，是随着市场化程度的提高而演变的，是与当时的市场化程度相契合的。例如，当1986年我国提出建立社会主义商品经济目标时，我国出台了《民法通则》。我们都知道，《民法通则》是调整私人之间财产关系和身份关系的，这就在法律上表明了国家决定走商品经济道路。又如，我国当时的《经济合同法》，当时国家、学界普遍把经济合同当做国家完成计划任务的手段，《经济合同法》的性质不同于我国现行的《合同法》，其私法成分并不浓厚，反而带有很强的公法色彩。它是适应当时指令性计划经济的。有人认为，《经济合同法》是计划经济体制下的法律，我认为这并不正确，因为只有计划经济是不能出现合同的，计划经济下通行的是计划，不可能出现合同。我认为《经济合同法》是我国由计划经济向商品经济转变时期的过渡性法律，它的历史意义是不容怀疑的。在《合同法》出台后，有很多学者批评《经济合同法》的种种不合理之处，我认为他们没有看到当时的社会经济体制大背景，忽视了这个必经阶段存在的合理性。

当我国的企业改革发展到由承包制转向股份制时，特别是在 1992 年之后，我国的立法有了进一步的提高，《合同法》、《公司法》等一大批法律出台。同时，我国的立法方式也出现了变化。1992 年之前，在经济领域，我国立法方式是按照所有制来划分的，1992 年之后，不同经济成分的市场主体的运行规则走向统一。例如，1986 年出台的《国营企业实行劳动合同制暂行规定》，其内容就是不同所有制的劳动合同关系适用不同的规则；1994 年出台的《中华人民共和国劳动法》，其适用标准转为劳动关系，不管是什么性质的企业，其劳动关系统一适用《劳动法》。从这个过程中看，把这些法律的演变过程与市场化程度相对应，它们的线路是非常清晰的。

从经济法理论看，1978 年，我国的经济法理论刚刚创立，当时，我们认为的经济法是“大经济法”，其范围很宽泛。1986 年，《民法通则》出台之后，经济法的范围缩小，经济法理论的方向调整。1992 年，经济法的理论进一步调整。如果把这三个阶段的关于经济法的著作、教材和论文比较一下的话，可以清楚地看到这一点。1992 年之后，我国的经济法研究同原来的表述方式、研究方法和思路有很大改变，当时，张守文和于雷写了一本《市场经济与新经济法》，和以前经济法的风格大不一样。为什么会出现这样的变化呢？当时，出现这样一派观点，因为 1986 年出台了《民法通则》，他们就认为，在商品经济下，我国可以只要民法，不要经济法，只要我国完善民法理论，经济法的理论就可以终结了。但是后来，他们发现，中国的经济体制改革由计划经济向市场经济转变，并不是纯粹转向自由市场经济，而是转向计划调节与市场调节相结合的市场经济，经济法仍然有其存在的意义。

另外，否定经济法存在的意义存在两点常识性错误。一是从国外经济法的起源看，经济法是在西方市场经济内部发展起来的，西方国家的市场经济最发达,对于要实现市场经济的我国,为什么要否定经济法?二是经济法的理论的提出,是在改革开放之后,而不是在计划经济中出现的。其出现的原因不是计划经济,而是市场化改革。因此,我国走向市场经济,不是意味着经济法理论的终结,而是意味着其理论走向正轨。

四、怎样回顾

第一,经济法学科的回顾和经济法立法的回顾。我们对经济法三十年的历史应怎样回顾?有哪些内容值得回顾?比如,经济法的回顾和经济法学的回顾,这是从立法和学科的角度回顾。我们应该将这两种回顾对应起来,但是从现在的情况看,学界往往是从学科的角度回顾,而没有把学科理论的回顾与经济法立法的回顾结合起来,更没有把学科理论的回顾与立法和经济体制改革的回顾结合起来。北大的肖江平博士,他的博士论文题目是《经济法的学说史》,他的这篇论文可以说是现在经济法学界对经济法学回顾的一部完整的、权威性的著作,但是这部著作仅仅从经济法学回顾,没有将经济法学理论的回顾与经济法立法的回顾与经济体制改革结合起来,这点是一大缺憾。我认为,单纯的学说回顾是没有太大价值的,比如现在研究思想史,若仅仅研究思想史是不够的,研究思想史的素材应该有支柱,应该涵盖重大事件。学说史、思想史、制度史、通史要结合起来回顾,这样研究历史才能发觉思想的起源、作用与效果。

第二,整体回顾与专题回顾。回顾千万不能仅是单项内容的回顾,而应该做整体的回顾。整体的回顾是整个学科的任务,就某个个人试图做整体的回顾,是不可能的,也没有这个能力。个人要回顾也只能做专题的回顾更有价值,个人对专题的回顾既有能力进行也有可能得出更深刻的论断。

第三,理论观点的回顾与研究方法的回顾。我认为,理论观点的回顾有意义,但是意义不大,所谓理论观点的回顾,不过是一种理论综述,哪些人提出什么观点,将其分门别类的梳理,并没有太大意义。研究方法的回顾,包含着对这些年来进行经济法研究方法的经验和教训,包含着对我们研究的成就和不足的回顾。因此,对研究方法的回顾更重要。

第四,对经济法发展的成就的回顾和对不足的回顾。现在有很多学者,只回顾成就、经验,罗列历年取得的成绩,忽视了不足和教训的回顾。我认为,这两者都很重要,当然,我们应当进行对成就的回顾,但是,不足和教训的回顾对未来的研究更有意义,我们应当重点进行这方面的回顾。

五、关于经济法调整对象和定位的大讨论

下面我就其中一个专题怎么回顾的方法的问题举个例子进行讲解。专题的回顾中,我首先选择了经济法调整对象和定位的大讨论,经济法的授课首先要讲这个问题,这个讨论的时间之长,规模之大,影响之深远,在三十年来的法学界是著名的,而且经济法学学科的起点就是起始于这个讨论。1979 年,中国社科院法学所组织了对于经济法、民法的讨论,这次大讨论也是开始于第一次转型,无论是从立法史还是学科发展史上看都具有非常重要的意义。对经济法和民法的地位问题、经济法是不是独立的法律部门、有没有独立的调整对象进行讨论,学界对这种讨论贬低较多,认为这个讨论就是经济法和民法争地盘,甚至是经济法的老师们和民法的老师们抢饭碗。任何一个法律学科有总论分论,学科发展首先是从分论这个起点开始研究的,然后慢慢上升到总论,这样才形成一个学科,经济法一开始就从调整对象这样一个抽象的问题谈起,并且一直在讨论,是不是我们法学界的这些学者出发点不对呢?或者说,是不是换了更高明的人就不会讨论这个问题?这个大讨论进行了这么多年,也没有得出什么有共识的结果,或者说达成共识性的结果也不是很多,浪费了学术资源。

从三十年回顾中对这个大讨论应该重新评价。首先从背景开始,当时还是 1978 年,发生了一次根本性的转型,以下三个内容特别值得关注:第一,以阶级斗争为纲转向以经济建设为中心;第二,由计划经济转向市场经济体制改革;第三,由无法无天、法律虚无转向加强法制建设。这三个转型是同时进行的,就我们法学界、法律界而言,在这个转型中首先面临着什么?这必然会提出法律如何服务于经济,原来不重视法律,现在重视法律的答案。那么在这个时期,法律如何服务于经济呢?法律界如果从宏观上长远地考虑问题的话,那首先要考虑法律以何种体制或者框架来调整经济运行。这个时候,就必然提出如何构建法律体系,调整经济运行应当有哪些法律部门?如果不研究这个问题而去研究其他问题的话意义不大,所以当时的法学界一开始讨论这个问题。可以说,对经济法调整对象和定位的讨论,实际上就是应该以何种法律体制作用于经济运行的讨论。从这个意义上说,当时的那个大讨论实际上是经济领域法律调整体制的讨论。就是在这个讨论中,整个法学界全部介入了,不过主要还是经济法学者和民法学者进行讨论。当时的《法学》发表了一期关于法律体系的讨论,就是由于经济法的出现,好像经济法的出现把整个法律体系都打乱了,怎么样构建实际上就是讨论框架问题。这不仅是经济法的问题,而是整个法学界共同的问题。这并不仅是某些法律部门的职责,当时怎么样设计法律调整体制,基础不是很好,法

律资源严重匮乏,马上设计一个法律框架缺少资源,法学理论准备不足。当时法学教育中断很多年,在武汉要找法律的书籍很难,只有前苏联翻译过来的法学书籍。另外,改革的目标模式不明确,所以当时的基础不好。尽管基础不好,但是老一辈法学家们对这个问题的讨论没有停止,这是他们的贡献。坚持真理,不懈追求这是值得我们崇敬的。

六、设计法律调整体制的"部门法"思路

在讨论这个问题上有两种思路,一种思路我称之为"部门法"思路;另一种思路我称之为"体制要素"思路。对于"部门法"思路,当时我们讨论应怎样设计框架,虽然法学资源不足,但是当时法律部门的概念和法律部门的思维方式还是有的。在法律部门的讨论中要注意,当时我们国家在法律部门的构建上有很大特殊性。国外法律体系的变迁有时序性,每个阶段都不同,首先诸法合体,然后公法私法分立,再发展到法律社会化,一步步发展和演变,但我国没有这个机会。在西方国家自由竞争阶段,发生了社会危机和劳工工人运动。国家为了应对社会危机,就在社会领域、社会保障领域干预经济,因此劳动法产生了,接着是社会保障法。但是,在那个自由竞争阶段,尽管有经济危机,却没有引起官方的高度重视,只是把劳动者的问题解决掉,至于经济的危机不予干预,经济危机和社会危机不联动。到了垄断阶段,从防范的角度干预经济还不够,这个时候经济危机带来更大危害,又不得不更加重视经济危机,从预防经济危机的角度去干预经济,经济法随之出现了。到了上个世纪七八十年代,生态危机出现了,需要环境资源法进行调整,第三法域的成员不断增多。所以,西方国家不同法律部门没有争论。我国不同,这短短的二十年多来,从开始的几乎无法仅有政策、没有私法,到改革开放这些年来公法、私法和第三法域同时出现,并且在第三法域中,经济法、社会法也是同时出现,具有共时性的特征。

七、设计法律调整体制的"体制要素"思路

"体制要素"是另外一种思路,它不是我们传统的法律部门思路,即市场经济体制要素的思路。我们的改革是这样的,先改革,后立法,虽然现在在考虑改革前立法,但总体上还是先改革后立法。所谓先改革,是指逐步构建市场经济体制的要素,也就是市场经济体制要素逐步生成;而后立法是指我们今后就要围绕市场经济体制要素来构建与其相对应的法律制度,所以说,是相应的法律制度逐步建立。我们国家的改革,一开始是培育市场主体,要改革,要实行市场经济,没

有市场主体是不行的。我们的国家没有市场主体,我们的公司不是现在意义上的公司,比如武汉钢铁公司,很早以前就有了,但完全不是现在公司法意义上的公司。我国只有工厂,没有企业,没有公司,所以我们的改革是从培育市场主体开始的,即把国有企业改造成市场主体,还要发展非公有制经济,因为非公有制经济主体一出来就是市场主体,比如,外资企业、私营企业等。

但有了市场主体还不够,还要扩大市场调节范围,可以通过以下途径实现:(1) 缩小指令性计划的范围;(2) 进行价格改革,把原来的国家定价改为市场调节价格,只有这样才有市场行为、才有合同法。以前指令性计划范围较广的时候,制定的是经济合同法,后来指令性计划的范围缩小了,合同法(市场行为法)才出现。有了市场主体和市场行为,就会带来很多问题,如秩序的混乱,市场主体和行为的出现必然导致竞争加剧,尤其我们国家采取的是双轨制,维护市场秩序将成为一个重大问题。再比如,市场调节出现以后,我们的经济有冷有热,经常出问题;要调控经济,就要在供求总量结构上进行调节,就要竞争、要交易,就可能带来社会安全问题,带来生态威胁。所以,市场经济体制要素的生成不能一步到位,要逐步展现。这个过程是我们市场经济体制要素逐步明朗化、逐步展示的过程。这种思路围绕着市场经济体制要素的不断展现来相应构建不同的制度,最终实现它的框架,就形成了市场主体法、市场行为法等。

八、"大讨论"的成果——一个新的法律部门(两大思路的成果)

我们经过对这两种思路的研究,得出了三大成果:

第一种思路的成果是形成了由国家官方公认的七大法律部门要素,这七大法律部门包括公法中的宪法、行政法、刑法,私法中的民商法,第三法域中的经济法、社会法,再加上程序法。这个成果与西方国家相比,结构是有特殊性的,即经济法、社会法是独立的,这与西方国家官方公认的法律部门有所差异。经济法是一个独立的法律部门,这可以说与经济法学界的努力不无关系。

第二大成果是由官方所确认的市场经济法律体系,这是官方的用词。我们改革的目标是在20世纪末、21世纪初基本建立市场经济法律体系。当时,按照官方的立法规划,即人大法工委和国务院法制办的立法规划,就是根据这种突破了传统法律部门框架,跨越不同法律部门的新的结构来设计的:包括市场主体法、市场行为法、市场规制法等。这种结构的思路不是传统的部门法思路,但现在看来确有道理,它有很多优越性:一是反映现代市场经济体制的法律需求结构;二是指明法律作用于现代市场经济体制的切入点;三是展示法律调整经济运行的着力点;四是提供研究经济法律问题的分析框架。这种结构的出现在法学研究中意义非常重大,在传统法学思路中是没有这个结构的,这应当是个贡献,并且这个贡献是得到官方承认的,比如《中国法制建设》白皮书就遵循了这种结构。

第三大成果是构建了一门学科,这门学科在我们国家历史上是没有的,这是第一次出现,当然关于经济法是不是一个独立的法律部门还存在争论,但是经济法作为一门学科,是得到公认的。这门学科包含两层意义:第一是与经济法对应的法律学科——部门法学;第二是跨法律部门的法律学科——综合性学科,就是关于经济的法,不管是哪个法律部门,只要是服务于经济、作用于经济的,都属于这门学科,比如民法、刑法当中与经济有关的法律规范、法律制度、法律要素等,它们是如何作用于经济的,也是经济法学科可以研究的,这种研究也是特别有意义的。我们今后在研究法律问题的时候,可以从这种思路思考,不管是哪个专业的学生,在研究问题的时候,都应该有这种总体、系统的感觉和视野。

九、“大讨论”的启示

“大讨论”有什么启示呢?我觉得有这么几点值得思考:

第一,关于法律调整对象的研究。有三个问题,一是为何研究?现在研究法律,首先要研究这个法律的调整对象是什么,法学界过去对法律调整对象的研究是有问题的。我觉得对调整对象的研究是为了解决法律对调整对象应当如何调整的问题,因此,并不是只有学者才研究调整对象的,实际上,司法部门、立法部门也研究调整对象,而且他们的研究要比我们高明得多。比如,中央的立法规划要制定某部法律,立法者首先就要研究这部法律的调整对象,要进行调研,以确定这部法律所要规范的对象范围,否则就无法立法。所以,研究调整对象的主力军是立法者,而不是我们学者。二是研究什么?我们要研究的是作为或者预设为调整对象的社会关系和行为,它的运行规律、机制和法律需求。三是怎么研究?应通过调查、描述和分析的方法进行研究,而不是像我们现在有些学者那样,所谓研究调整对象,就是本法是调整某某关系的法律制度,比如民法调整财产关系和人身关系,经济法调整这个关系、那个关系,互相争论不休,这是不可取的。我们需要研究的应该是调整对象本身内在的特征和规律及其法律需求。关于经济法调整对象的研究,我认为应该从研究现代市场经济的运行规律和机制,以及现代市场经济的法律需求的角度出发。现代市场经济的法律需求至少应当包括以下几个层次:一是现代市场经济的正常运行需要法律为其提供什么条件;二是已有的法律部门,能否满足这些需求,能够满足的需求达到什么程度,哪些需求是传统的法律满足不了的——这才是需要我们经济法提供的,经济法需要在哪些方面弥补和如何弥补传统法律部门的不足,以满足现代市场经济的法律需求。把这些问题研究清楚了,经济法是什么,经济法与其他法律部门的关系自然就清楚了。

第二,关于法律调整对象的定位问题。应包括两个层次:一是在经济社会发展中的地位,二是在法律体系中的地位。法学界现在的研究只是停留在法律体系中的地位的层次上,这是不够的。法律处于什么样的地位,不是取决于法律本身,而是取决于其在经济社会发展中的地位。如果它为社会所需要,那么它的地位就高,如果它对经济社会的发展作用不大、需求不多,那么它就没有必要成为独立的法律部门。所以关于经济法是不是独立的法律部门,尽管学界仍有争论,但官方却已经承认了,这是为什么呢？因为需要。它在经济社会发展中有地位、有需要,就可以把它作为一个独立的法律部门来建设,而学界中是否讨论清楚是没有关系的。

第三,关于独立法律部门的标准问题。包括实质标准和形式标准,实质标准是指所要建立的法律部门具有其必要的、特有的、不可为其他法律部门所替代的或者虽然可为其他法律部门所替代但成本过高的功能;形式标准则是指调整对象、调整方法、立法主题等方面的特殊性。可以说,形式标准和实质标准相比较,实质标准更重要。因此,我们在论证某种法律是不是独立的法律部门的时候,关键要看它的功能而不是调整对象、调整方法。

第四,关于法律假设。传统的假设是:一种社会关系只能由一个法律部门调整,基于这种假设,学界在法律调整对象,特别是经济法这个问题上争论不休。但是我们忽略了一个事实,那就是法律调整对象不应该是如此狭隘和僵化的。比如,所有制、所有关系,主要是由民法调整的,但是其他法律就不调整了吗？不是这样的。我们现在换成另一种假设:一种社会关系可以由不同法律部门调整,这才是符合实情的。处在社会大系统中的任何一种社会关系会因为受到多方面因素的制约而呈现出多种属性,不同属性有不尽相同的法律需求,这可以由不同法律部门基于不同目的、从不同方面、用不同方法对其进行调整,以满足其不同的法律需求。法律部门的划分标准是多元化的,比如民法和行政法主要是根据调整对象划分的,刑法和其他法律部门主要是根据调整方法划分的,还有些法律部门的划分是根据某种特定主题进行的,比如,公司法、破产法、保险法的划分,第三法域中的劳动法、社会保障法、经济法的划分,企业法、房地产法、经营法的划分,等等。我们在分析问题的时候不能受缚于一个标准。

第五,关于对不同法律部门关系的研究思路转变的问题。包括以下几个方面:一是我们原来只重视总体研究,这是有缺陷的。应该总体研究与个案研究并重,要研究不同法律部门在具体某个问题上是什么关系,比如,在房地产的某个案件当中,民法与经济法是什么关系,它们是如何配合来发挥作用的;二是我们过于重视区别研究,实际上应该研究区别与研究联系并重,要看到区别,更要看到联系;三是我们要重视部门法总论的研究,但仅仅停留在教科书总论部分的层次是不够的,而应该从法理学的视角,从部门法分论、具体个案的层次来研究不同部门法的关系;四是我们重视法学研究,但应该法学和其他学科研究并重。比如,现在很热的土改问题,即新一轮的土地改革,那么新的土改是始于哪些问题?为什么要进行新的土改呢?一个最大的背景是我们内需不足,国外现在在闹经济危机,外需靠不住了,只能通过扩大内需来发展经济,内需又分为城市内需和农村内需,城市内需经常饱和,而农村内需的空间很大。那么怎么样来扩大农村内需呢?应该提高农民收入,而如何提高农民收入呢?有三大途径:一是提高农民的农业收入,二是提高农民的非农收入,如做生意、打工,三是加强社会保障,而这三大途径都以土地为关节点。土地生产力不能得到提高,农业生产者就不能得到高收入,最多只能得到口粮;要提高非农收入,如鼓励农民进城打工,可能又产生了一个土地撂荒的问题。另外,社会保障问题也涉及土地。我们的改革要稳定产权,把产权有效期从15年、30年改为70年。但是这里存在一个悖论,就是自由流动和产权是对应的,存在自由流动才存在产权,不能自由流动就没有产权,但是产权流动对农民来说是有风险的,如原来的产权有效期为15年,但是不能转让,产权等于就固定住了,而现在改为70年,允许转让,农民把土地转让了,就成为无地农民、失地农民,这个时候农民还要产权吗?所以说产权对农民来说像是一个"幌子",没有多大意义。现在的关键问题是,在我们国家,农村的耕地、承包权、集体所有权实际上并不是产权,也不是物权,它们只是就业权、生存保障权的客体,而不是物权客体。从前把它当成物权,是因为当时的前提条件是农民不能进城,城里人的就业和社会保障由国家保证,而农民分得一块土地后,就自己经营,国家不再负担了,这样就肯定不能允许转让,否则农民的生活无法得到保障。所以现在要让农民能够转让土地,必须有两个前提:一是要让农民离开土地后能够就业,能够有生存保障,也就是说使其就业和生存保障的客体有所替代,否则是要出问题的;二是土地即使允许转让也必须保留底线,正如温家宝同志说的,要保留18亿亩的耕地底线,否则耕地都转变成房地产了,这是要威胁国家粮食安全的。这两个前提就制约了土地流转的速度和规模,所以,不是说要进行土改就大刀阔斧,而要一步一步地来。要解决这些问题,劳动法、社会保障法和国家其他法律部门都应当发挥应有的作用,在土地改革当中怎样处理好这些法律关系,怎样设计能够与之契合的法律制度,这些都是值得研究的。这么一来,就围绕着土地改革的问题把各个部门法的关系弄明白了,而不是空洞地谈论各个部门法之间的几大联系几大区别,那是没有意义的。

第六,还有一个在经济法学研究中我一直很推崇的问题,就是经济法学法外论法的问题,这是一个很重要的研究问题。我们国家的法学研究,一开始是以政论法,是政法学,是从政治的框架中看法律,一切以政治为标准,就比如我们有各类的政法学院,法律是没有独立的空间,没有独立的价值,法律从属于政治,这是有道理的,因为法制是政治体制的组成部分。但是后来,法学开始有独立品格,那时我学的一门课叫《国家与法的理论》,到后来就成为《法学基础理论》,体现了法学的独立品格,就法论法。就现在的发展看,出现了法外论法,就是在法学的框架外论法,从政治、经济、文化多个角度看法律,在法律之外看法律,当然这和之前的"政法"也差不多,只不过政法是单单从政治角度来看法律,这是不行的,现在要从多方面看法律。这种研究在经济法学中非常突出。你可以看看经济法学的文章的注释、参考文献,就会发现大量的是非法学的文献,法律文献相对少得多,不像民法、刑法等基本法律的法律文章有大量法学参考文献,但现在这个局势也在改变。

经济法为何会有这种现象呢?原因有以下几点:第一,经济法是应对危机法。出现危机的原因主要不是来自于法律,而是来自于法律以外的因素造成危机,单纯法律造成危机的不多。因此,要应对危机、拿出对策,必须从法律之外来做文章、做研究,否则拿出的对策没用;第二,经济法是政策法,这就必须从政策学的角度研究法律,那就要看它的基本精神,看它的原则,看法律发展的原因。就比如说刑法学和刑事政策学吧,这两门学科研究的东西是不一样的,刑事政策学是研究犯罪的原因,犯罪怎样防范,刑法是研究犯了罪怎么处罚,怎么判刑,它是不懂政策的。经济法是要从政策的角度考虑问题,还要从法律之外,从多个层面看法律;第三,是我国的经济体制改革。我国的经济法是经济体制改革中出现的,经济体制改革的动因不是法律,经济体制改革的动因是经济社会的发展,经济体制改革中的法律,只研究其本身是不行的,必须是法外论法;第四,经济法是一个新兴的法律部门、法律学科,这个新兴的法律部门之所以能够独立出来,是因为全部的法律部门、法律学科中没有过多的资源来支撑这种新的制度,那么它只能从其他地方来找资源。经济法学法外论法,并不是说经济法学高明,而是研究对象、研究背景逼着学者们只能这样研究。

法外论法有这样几点优越性:第一,保持我们认知的开放性,不只是封闭在法学这个方向之内,而要开阔视野。第二,便于研究问题的取向,为了解决问题,什么理论都能用,不要只局限于法律理论,现在我们国家很多决策、政策都是在法律上找不到依据的,只能从其他学科找依据。一项法律的出台必须从法律上找依据这种说法是不存在的,而是根据现有的法律出现新的现象了再来归纳它的理论，而不能倒过来。第三，就法论法是有问题的，这个问题就是法外论法的法学品格。现在经济法的学生写文章答辩时常有老师问：这像法学的文章吗？这是一个问题。我经常说，如果一个法学的学生能写出一篇不是法学但是质量很高的论文，这是天才，可惜很多老师不那么看。这就是经济法、劳动保障法学生吃亏的地方，就比如学生写农民工的文章，就不像法学的论文。这个问题怎么解决呢？我认为，应该将就法论法与法外论法相结合。我们既要从法外论法，另外我们要把已有的法律知识结合进来，在使用非法学资源的时候也写上法学资源，让两者能够互相启示、互相印证。另外，法外论法的目的是解决法律问题而不是其他问题，这是我们法律人法外论法与社会学经济学人研究法律目的的不同。经济学人分析充其量是说这个法有什么问题，原因是什么，但是他们对这个法怎么修改和完善是没有责任的；而法学者不但要说明问题和理由，还要说这个制度怎么设计、这个案子怎么处理，必须拿出解决法律问题的对策，这样才是完整的。还有一点是法学语言与其他学科语言的问题，这个问题有点麻烦。现在很多语言是传统法学原来没有的，但现在又有了，比如“产权”、“经营机制”，还有社会保障法、劳动法中的很多词。有些词在其他学科中的含义与在法学中的含义不一样，要处理好在法学中这个词的含义和其他学科中这个词的含义怎样对应，把其他学科的词要搬到法学来，这就有一个翻译的过程，传统法学中有定义的词，就用法学定义的词，如果没有的话再用其他学科的词。现在出现了很多新造的词，比如把“思路”叫做“理路”，怎么处理这些词应该是比较慎重的问题，法外论法不宜滥用，现在法经济学的滥用太厉害。比如，现在我们谈到的“法律供给与法律需求”，供给与需求能够用在法律上吗？不能把国家、制度等这一类公共产品也用供给需求来表述。有人表述“我们现在是法律供给过剩”，他的意思是法制定出来后用不上，我认为这是不对的，这应是法律无供给。还有如“立法成本与收益”、“立法是需要成本的，我们需要节约成本”，我们制定这个法律花了多少人力物力，我认为这更不对，法律应该关心其质量，法律制定出来能不能用，而不是法律制定出来以后花多少钱。

十、经济法学发展的前瞻

下面我来谈一下经济法学发展的前瞻，先谈点比较空的东西，再谈点比较实在的东西。法学的整个前瞻和经济法学怎么去努力，至少有这么几个问题很重要：一个问题是经济法学如何立足于我国法学。尽管经济法学的学者那么多，但是在传统法学界，经济法学的合法性没有确立，它是法学吗？经济法学究竟是什么东西？这确实是个问题，但这点不能责怪传统法学，关键是经济法学研究体现的价值、作用在哪里，如果经济法学确实有贡献，并且这个贡献得到国家社会的认可，那么传统法学也会接受，这取决于经济法自己的生命力。经济法学在研究法律问题的时候，在语言、方法等方面，要考虑到与传统法学的沟通，尽管强调法外论法，但这是法学品格，要保证语言、研究方式能和传统法学沟通，它的趋势能够转化，这样才能得到法律的承认，这个方向值得努力。第二个问题是关于世界法学，这是个大问题。现在有人说我们国家的经济法学是全世界最发达的。这个话也不能说不对，我们要有一定的信心，但是我国法学的成果中，经济法学得到世界法学的认可没有？这个是个大问题。当然，这里不只是经济法，我国法学界的贡献得到世界承认的有哪些？这也是值得考虑的，从这一点说，我们国家最著名的，在国外出名的，研究国际法的韩德培等都是世界著名的法学家，那么真正研究国内法的，有几个是世界著名的？我就不清楚了，这要靠历史来评价。经济法学要怎么样走向世界？如果我国经济更好了，如果法制更好了，经济法的贡献应怎么得到世界的承认？这是要努力的。第三个问题是如何应对第二次转型？我说这个是实在的，因为在第一次转型中，我们的法学得到了巨大的发展，那么现在第二次转型，我们应该怎么转，怎么应对？经济社会发展过程中，这个转型内容是多元的，比如，由建立市场经济走向完善市场经济，由城乡二元化经济转向城乡一体化经济，这一点要注意，我们国家对城乡一体化问题一直在努力，但是努力不够，最近加速了，原来的思路还是城乡二元经济，现在才是真正的城乡一体化思路，这是一个重大转变。这样经济优先发展，我们经济才会与社会协调发展。再者，经济增长方式的转型。原先我们国家主要靠投资出口拉动经济增长，消费拉动经济增长不怎么样，而现在，要转向消费、投资、出口协调拉动经济增长，这是十六大的精神，把消费作为经济增长的第一动力，这是个重要转型。消费中，尤其是现在的农村消费等，这是增长方式上的一个重大转型。原来是一部分人先富起来，现在要共同富裕，不但城市要富，乡下也要富，要缩小贫富差距等，有很多需要转型。那么在这些转型中，经济法学如何应对？原先在第一次转型中，经济法强调效率优先，那么现在呢？再有一个问题，我们国家的转型实际很大程度上就是国家的政策目标体系的结构性的转化。比如，以往传统是政策目标优先，这是改革开放以前，而改革开放以后，国家政策体系中是以经济目标优先。那么今后是否会发展到社会目标优先呢？至少社会目标在国家政策目标体系中地位在提高，经济与社会目标并重。那么再到将来，可能一个突出问题是民主政治目标优先。我觉得我国的社会问题、民生问题不解决，过多的努力去追求民主政治目标，这对国家好像不会是好事。如果民生问题社会问题解决了，民主政治目标的实现肯定要顺利得多。当然，如果没有民主政治，民生问题是否能最终解决？也不一定，但是要优先解决民生问题。因此，政治目标很重要，它要解决民生问题。共产党领导我们全国人民由计划经济走向市场经济，难道共产党就不能领导全国人民解决社会问题？这值得考虑，这个问题解决好了，民主政治目标就轻松得多。这是个转型，而且特别重要。

在这个转型中，也牵涉一个很重要的因素，就是两大成本——社会稳定成本和生产成本。在以经济为中心的阶段，这两大成本是由直接受害人承担，社会公众承担，国家买单的，直接加害人承担的很少。比如环保，环保企业承担的很少，对其处罚很轻；企业拖欠员工工资，不交社保，这样一来，社会稳定成本由谁承担？企业是不承担的。这样是不行的，国家承担带来国家不稳定。所以，这两大成本的分配结构要改变。原先一个企业拖欠农民工工资、不交社保费用，现在要让它支付工资和社保，还有承担环保的费用，一个企业感到这些成本的增加挤占了它的利润，企业会感到艰难，这样如果一个企业不行了，那就国家来帮忙，国家让税让利。这个问题要怎么解决？首先，成本是由直接受害人承担；其次，由直接加害人承担，要扩大它的负担，由这两大成本的小负担扩大为大负担；再者，国家要保障两大成本更多地转向企业，又要扶持企业的发展，因为没有企业的发展，其他什么问题也解决不了。国家要扶持企业，那么国家就要放行。国家怎么放行？就是国家由小力负担转向大力负担，同时，国家的负担要从隐性的负担转向显性的负担，国家在财政上该出多少就要出多少，要显性化，要透明。此外，国家的负担要从延后变为提前，不要等问题变得不可收拾了国家才负担。当然，在这个问题上我们社会公众、各种社会群体都要买单。总之，在这个目标转型过程中这两大成本的重新分配是很重要的因素，整个经济法学都要思考这个问题。

经济法的若干前沿问题

主讲人：张守文　北京大学法学院党委书记、副院长

主持人：罗培新　华东政法大学教授、博导

记录人：王高英　吴舒曼　朱黎霞　徐亚沁(2008级经济法专业研究生)

时　间：2009年4月7日18:30—20:30

地　点：华东政法大学长宁校区交谊楼报告厅

罗培新：各位老师，各位同学，大家晚上好！今天对于我们华东政法大学来说是一个非常好的日子。今天上午我们聆听了陈兴良教授的讲座，晚上我们又迎来了另一位嘉宾，北京大学法学院教授、博导，北京大学法学院党委书记、法学院副院长，中国法学会经济法学研究会副会长，曾获中国十大中青年法学家的张守文老师。张老师是北京大学法学院的法学学士、硕士和博士学位获得者，1995年曾经获得美国GE经济学奖、1996年获《法学研究》100期优秀论文奖；1999年被北京市法学会授予“优秀中青年法学家”称号；2000年获教育部首届“青年教师奖”，同年入选北京市新世纪社科理论人才“百人工程”；2002年底，当选为中国法学会第三届“十大杰出中青年法学家”。对张老师的诸多论著，想必在座的很多经济法学的老师和同学都不会陌生，但是张老师为人一直很低调。接下来我们以热烈的掌声欢迎张守文教授的到来。

张守文：非常感谢罗培新教授的介绍，也非常高兴来到我们华政，华政是我们国家非常重要的一所政法大学，应该说在这里名师荟萃，而且生源也非常好。今天是借开会之际，来跟大家做一些交流。因为我觉得我们每个人的研究是有限的，所以当我对很多方面没有很多的研究的时候，确实不敢试的东西很多。接下来就按照相关的要求，跟大家谈一点相关的问题。前几天罗教授问我要讲什么，我当时还在开会，一直都没有想这个问题，主要是跟大家交流交流，他就说我给你定个题吧，就叫“经济法的若干前沿问题”，就有了这样一个题目。这个给

了我很大的压力,因为要讲前沿问题是很不容易的。因此,我想结合这样的一个问题谈几个方面的问题。

一、背景和问题的定位

2008 年是非常不平凡的一年,在这一年,我国走过了改革开放第三十年,我国的经济法和经济法学也走过了三十年。在这改革开放三十年之际,我们国家的各个方面都在纪念改革开放三十年,它确实在很多方面给我们国家带来了很多的新现象和新问题,同时也取得了很多的令世人瞩目的新成就,经济法学界也不例外。去年,在上财我们召开了中国经济法学界的“年会”,这次会议的一个核心主题就是回顾我国经济法发展的三十年,在回顾的过程中很多高校都参与了这样的一个研究,中国经济法学研究会也做了一系列的组织工作,所以,在去年大家可以看到,有很多的研究成果都是涉及三十年的回顾问题,在这些文章和报告里面,有很多是侧重于回顾我国经济法改革开放三十年的历史发展过程,回顾法制建设的历程或者是经济法学的发展历程,这两个大的方面是主题。但是在这些回顾的文章和报告里面,更多还是侧重于历史的一些问题的分析、考评,那么,对于整个经济法研究存在哪些问题?有一些报告、文章会提及,但总体上研究得还不够。另外,对于一些前瞻性的问题,对我国经济法学的未来应该向何处去这个问题研究得也不够。为什么会这样呢?大家都比较清楚,要预测未来、要讨论一些前瞻性的问题确实是比较难的,因此大家把很多的笔墨更多地放在了三十年的回顾的方面,而前瞻的方面相对说来研究是不足的,而这样的一个问题需要我们去考虑。今年,我们实际上已经站到了一个新的历史起点之上,体现为今年是我们改革开放之后的一个新的改革开放三十年,同时我们也迎来了建国六十周年和市场经济大萧条八十周年,这三个年份对于经济法的研究实际上是有重要的意义的。一个是改革开放对于经济法的研究有着重要的意义;一个是中国特色(中华人民共和国建国六十周年),都将会应用到我们经济法的研究,比如我们下午在华政讨论国有经济的研究或者国有资产法的研究等这样一些问题时,都有很强的中国特色;还有一个问题就是市场经济一系列的问题或者共通的一些问题。这些方面都非常值得我们去研究。今年是一个特殊的年份,西方从 1929 年到 1933 年的大萧条,其实给我们很多启示,经济法产生和发展的过程中有一个阶段,就是危机对策,为什么那个时期是与大萧条相关的呢?恰恰是大萧条以后真正的宏观调控法产生了,完整的经济法体系形成了,所以这方面的问题对于我们来说很有启示。为什么最近很多人都在回顾大萧条时期的一些理论和一些做法,也都跟这些有关;为什么在这个阶段有很多人关注国家的作用、政府的价值以及经济法的价值,也都跟这个问题密切相关。在这样的一个新的历史起点,经济法学人(研究和学习经济法的这样一些人)就必须要考虑在新的历史时期经济法的理论如何发展,经济法研究如何推进。这些都是历史给我们提出来的新课题,我们必须来思考所谓的经济法的前沿的一些问题。

对于前沿问题,事实上大家都会有自己的一些认识,从最通常、最直白的意义去理解,我们会发现所谓前沿问题无外乎就是这样一些问题,现在在我们看得还不是很清晰、很模糊,对于这样一些问题,往往是我们研究得比较少,微乎其微,或者几乎是没有什么研究的,这样的一些问题由于对于整个学科的发展、对于学术的发展、对于理论的发展有一定的引领作用,因此我们称之为前沿问题。前沿性的问题往往不是在中心,而是在边缘,过去学术界很多都在讨论这样一些问题,觉得这样一些问题是很有价值、很有意义。之所以有意义,是因为有些边缘性问题对于引领学科的发展有特别重要的价值,所以我们要去研究它。那么回顾整个经济法的学说或者整个经济法的发展历程,事实上有一些理论问题我们已经研究很多了,有些问题已经成为一个成熟的问题而不是前沿问题了。有些前沿问题在历史上是前沿的,比如,在经济法理论形成和发展的早期,大家都会关注或者研究经济法的调整对象、概念、体系等等这样一系列本体论的问题,因为我们要回答经济法是什么。在这个时期,整个学界投入很多精力去研究这些问题,这样的一些问题在当时就是前沿问题,同时也是热点问题,当然这样的一些问题经过学界同仁的反复努力和研究,很多方面已经达成了共识,在达成共识之后这样一些问题的研究就会相对沉寂,在经济法学界就很少研究这些问题了。这样的一些问题相对说来就变成了比较成熟的一些问题,就是因为在这个领域里人们在很多方面已经有了一定的共识,但是与此同时还会有很多很多新的问题不断地涌现,这样一些新的问题需要我们去思考,而且还有一些问题对于我们整个学科或者整个学术的发展具有关键性的作用,所以这样的一些前沿问题就要我们很好地去考虑。事实上,对于前沿问题学者们的看法都不一样,因此我在这里讲这样的一个前沿问题的题目是要冒一定风险的。当然,虽然大家的认识都不同,但对于前沿问题中的某些问题(某些关键问题、某些重点问题),大家可能是会有认识上的交集,所以我们要拣选这样一些问题去进行相关的研究,这样的一个方法其实对于推进整个学术的发展、推进整个学科的进步是会有非常大的助力的,所以我们要研究这样的一些问题。

从总体上看,经济法学领域的这样一些前沿问题无外乎是包括这样两大类:一类是在经济法总论中的前沿性问题,另外一类就是在分论中的一些前沿性问题,两方面都有,一个方面更多地侧重于理论方面,一个更多地侧重于制度的方面。从总体上来讲,考虑到这样一些前沿问题对于整个学科的推进、对于制度建设的推进的重要的价值,总论方面的前沿性问题更引人关注。所以接下来我就想提几个方面的问题。前面讲的都是相关的一些背景,新的历史起点面对的新的问题,我们要提炼新的前沿的问题,就要对前沿问题作一个大体上的界定。这是第一个大问题,接下来我就想谈一系列比较具体的前沿性问题。这些具体的前沿性的问题可能包括的面是很广的,我也简单地提若干方面,跟大家来共同地讨论和交流,不一定合适。

二、关于基本原理的提炼的问题

第一方面的前沿性问题主要涉及基本原理的提炼的问题。

在新的历史时期,我们应该关注基本原理的提炼,对于经济法的理论研究,前些年很多的学者做了很多的努力,应该说在这个方面已经取得了很多的成绩,但是在理论背后作为支撑理论的一些基本原理,我们的提炼还不是很够。从总体上来讲,我们的一些研究引进了其他学科的一些原理,比如经济学的原理、政治学的原理、社会学的原理、伦理学的原理等,很多学者多从不同的角度去研究,前阶段很多的学者都关注经济法的研究方法,都会看出经济法研究方法的非自足性,所以肯定会关注其他学科的应用,包括相关原理的引进。在这样的一个基础之上,经济法的理论已经有了相当程度的发展了,已经提炼很多的经济法的理论,那么,能否在这样的一个基础上提炼出更多的、更加能够适用经济法发展的原理的问题就提出来了。事实上,随着理论研究的推进,对于原理的提炼的需求会越来越高,所以我们应该关注这些原理的提炼。在原理的提炼方面,我想还是应该关注很多非常基本、非常重要的原理。

举一个例子,比如,在经济法上非常重要的原理之一,就是经济法的差异性原理。我们要对差异性原理予以很大的关注。对于差异性原理我们前些年已经做了很多的理论分析和讨论,在这方面我想讲两点问题。

第一,差异性的表现。从差异性的表现看,大家都会感受得到,事实上,在现实生活中存在着大量的差异,这样的差异是纷繁复杂的,那么什么是差异性原理呢? 从总体上来讲,大概是这样一个情况:在现实生活中存在着各种各样的差异,有一些差异是要通过法律的途径进行适度弥合的,这里有一类就是经济法。事实上,从经济法的角度讲,差异性的存在恰恰是经济法产生、存续和发展的重要前提和基础。相关的差异性有很多的具体表现,举个例子,在经济法的主体方面就存在着很多差异:主体的法律地位、主体的权利、主体的能力、主体的信息、主体的规模等,很多方面都存在着差异,这样的一些差异对于经济法的研究来讲非常重要。过去在民法学界比较强调的是无差异性或者均质性的这样一个假设,正由于强调无差异性或者均质性,它才能强调主体地位的平等以及由此形成民法上的一系列重要的理论,但是在经济法上却不是这样,它恰恰是要看到现实生活中大量存在的各种差异,而且恰恰是有很多差异直接会带来市场失灵的问题。一旦产生市场失灵的问题,经济法的调整就显得尤为必要,所以,从现实的情况看,主体的差异是非常多的,结合刚才讲的主体的地位、主体的性质、权利、能力、信息、规模等各个方面存在各种的差异,我简单地给大家举一点我们法律上或者法学上所关注的这样一些主体的分类,从这些主体的分类中,实际上可以看到很多二元结构。比如,我们会关注国家和国民的二元结构,这样一个二元结构对于宪法、对于经济法来讲都是很重要的,由此可以进一步推演出调制主体和调制受体的二元结构,这样的二元结构本身的存在和这样一个主体组合本身的存在会对整个经济法的内在结构产生非常深远的影响;再比如,在经济法上还有其他的一些主体的差异,如在规模上、在是强势还是弱势上都有很多的分类,前几年经济法学界比较关注弱势群体,跟弱势群体相对应的就是强势主体,因此实际上在经济法学上它要关注一个很重要的问题,就是不仅仅要关注权,还要关注势。所以过去常常强调说有权有势,这是密切相关的两个问题,那么强势群体和弱势群体、强势主体和弱势主体都跟这个有关联,所以经济法上很多的制度安排都跟弱势群体的保护有关联;再比如,在规模方面我们会关注大企业和中小企业规模的差异,这些差异直接带来了立法上的一些差异,如中小企业促进法更侧重于哪个方面,这些都是主体上的差异所导致和带来的。随着这样的一些差异的存在,再加上外部环境、外部条件所带来的差异,在经济法上所需要关注的差异就非常多,比如主体是处于什么样的一个区域,是在发达地区还是欠发达地区、是在东部沿海(上海)还是在青海,这是一个很大的不同,在上海的一个企业跟在青海的一个企业,其实质上的经济法的制度安排(包括在税收方面以及其他各个方面)都可能会存在一些差异,包括产业政策方面还有其他的各个方面,这些方面都是我们实质上需要特别关注的一些重要问题。这是我们能够事实上看到的在经济法中存在的主体的这种二元结构,它实际上就是差异性很重要的一个体现。这种差异性直接要求我们在原理的提炼上需要关注一些问题。

第二,差异性原理的具体应用及其对经济法理论的提炼的帮助。因为这些原理都是最简单、最基本的原理,它能够告诉我们很多东西。借助于这样一个差异性原理,我们首先要关注的就是经济法的复杂性。经济法所要解决的、面对的是复杂性问题,它本身就是一个复杂性的系统,复杂性问题是整个国际科学领域里研究的前沿问题,而在经济法方面问题就更加的复杂了。因为经济法的宗旨、调整目标是多元化的,技术性都非常强,要实现这样的一些目标,就必须考虑相关的、很多复杂的问题,所以这是它很难的一个方面。比如,宏观调控的考虑、财政收入的考虑、社会稳定的考虑或者其他的诸多考虑，都会在这里有所体现，它会均衡调整各种各样主体的各种权益，这些方面都很值得我们去研究，所以复杂性问题是在经济法中特别值得考虑的。正由于经济法要解决复杂性问题，所以在经济法的研究上，我们就要应用、引进各样的复杂的研究方法。通过多路径、多维度、多视角的研究，才能把经济法的一些问题分析得更加深入透彻。

其次，基于差异性原理的考量，会形成一系列的二元结构。二元结构是贯穿经济法理论的一个非常重要的线索，所有的经济法的理论都跟经济法的二元结构有关，所有的方面都是二元的。这样一种二元结构，实际上是与我们通常所说的矛盾分析的方法是有关联的，因为正由于存在着差异，我们至少可以把相关的问题分成两个方面，这两个大的方面就是矛盾着的两个方面，所以我们就可以广泛地应用矛盾分析的方法，应用这样的一个架构去分析问题。事实上，过去经济法面临着非常多的非议，非议主要是说经济法的理论不易学、不易懂，认为不好把握，实际上有些方面的问题如果可以应用传统的一些方法实际上是能够解决的，所以这个二元结构的方法对于分析相关的问题会有很大的帮助。

最后，在于经济法分析的框架，基于差异性原理，相关的主体是存在着一定的差异的，其表现在主体对利益诉求方面的差异，所以在经济法上就会有一个对主体的基本利益诉求的分析框架，即主体都是有不同的利益诉求的，国家有国家的利益，国民有国民的利益，本国有本国的利益，他国有他国的利益，这个在经济全球化的背景下是非常突出的，不同层次的主体都有其不同的利益诉求，这是经济法上一个非常重要的假设，也是一个非常重要的分析框架。基于这样一个利益主体的假设，再进一步由于不同主体有不同的利益，他的行为就变成了一种博弈行为，因为博弈有一个很重要的前提就是一定存在不同的利益主体，在这种情况下为了自己的利益，他一定会从事博弈行为，所以在经济法上一定会有一个博弈行为的分析框架，一定要考虑到宏观调控、市场规制中可能会遇到的博弈，考虑到平等主体之间可能会存在的一些博弈等。所有博弈行为的分析框架在经济法上也是很基本的。那么在这样一个行为框架的基础之上，由于大量的主体都在从事这样的博弈行为，因此就会产生交易成本、交易费用。这实际上就会涉及经济法一个非常根本的问题，经济法实际上更多的、更根本的是要强调整个国家经济的运行，降低交易成本及交易费用。

刚才讲的三个利益分析框架：主体上的利益分析框架、行为上的利益分析框架、追求目标的利益分析框架（绩效、成本方面的利益分析框架、交易成本的利益分析框架）对于经济法的很多研究都是很重要的，而这个方面都是基于差异性的原理。这三个分析框架实际上是对应经济法的三个非常重要的原则：第一个就是法定原则，由于利益主体的存在，如何应用法律去平衡其利益；第二个是适度原则，既然都存在着博弈行为，因此调控、规制各个方面都要适度，对策行为也要适度；第三个是绩效原则，既然存在着大量的交易成本、交易费用，那就必须要考虑绩效，经济法一个非常重要的目标就是一定要实现效率，如果不去追求经济效益或者社会效率，经济法就不需要存在，因为恰恰是在经济运行中存在着这样的一些问题，所以才需要经济法的有效调整。

这是需要关注的分析框架的一些问题，除了这些分析框架，还需要关注差异性原理所带来的其他方面的一些问题，比如，在很多领域中都存在的实质高于形式的原理，实际上这是它衍生出来的一个原理。实质高于形式，大家在学习公司法方面肯定接触过这个原理，主要是用在“刺破公司面纱”等方面，在税法方面如实质课税原则等等，大量地涉及这个原理。现在在应对经济全球化，特别是全球金融危机的背景下，更是大量地运用这样的一些原理，其跟差异性原理都有密切的关联。

依据差异性原理我们还可以推导出其他一些原理，以后有机会还可以进一步研究，比如均衡性原理。在经济法上如何去追求均衡，这种均衡实际上是由于存在不均衡，是在权益、责任方面都存在不均衡的问题，这是要考虑的一个问题。除此以外，还要考虑整体最佳的原理，怎么去实现经济法的整体效率最佳。还有经济法的系统原理，各个方面都可以进行一些相关的系统分析。这些对于我们提炼各个领域的基本理论是非常有帮助的，它是一个重要的支撑。除了在经济法总论中涉及很多的基本原理外，事实上在经济法的各个部门法里面都会有很多的原理，需要我们去提炼。比如，在财税法、计划法、金融法、竞争法、消费者保护法等很多领域都会涉及基本原理的提炼问题。因此，在新的历史时期，要推进整个经济法的研究，一个非常重要的前沿问题就是提炼相关的基本原理，这样才能够进一步夯实整个经济法的理论基础，对于经济法更好的发展具有很重要的价值。这就是我讲的前沿问题的第一个方面。

三、关于经济法理论的系统化问题

第二方面的前沿性问题是在新的历史时期，我们应该关注经济法理论的系统化问题。

经济法理论的系统化问题在前些年已经有人提出来了，但是做得还不够。从总体上说，经济法已经有一些系统的理论了，但是这些理论还需要进一步系统化。经济法理论的系统化涉及三个方面。第一是总论方面，就是整个经济法的总体的、一般的理论需要系统化。在这个方面就涉及经济法的本体论、价值论、规范论、运行论等理论的研究，在这些方面已经有了一些研究。除此之外，还需要进一步的深化，这主要涉及经济法的发生论和经济法的范畴论的问题。第二是经济法总论和分论之间的弥合、连接问题，即怎么样更好地用经济法的总论去指导分论的问题。第三是经济法分论自身系统化的问题。只有这样，整个经济法理论的整体才能够形成一个系统。大家都知道，在理论方面是否自足、是否自洽、是否成系统，是一个非常基本的要求。如果经济法理论不能够符合这个要求，就很难回答别人所提出的问题。所以，经济法学人必须踏踏实实地做好这样一个基础理论的问题。

刚才我所提到的问题其实还可以进一步的推进。尽管前几年我们已经在经济法的本体论方面作了比较深入的研究，但是事实上还有很多问题需要进一步挖掘，这样的挖掘其实也会形成经济法上的一些重要的前沿问题。例如，经济法与民商法的关系问题就是一个老问题了，但是其中也蕴含着一些新的问题，同样可以成为前沿问题，因为民商法和经济法的关系实际上会涉及后面有关经济法的行为理论和责任理论的研究。事实上民商法的调整确实是很基础的，经济法是很高级的调整。我们在研究行为理论时可以看到很多方面确实存在一些基础性的行为，如大量的市场交易行为、在税法上的应税行为、销售行为，都是很典型、很基础的民事行为，但是这些确实是应当征税的行为，因此在税法上已经明确将它们作为重要的应税对象来进行征税。在这些基础之上，才涉及具体的征税行为、纳税行为问题，并且在征纳行为之上才涉及税收的调控行为等，所以你会看到行为的层级性和法律之间的关联。所以在经济法发展的早期，应该更多地关注法律部门之间的区别。在今天，我们在把整个法律部门作为一个系统看待的时候还要更多地关注法律部门之间的内在联系，包括关注经济法和国际经济法之间的关系问题。事实上，在金融危机发生之后大家对这个问题有了更多的感受，这些感受体现在国际经济法的理论方面，需要大量的借鉴经济法理论方面的问题。经济法理论对于解决国际层面的经济协调问题起着很重要的作用。事实上，国际经济协调和法律协调方面大量运用到经济法的原理或者理论，只不过是把国家变成了经济法上需要考虑的相关主体。这个方面可能会涉及两个部门法以及两个学科之间的沟通和交流，如果我们加强研究的话，对于两个学科都会有促进。其他方面还涉及经济法和社会法的关联等一些问题，这些方面都有很多前沿问题值得我们研究。另外，在主体的研究方面，更多涉及关于主体能力的研究问题。对于经济法主体的能力问题，现在的研究应该说还很不够。传统法的领域对于主体的能力还是比较关注的，但是在经济法研究领域里，因为过去更多地关注本体方面的研究，因此对于能力的研究还很不够。事实上，在经济全球化的背景之下，尤其在金融危机发生之后，大家都会很关注国家的调控能力、国家的规制能力问题，这些能力都很重要。所以前一阶段由于金融危机发生，国家领导对于很多问题认识不足,所以才需要成立一个新的智库,正是为了很好地为国家的调控提供一个很好的政策建议和支持。这在很大程度上在考验着我们的调控能力。规制能力也是如此,去年所发生的三鹿事件和其他食品安全问题都会体现一个国家、一个政府的规制能力,所以这些问题都很值得研究。这样一个问题的研究实际上同前些年所研究的国家能力的问题有密切的关系。一旦要研究国家能力,我们会发现它跟一个国家的财政积蓄能力、宏观调控能力、合法化能力、强制执行能力都有密切关联。我们在研究能力的时候不仅仅要关注政府的能力,还要关注调控受体的能力。比如,纳税人的纳税能力、竞争主体和企业的竞争能力等。在竞争法的领域,对于竞争能力的问题研究还不够,这个方面还可以进一步推进。从竞争能力入手,对于竞争法的研究可以有进一步的推进。竞争法之所以存在很大一方面是因为某些主体的竞争能力受到了限制。因此在这个方面还可以进一步推进。这就是理论的系统化的问题。系统化涉及大的理论的系统化,也涉及各个小的理论的系统化,如刚刚提到的规范论的系统化、本体论的系统化等。只有把系统化的问题解决好,整个经济法的理论才能够获得一个真正比较坚实的地基,所以这是一个很重要的问题。

四、关于重大的现实问题

第三方面的前沿性问题是在新的历史时期,我们应当回应重大的现实问题。

经济法本身的应用性就非常强。一方面我们要关注理论研究的深化,我们要顶天;另一方面要脚踏实地地解决大量的现实问题。在经济法的发展过程当中尤其要回应重大的现实问题。在重大的现实问题中,恰恰蕴含着很多前沿问题。金融危机带来了很多的现实问题,金融危机发生之后涉及很多方面的现实问题,比如体制问题、金融监管的问题等。

从经济法的理论方面看,会涉及几个大的部门法之间的协调问题,比如财税法和金融法的协调问题,这是很重要的。最近 G20 刚刚开完会议,大家都看到了一系列的成果,其中大家都很关注税收天堂或避税地的问题。这个问题既涉及金融问题,如银行的保密制度,又涉及税收问题,即相关地区的相关制度。这样的问题跟国家的税收流失、国家的金融监管密切相关,所以这个问题已经上升到国家协调和监管的层次,财政和税收的问题紧密地结合在一起。财政和监管的紧密结合还体现在整个救市过程当中。在金融危机发生之后,各个国家所采取的手段首先是财政手段,因此会直接涉及大量的财政法和税法问题。一方面要大量地财政投入、大量地预算支出、大量地发行国债;另一方面还要大量减税。这样的政策跟整个财税法的制度密切相关,而这样的制度本身是用来解决金融方面的问题、金融风险和金融危机的问题。所以这两个方面关联就非常密切。包括相关政策的实效问题、政策的实质问题等,都是很值得去研究的。

与这样的问题密切相关的还有很多其他的方面,比如金融危机发生之后的产业振兴问题。我国出台了十大产业调整和振兴规划,而产业法是经济法当中非常重要的一个部分,在研究产业法的时候,大家都会注意到其中蕴含着非常重要的一种经济法类型就是促进性的经济法,这是经济法当中的一个新兴的问题。事实上我们国家在立法过程当中已经颁布了一系列的促进法,比如《中小企业促进法》就是在经济法领域非常突出的。在社会层面,或者在经济和社会都密切相关的领域,出台了就业的促进法、循环经济的促进法等一系列的促进法。这是现代法的一种非常重要的类型,这种促进法也是经济法规制性的一个非常重要的体现。规制法就是把积极的鼓励促进和消极的限制禁止相结合,在所有的促进性的经济法里面会大量用到一系列的宏观调控的促进手段,比如财政方面预算支出的促进、转移支付的促进、税收优惠的促进、优惠贷款的促进等各方面的促进手段。这些方面我们完全可以将他们作为一类新的问题进行相关的研究。金融危机还可能带来其他方面的问题。这些问题既可以独立的作为一个方面的问题,也可以同传统的许多领域有密切的关联。

另外,我们还要回应国家在发展过程当中所产生的一系列的突出问题。其实在金融危机的应对方面可以看到经济法是一个非常突出的危机对策法,从产业振兴的方面我们可以看到经济法是一个非常突出的发展之法,在这个方面经济法同一些传统的法有很大的不同,它是在更大的时空范围内进行调整,这是现代法同传统法的很大的不同,它更多地要促进发展。事实上我刚才所讲到的差异性、不协调、不平衡,恰恰是在学习实践科学发展观的时候所需要解决的问题。实际上过去在国家提出科学发展观之前,经济法学界早就在研究这个问题,包括一系列的城乡二元结构和其他的诸多二元结构的问题。所以无论是科学发展观还是科学社会构建,其实归根到底都是跟差异性以及其他重要问题的解决分不开的。下一步在经济法学界可以更多地从各个制度的角度去研究有关发展的问题。

这些就是我们要回应的一些重大的现实问题。重大的现实问题其实非常多,比如食品安全的问题在这两年其实也很突出。食品安全问题其实涉及很多方面,包括人权问题、市场秩序问题以及其他一些方面,所以在市场经济中如何运用经济法的手段去加强规制,解决食品安全问题是非常重要的,跟食品安全问题密切相关的还有其他领域的一些安全问题。透过食品安全的问题体现出一些前沿问题,那就是一些特别市场的监管问题。这样的市场其实都是特别市场,比如与刚才所提到的金融监管密切相关,比如货币市场、证券市场、监管市场、食品药品市场、股票市场等很多方面都是一些特别的市场，它们对国计民生的影响都非常大，因此在传统的一般的规制的基础上必须建立特殊规制。一般规制是比如对于反垄断、反不正当竞争、消费者保护，也就是“两反一保”。在这个基础上还要加入一些特别的规制，主要是监管。事实上国家的发展，特别是体制的发展，更多的是监管体制发生变化。这些都是一些重要的前沿问题，也是热点问题。在这些热点问题里面有的是蕴含着前沿问题的，这对于推进我们学科的发展起着很大的作用。

五、关于体制法的建设问题

第四方面的前沿性问题是体制法的建设。

经济法不同于传统的许多法的一个方面就是它当中包含着一大块的体制法问题。在经济法当中必须首先解决好体制问题，然后才能去解决其他问题。体制的核心就是分权，而一旦涉及分权就跟宪法、宪政有很大关联，因此在体制方面我们离不开宪法、宪政的研究。同时，我们也要研究经济法自身的有关体制方面的问题。各个领域都会涉及体制问题，比如，财政体制的关系就涉及中央和地方关系。很多年以前，毛主席就提出十大关系问题，十大关系当中有一类就是中央和地方关系问题。我们现在学习和实践科学发展观也是在重温毛主席的一些理论，我们发现里面许多东西都是十分有道理的，中央和地方关系一定要处理好，同时横向的相关政府部门之间的关系也非常重要。所以这样一些财政体制问题、税收体制问题、国债体制问题、转移支付体制问题、政府采购的体制问题、货币发行的体制、整个央行或者说调控的体制、计划的体制、产业调控的体制、投资的体制等方方面面的体制都很重要。包括最近研究的比较多的市场规制的体制、反垄断的体制、反不正当竞争法的体制等一系列的体制都很值得我们去研究。跟体制问题密切相关的就是机制问题。那么现在就要谈一下体制和机制。事实上在各个法律里面都涉及大量的机制问题，而这样的机制问题恰恰就会涉及相关主体的权利义务配置问题，所以这些问题都非常重要，值得我们很好的研究。国际层面有国际上的体制，国际经济的秩序。从国际的层面也要引入一些经济法上的价值诉求，比如国际层面的公平、效率、秩序，所以我们强调要构建国际上的话语权、国际层面的新秩序，这些方面实际上都是跟整个经济法的价值相一致。就一国而言，其内部的体制问题一定要协调好。事实上经济法的一些立法之所以很难推出，恰恰跟体制的难以协调有密切关联，所以如果能够集中去研究我刚才所列举的经济法上各个部门法所存在的一些问题，我相信对经济法的研究会很有帮助。在金融危机发生之后，有人提出是不是要改革目前我国的金融监管体制，是不是要把有关的银行、银监会、保监会等等统一起来，是不是要做一些其他的变革等，这些都会涉及很多体制方面的问题，涉及权利的分配、权利具体的行使等方方面面。

从总体上讲，经济法领域所涉及的前沿问题非常多。刚才我主要讲了基本原理的提炼、有关理论的系统化、应对现实的重大问题，以及在经济法领域非常突出的体制法的问题，主要点了这么几个方面，后面还有其他的很多方面。广大的同学和老师们在平常的研究中都会涉及很多的前沿问题。只要在经济法的领域里很好地把握这些前沿问题，就会在很大程度上推进学科建设。特别是对于经济法这种全新的学科，新兴的领域非常多，前沿的问题也会非常多，对于研究经济法的人，这是一个大幸，因为我们完全可以去开辟很多新的领域，这对于推进整个国家民族的发展和振兴都会有非常大的帮助。

由于时间的关系我就简单地谈这么几个方面。接下来如果大家有什么问题的话，我们可以互动一下。非常感谢大家，谢谢！

罗培新：各位老师，各位同学，刚才张守文教授以一种非常宏大的视野，高屋建瓴，条分缕析地分析经济法总论和分论当中需要大家关注的几个问题。在来之前，张老师跟我们顾校长沟通过，他本来以为是一种小范围之内的交流，他特别享受这种跟学生在一起交流的过程，所以他今天将更多的时间留给大家，我们可以提更多的问题。另外，在座的还有尊敬的王先林教授，是上海交大的经济法专家。刚才由于我的失误，没有介绍他。

张守文：王教授和顾校长都是我们国内非常有影响的学者。

罗培新：在座的还有我们的程金华老师。下面在场同学们可以进行提问。

程金华：各位老师，我先提一个问题。张老师的讲座讲得非常深刻，也极具启发性。我一直非常后悔没能够在北大多读几年书，我希望师弟师妹们以后都去北大读书，真的是非常给人启发。张老师您讲了很多非常深刻的问题，我想请教一下，这个问题来自我读书时的一个理解。美国哈佛法学院有一个教授出了两本书是讲美国法变迁的，英文名字叫做 Transmitting of American Law。它的上半册分析了一下美国 19 世纪产权制度变迁，其中引用了一小段非常有意思的文字。他说税收、财政、财税和法律制度都是财富再分配的手段，但是税收更直接一些，法律更巧妙一些。因为法律的巧妙，带来了很多政治收益。我现在感受到了这个问题，我国遇到的一些二元问题就是差异问题，我国政府无论在地区之间，还是在主体之间都存在差异。现在政府很多采取的是财税方面的手段。我想请教一个问题，就是我国无论是中央政府还是地方政府在涉及主体差异性时、财富再分配时，一定会更多地适用法律，而不是直接的使用税收财政手段。如果如此，我们未来的空间有多大？谢谢！

张守文：好，非常感谢！这个问题问得非常好！刚才我们引用了哈佛教授的一段话，但是我首先要说，这个哈佛的教授恐怕对于税法的研究不是很够，这是一个很大的问题。为什么呢？因为他把法律和税收对立起来了。当然，如果从税收的角度来讲，可能主要会从经济的角度出发（理解问题）。但是事实上，作为一个现代国家，特别是一个现代税收国家，它的一个很重要的基础就是强调税收法定原则。所有的税收，包括我们国家从80年代改革以来，都强调一税一法。就是说如果要出台一个税种，征收一种税种，至少要有一个条例与之相随。在这个意义上，法律和税收并不是完全对立的，虽然我们不能说这个法一定是“良法”或者“恶法”，但至少从形式上说，它一定是以税法的形式体现的。

就我国目前的情况看，基尼系数很高。大家都知道，社会分配问题近些年一直是很受关注。统计的数据不太一样，有很多学者强调，我国的基尼系数大概只有0.5左右，其实这已经是相当高。从国际上来说，如果基尼系数达到0.4就是相当的不公平，如果达到0.5，就是非常不公平。大家还记得朱镕基总理最后一次答记者问的时候曾经有人问到我国基尼系数有多少，朱总理回答说是0.39，因为要低于国际公认的0.4标准。因此，在我国目前的情况下，特别是在一个国家基尼系数很高的情况下，一定是少数人占据了更多的财富，所以从一般的国民角度而言，一定是希望更好地运用税收手段，更好地进行再分配。

税法上，税收的再分配手段非常多，比如所得税制（特别是累进税率）、遗产和赠与税、社会保障税等很多方面都可以进行再分配，这一点在我国还是很重要的。当然在我国，税法的作用不仅仅用于再分配，还有很重要的方面是进行宏观调控。在金融危机以后，国家大量地减税，进行增值税的转型，企业所得税方面的调整，这都是跟宏观调控有密切关联的。所以在我国来讲，我还是很赞同在某些领域中，运用合法的、合理的税法手段，而不是狭义的经济上的税收手段去解决一些问题。经济学家比较强调一般的税收政策，但是从法律学者的角度来讲，更强调税法本身的重要价值。所以，近年来我国的经济法学界和财税法学界一直在呼吁和推进税收法制建设。我们准备要立很多重要的法律，在形式上解决合法性的问题。包括去年我们在访问美国的时候也问过最高法院大法官，在美国的历史和发展过程中，法院起到什么样的作用，在市场经济发展过程当中，国家规制起到什么样的作用。法官强调说，尽管强调自由的市场经济体制，但是实际上国家的作用还是很大的。实际上，整个经济都是公用经济，所以大家现在都会提这样一个问题，美国现在是不是在搞社会主义。在危机时期，政府一定要起到重要的作用，在税收方面、分配方面都是如此。我的最后结论是支持和赞同适度地运用税收的手段解决这样的问题,谢谢!

提问一:最近由于金融危机,我一直在思考一个问题,在金融危机中美国政府的政策从最先的利率政策开始,到后来的一系列政策,都和投行游离于金融监管之外有很大的关系。这和1992年到1994年美国执政政府的破产案有很大的相似性。在之前的学习中,有一些经济学家也曾经讲过,如果能够把危机作为经济学研究的开始,而不是把繁荣作为经济学研究的开始,经济学会有一个新的起色。所以我有一种想法,同时也想向张老师请教,我们可不可以把金融危机的对策法作为经济法的一部分,从这一点出发,对于现在政府的调控手段和规制手段,以及将来的一系列手段,作出规定。这是我最近思考的问题,比较浅显,希望张老师见谅。

张守文:这个问题提得很好,我简单地说几句。一方面,浅显性和前沿性是密切相关的。所有的前沿问题一开始肯定是比较浅显的,因为它涉及很多试错,包括很多的探索。我刚才提到的很多问题,实际上也是浅显的,包括道理上也是。但这些不影响它本身的价值,有些问题恰恰可以在研究中发现很大的价值。去年年底我国经济学界开会的时候,就有很多人提到刚才的这个问题,要重估经济学的构架,讨论未来十年中经济学的各个项目,讨论整个经济学本身的体系,所以刚才你提到的这个问题确实是很重要。经济学家一定要研究萧条,一定要研究危机,因为危机本身在经济学中就有很大的作用。比如,30年代的大危机,从经济周期的角度,它是三个经济周期的谷底,在这个时候交叠,而今天的金融危机,也有很多人说是经济周期的交叠。就法学讲,危机对策法既是法学一个重要的发展阶段,也是重要的一个组成部分,经济法不仅要解决常态下经济的运行问题,也要解决反常态的、危机下的经济运行问题。因为,经济法同时也是一个反周期的法,在宏观调控中尤其如此。事实上,在我们的立法中可以采取一定措施,规定一定的幅度,当经济达到一个什么样的情况的时候、是否发生困难甚至危机的时候,国家要怎么样去调控,怎么样去处理困难和危机。在2005年,发改委就主动地制定经济稳定增长法了,有人说叫宏观调控法,有人说叫经济协调法。最后立法的时候,我们还是定为经济稳定增长法。当时我们几个人去作了讨论,在香山就像今天下午开会时那样,专门一条一条地进行讨论。这个法如果制定出来还是很有价值的,特别是在今天危机的时候特别重要。大家知道1967年的德国经济稳定增长法,对于战后德国的经济发展,很多学者认为还是起到了很大的作用。在政策的协调方面、相关部门的协调方面,这个法律基础非常重要,包括程序的运用方面,也是非常重要的。所以,我赞同对危机对策法做大量的研究,而且它本身也是宏观调控中的重要组成部分。

提问二：张教授，在这里听您讲座很荣幸。网上有一套丛书叫做法律生态化，包括宪法生态化、行政法生态化等，其中也有经济法生态化，如果这个理论贯彻下来的话，对整个经济法会有一个颠覆。我想请您以经济法为例，给我们讲一下法律生态化的问题。

张守文：你也讲一下你对生态化的问题是怎么看的，从哪个角度去说，我们有点互动。

提问三：它的基本理论是福州大学一位老师提出的，他认为我国的法制现代化实际上是从清末开始，而我们的法制现代化实质上又是一种西化。但近代以来，这种起源于欧美的模式忽视了生态和环境。现在造成的一些损失是我们通过其他一些手段很难弥补的。比如，税法里面有环境税，宪法里面有人权，把环境权、生态权放到里面，绿色民法典也起草起来，所以生态法已经慢慢地有所体现。当然这只是一个理论，因为它离现实还是有一定距离的。

张守文：感谢你给大家作了一个简要的解释，很精辟，那我简单地说一下。事实上，我们研究很多问题都可以有一个切入点，那么生态本身就是一个很好的视角、很好的切入点。陈老师本来是我们研究会的理事，后来因为没时间，所以让其他同志来，他主要研究环境法，而不太研究经济法。每一个部门法都有它的调整目标，因此，每一个法的职能都是不一样的，每一法都有分工，不管是从研究的角度还是从立法角度或是从其他角度，都不能背离这一点。各有分工才形成每一个法的子系统，这样才能发挥整个体系的系统作用。生态的问题很重要，但是也不能泛化。从研究的角度来讲我们的确要重视它，但是制定大一统的生态法律可能是不行的，要从法的职能、法的目标、法的定位以及现实的立法体系等各个方面来考虑这个问题。当然，法的生态化问题在经济法中其实也很重要，我们谈到，经济法要关注经济目标和社会目标，这是它价值的二元性，那么，在社会目标上很多方面就要关注环境问题。经济的发展确实和环境密切相关，这个确实是有很大影响。不过这个问题要区别对待，经济法还是经济法，每个法都有其职能定位。否则我们的全国人大就不用划分七大部门法，而这七大部门法中暂时还没有环境法。

提问四：张老师，我提一个问题。刚刚您提到一个法的作用，它可能同时起到经济目标和社会目标双重作用，刚刚您也提到德国的经济增长稳定法。那宏观调控有四大目标，经济增长、充分就业等，其中像充分就业在社会学上也是把它划分为社会目标。这里我有个很困惑的问题，就是说，宏观调控和社会政策的关系到底应当如何厘定？它们之间的关系到底是什么样的？

张守文：这个问题也非常好。我们在制定经济稳定增长法的时候，草案的第一条也是写到了宏观调控的四大目标，这个实际上在经济学上是有共识的，在世界上对这个问题也是持有很大的共识，这个非常重要。就业的问题，既是经济的问题也是社会的问题。从经济增长和经济稳定的角度讲，它是个经济问题，但是从人的角度，如人的收入分配等，它又是个社会问题。在经济法上，经济法首先突出经济性，但又有一定的社会性，经济和社会紧密地联系在一起。大量的经济问题会引发社会问题，所以有一个先后相继的关系，因此就业的问题就是两个领域的问题。宏观调控中，很多的问题涉及经济目标，也涉及社会目标。我们要很好地去解决就业问题，在宏观调控方面要运用各种手段去解决就业不充分的问题。所以关于就业，在宏观调控法方面，一定还是要把它作为一个非常重要的目标，因为它跟整个经济的运行密切相关。这是一个比较大的问题，有时间的话我们可以再探讨，这样的问题在各个具体的宏观调控中，有的时候不明示，但实际上起到了作用。比如，在税法领域，很多方面是在解决就业问题，如对中小企业的保护实际上就有助于就业问题的更好解决。还有很多的情况，尽管不在就业促进法中体现，在其他法中其实已经有所体现。所有的社会关系紧密联系在一起，所以制度的调整也是紧密联系在一起。我不知道我这么说是不是清楚，大概就是这么个情况。

提问五：谢谢张老师，您的演讲非常具有启发性。你先是讲了比较原理性的问题，比如经济法与民商法的关系，其实也是非常前沿的问题。我这里就是想从金融法的角度请教一下，金融法在现在还是没有很好地去界定到底属于哪一个部门。在我的理解里，金融法既具有经济法的属性，也有民商法的属性，既有调整宏观调控的一些金融政策，另外作为商事主体的金融机构参与商事活动，又属于民商法。您对金融法是怎么看的？您后面讲到金融危机，那您是不是认为金融法就是属于经济法体系的？

张守文：好，我把这个问题讲一讲，这也是个重大的理论问题。在经济法中，我们通常说到金融法实际上是一个简称，因为金融法实际上包括两个部分，一个是金融调控法，一个是金融监管法，这两块是经济法的核心部分，而至于其他的关于平等主体间的调整部分，其实可以划到民商法的领域里。我刚才讲到在金融法的领域涉及很多，比如商业银行法、保险法等，都可以一分为二地去看。我们一定要一分为二地去看问题，谈到某一类部门法，一定是要谈到某一类规范归属于哪一个部门，法律部门的划分一定是要考虑到这种规范的性质，考虑到调整对象。金融法主要是这两个部分归入经济法领域中，因为这两个方面与经济法的理念、价值、调整的手段和领域、权益结构、责任承担等是密切相关的。在我们以后划分部门法的时候，结合相关的调整对象，相关的法的目标、宗旨，这还是很重要的。刚才提的问题非常好，恰恰在现实的金融法中，两种规范集于一身。金融交易法主要属于民商法,而金融监管法和金融调控法主要属于经济法,我不知道是不是把它讲清楚了,不对的话大家可以批评。

提问六:张老师您好,我想请问您一个比较现实的问题。现在每年通过电子商务的货币流通或是经济交易是成几何倍数增长的,我们发现在这个领域,国家的税收好像没有很好地去调控,比如,现在大家接触比较多的淘宝,它的交易量很大,但对这方面的税收几乎是没有的,那国家是否应该来规范这个领域的税收,因为这本身是一个很大的资本。

张守文:这个问题是电子商务的税收问题,这个问题也提得很好,在上个世纪 90 年代的时候也曾经热过一段时间,主要在美国、加拿大还有欧盟。这个问题当时在我们国家因为网络不是很普及,所以是作为一个前沿问题提出来的。这样一个前沿问题后来沉寂了,主要原因是在征管方面我们能力还不够。对于我国的税收征管,一个是政策性很强,当国家需要大量的税收的时候、要收紧货币的时候,征管的力度就要加大。第二个就是当财政压力不太大的时候,就会放松货币。另外一方面,我国的税收征管主张"抓大放小",抓大是因为一来量比较大,而来比较容易征收。相对来说技术难度比较大的就先缓一缓,这也有利于培植税源、涵养税源。但是,国家在这个方面还是有相关政策的,在局部地区,如北京市在电子商务上实际上是征税的。我们在研究信息法或者网络法的时候发现,信息法的发展是跟技术的发展密切相关的,因为很多问题技术上解决不了,法律上一定是很难去解决的,包括金融法中的电子货币、电子银行等很多方面。所以我想,以后等我们要加大力度的时候,一定会从流量等其他方面在技术管理上有所进步。我们的网络管理还是有一套办法,如果真要征收的话也是能够征一些的,但是现在的税源很普遍,特别是前几年社会经济增长很快,而现在金融危机,第一个季度大家都知道税收下降得非常快,这都会带来一定的问题。你提的问题很值得研究,始终是税法领域没有有效解决的,随着网络的发展我们还要很好地去解决它,这两年很多研究生写论文也会写这个问题。

提问七:张教授您好,今天很荣幸在这里请教你一个有关税法方面的问题。在全球的金融危机下,对转让定价有什么影响?

张守文:这是个非常重要的问题。我们华政,公司法研究在顾校长的带领下,研究得非常好。公司法其实和税法联系得也是非常密切。其实整个转让定价,很核心的一个问题就是一定有关联企业、关联交易。这个关联交易的问题,实际上在各个学科里都在作相关研究。刚才你提到的问题很好。税收流失这个问题还是很大的,跨国公司这些年在很多技术方面,比如做账方面,有了很多进步,查账的查不过他们,这是很大的一个问题。总体上来讲,各个国家都在发展征管措施。最近有这样的一个形势,有关税收天堂、避税地、黑名单的问题,在G20上讨论得非常激烈,相关的一些人想把我们的港澳都划进去,但是我们是坚决反对,因为这个影响很不好,当然事实上,过去研究税法的时候,OECD或者是其他的一些组织,还是很关注这一块的。因为确实,香港澳门的税比较低,但我们反对划进黑名单,因为这样也不好。这次,包括瑞士等被划入黑名单,大家还是很惊讶。在税务信息交换方面,这是非常大的一个问题。香港有一个问题,就是它不能很好地交换税务方面的信息,香港实行低税制,实行属地管辖优先,对于相关的企业、公司的一些税务信息没有有效的交换,跟这个是有一定关联的。但是在这种情况下,它确实会成为一些组织、机构进行洗钱或者避税的一个场所,确实要改进香港的税制。在打击关联交易上,通过关联企业转让定价来避税的问题,各个国家间要加强合作。我国已经同世界上的90个国家签订了税收协定,在这些税收协定中非常重要的方面就是加强税务信息的交换,这样信息对称的问题就会得到解决。这两年我们国家在这方面的压力还是很大的,美国等一些国家向我国提出要求,我国税务总局、商务部现在以商业秘密为由暂不告诉,但是总体的压力还是很大的。确实,从纳税人信息保护的角度,权利要保护,从征管方面,权利也要行使,这时候就有一个权利的冲突。所以从整个金融危机以及相应的税收流失的方面,各个国家肯定要加大这个方面的力度。反避税,实质重于形式,各国还是会加强。这个问题很值得研究。

提问八:有几个问题想请教张教授,第一个问题是我总感觉,国家想收税就收税,比如要解决教育费附加的问题,就规定企业只要交过营业税的、交过增值税的,都要交教育费附加,而且好像也没经过全国人大的民主决议,就直接征收了,这是不是有问题?我觉得行政的成分多一点,法律的成分少一点。第二个问题,我最近在看基金法,其中关于有限合伙有一点不理解,有限合伙人按照分红20%,叫做红利股利股息所得来收税,而对无限合伙人,是按照合伙企业来收,就是按照超额累进来收,为什么把这两种人分开呢?

张守文:第一个问题,有关合法性的问题,涉及税收法定,我们国家税收法定的贯彻和实施问题是非常突出的。我再告诉你一点,当时教育费附加不仅没有经过全国人大,而且实质上是以一个明传电报的形式发的,这样发出去非常不严肃。当时是财政部的一个司长起草的,他非常反对,但是没有办法,当时要求迅速地把这个问题解决掉。我国在1993年推出了税收改革,这是大规模的改革,史上空前的,在这种情况下要求必须迅速地到位,所以很多东西没有经过严格讨论。第二个问题是非常复杂的,等下面有时间的时候我再跟你交流。税法上的主体问题非常复杂,包括美国或者其他一些国家,合伙或者是其他各种类型的企业,都非常地复杂,这个问题可以作进一步研究,跟主体的独立性有关,我刚才讲到要提炼原理,在税法上有一个独立纳税的原理,主体的独立性跟他的纳税能力的独立性是有关联的。在这种情况下是把它作为一个公司法人看待还是作为个人看待,将会有很大的不同。我们国家现在一般将合伙作为个人看待,但是另外一些国家很多都不一样,因为税法本身就是非常复杂的,每个国家的情况都不太一样,从理论到实践,都有很大的不同。比如合伙,我们国家现在一般的原则是把合伙等都作为个人看待,但在有些国家情况不一样。每个国家的税法从理论到实践都有很大的特殊性。就合伙来说,有的国家会把它当做一个实体来看待,有的就认为它不具有法人资格。所以在这个方面,你可以看"比较税法",或者其他国家的相关税法的规定,就能看到里面很多的差异。这也是税法的政策性相当突出的一个体现,每个国家在公法领域国别性相当强,这就是为什么立法时很难直接与国际接轨,每个国家都有自己的历史、文化、传统等,所以很难有一个东西全盘照搬过来,不像某些传统、某些领域的学者说:"这个东西的起草,你们不用太费脑筋了,把某某国的某某文件,或者某某国的某某法规等搬过来就行了。"我们不行,我们必须要结合自己的国情,这就是刚刚开始的时候,我为什么讲到我们新的历史时期有三个重要的方面要考虑,这都是我们在研究经济法的时候必须要考虑到的非常重要的方面,必须结合这些东西。也许学生时代考虑这些东西可能会有点套话,但其实不是这样的。真正要立法的时候,真正实施法律的时候,你会知道这些东西是实实在在的,以后大家接触到实务性的问题就知道了。对我国来说,治大国确实不容易,所以要考虑到方方面面。为什么经济法要强调均衡、协调等很多方面,为什么要强调和谐,为什么要强调和而不同——和而不同和我们说的"差异性"也是密切相关的——把这些理念、思想等东西都结合起来,这是很重要的。

提问九:我想问一个问题,就是去年年底的时候,国家出台了四万亿的投资计划,肯定很大一部分是来自于税收,还有减税和免税。很多人质疑的是它的资金流向问题,就是说会不会出现腐败,或者重复投资、重复建设的问题,这里就牵涉到纳税人监督纳税的问题。刚才张教授也提到了"税收法定","税收法定"不仅包括征税的法定,还包括用税的法定。我觉得我们国家在"用税法定"这一点上做得还是很不够的,我想听听张教授的见解。

张守文:好。刚才说的"用税法定"是从广义上来讲的。"用税法定"不是一个狭义的税法上的问题,它已经是一个预算法上的问题了,或者说是财政法上的问题。因为税收一旦纳入国库,就变成了财政收入的一部分,当它支出的时候是以"预算支出"的形式支出的,这就涉及库款的使用。那么,这个时候就涉及预算的法定问题、预算支出的法定问题。你刚才讲的这个问题很重要,四万亿提出后,很多人都很有意见,尤其学界的质疑声非常多,比如,程序是否合法、数量是怎么来的。所以大家看到，近期国务院又派出了很多的“督察委”奔赴全国各地，去看四万亿的落实问题。刚才我在飞机上看报纸，看到一条消息，我感到稍微欣慰一点，它说，到目前为止，我们还没发现刚才你提到的腐败、重复建设等问题，至少现在在大的面上没有。他们说现在是危机时期，一般不敢乱用，如果乱用的话，确实影响太坏了。刚才你提的，在我们财税法领域或者经济法的领域的确是必须始终关注的问题。比如，刚才我讲到了经济法上的法定原则，实际上经济法的法定原则是贯穿在经济法各个部门法的领域的，包括财税法和其他法，这是核心的问题。为什么？这是主体利益方面的独立性问题。那么主体利益之间的冲突就要求我们在这样的一个架构之下必须强调法定原则，尤其是涉及国民的基本权利，因此在宪法层面上也要求这样的法定原则。所以，你刚才讲得很好，有些是涉及财税法上的纳税人的监督问题，有些已经涉及宪法层面的公民基本权利问题了，这有关监督政府的行为、政府的财政支出的行为，这其实是很基本、很重要的。但我们国家在这个方面做得很不够，这两年相关情况越来越突出，前些年在全国人大会议上，我们的财长还能代表国务院宣读一下预算报告或者财政报告，这几年连这样的机会都没有了，把那些东西发给代表们自行审阅，而我们的代表是非常忙的，其实不会有时间去看完这些长长的报告，还有些代表对数字并不是很敏感，很多东西又不是很清晰，再加上财政部门有的时候还会出一些错误——包括今年就有人质疑，说有两笔账是写重了——那么在这样一种情况下，预算的监督、审查就非常重要，所以我们的预算委员会或者财经委员会在这个方面承担了很大的责任，尤其是专家，我想这点是非常重要的。现在有些省做得比较好，允许报告做得很详细，人大代表可以仔细地审。这个时候就涉及人大制度的很多问题了，当然，现在强调人大代表履行职责的“一致”，我们就不说得太多了，但从未来的法制方面讲，长远发展的角度讲，还是应该提高人大代表的素质，让他们更好地去履行他们神圣的职责，这个很重要。

提问十：张老师您好，我三年来拜读了您很多的著作，今天有这样一个机会，请允许我再提一个问题。我知道张老师您除了经济法理论，还在财税法方面有非常深的造诣，在社会法方面也有很深的研究，在实行市场经济之初，您就有很多社会法方面的著作。今年，保险法的立法初见成果，在立法受到各方的关注和赞扬的同时，也出现了一个问题，就是对农民工、外来人口等弱势群体的各方面的保障还是漠视的；另有，在实体法立法的时候，也出现了对于例如乡镇生产的食品在本行政区域内不需要监管这样的问题。这就是说，对于某些社会敏感的问题，可能因为考虑到方方面面的因素在立法上选择了回避。那么我想请教您，在社会法还包括这种特殊的监管的时候，在一些敏感的问题上，如弱势群体的扶助问题和“保基本”之间，作为社会法立法，我们更应该侧重哪一点？如果在立法的时候放弃这些敏感问题，对于国家立法的整个体制会不会出现有很大的漏洞？

张守文：这是个前沿问题，现在正在研究这些问题，法律还没有出台。前一阶段，社会学界和社会保障学界有些学者在这些方面已经提了一些看法。比如，社科院有教授提出，《社会保险法》这几稿是越写越简单。一开始我们被邀请一起征求意见，因为这里涉及经济法的很多关系，比如预算、体制方面的关系，但后来反馈过来的稿子却越写越简单。为什么这样呢？一个很重要的考虑就是因为这个法律非常重要，而且本级人大非常重视社会立法。在此情况下，实际上也要求人大有一个基本的业绩——就是法律能够出台，而稿子写得越复杂越不容易出台，因为对于经济法和社会法的各个方面，政策性非常强，每个人都有自己的想法，写得越多，在代表那通过得就越不容易，所以这就导致了立法上的简化，包括大家所熟悉的《企业所得税法》，一开始条文很多，后来砍掉后就变得很少了，变得原则性很强。刚才讲到的《社会保险法》也有这样的问题，涉及包括刚才讲的弱势群体、特殊人群的保护，由于比较敏感，或者涉及财政支出等比较复杂的问题的，考虑到容易通过的问题，因此有很多东西就删掉了。

刚才讲到的监管问题，实际上在经济法的领域里是要加强一些特别的监管的。不管是在经济法方面还是在社会法，它都非常关注实质公平，这一点也是跟差异性原理有密切关系的。差异性原理实际上也追求一种公平，这种公平是实质公平、实质正义，对弱势群体的保护实际上就是强调这种实质的公平。所以，我觉得在国家级的立法不能作出有效规定的情况下，我们国家会通过国务院或者更低的级次把相关的问题解决好，因为现在维稳非常重要，对于弱势群体我们要保障好。在和谐社会的构建方面，要强调消除某些不应该有的差异或减少某些差异，差异过大，会“不平则鸣，不鸣则已，一鸣惊人”。所以对于弱势群体，我们会有一些特殊的安排，大概国务院会通过一些特别的立法来把这个问题解决好，这实际上是一个立法技术上的考虑。

提问十一：张教授您好，刚才您提到了金融危机，我看到历次金融危机中，各国的政策性银行都在抗击金融危机的过程中起到了积极作用。1997年韩日的开发性银行对抗击金融危机起到了很大的作用，而最近我国却将国开行商业化了，我想问一下，您怎么看待我国政策性银行的这种改革。您认为我国的政策性银行应该在此次的金融危机中起到什么作用？

张守文：我觉得政策性银行还是起到一个很大作用的，但是我们国家这几年政策性银行的各个方面搞得并不是特别好，对国务院的各个方面也不是特别满意。这方面罗老师可能跟你们讲过一些情况，我就不细说这个问题了。应该说，现在银行的效益问题还是比较令人关注的，我觉得政策性银行的定位好像还不是很准确，下一步在这个方面可能还需要加强。因为整个银行的发展历程都是从一开始有大量的政策性银行的职能,然后一点点剥离,最后形成现在的银行体系。这个体系就涉及我刚才讲的体制问题,究竟它的定位怎么样,这个问题我还没有研究明白,你们可以问罗老师,他在这个方面是大专家。

提问十二:张老师,我想问一个关于税法方面的问题。前段时间,财政部出了一个通知,下调契税1%,在首付的时候也免去了印花税,相关的负责人就出来说,这是启动了第三次的住房制度改革,而我的疑问就是这样一个税收优惠制度根本就没有涉及一些根本性的问题,也没有去解决一些更为重要的问题,那凭什么说第三次的住房制度改革就启动了呢?您认为第三次住房制度改革应该从哪些方面入手,怎么通过税收的手段更好地规范我国的房地产市场?

张守文:房地产市场非常重要,衣食住行,住的情况非常重要,关系到基本人权。所以从政府,到银行,到社会公众,包括开发商,各个方面都非常的关注。刚才你谈的问题,我想涉及这么几个方面:第一,作为国家的调控部门,不仅仅是财政部门,这些官员确实都应该谨言慎行,不应该随便就说"我们进行了第几次改革了",因为这不是完全由他来决定的。房地产市场的情况太复杂了,涉及方方面面。《财经》杂志前一段时间写了一篇文章,就谈到北京市土地财政的收入比前几年大幅度地降低,而这直接影响到政府的财政收入,而政府就特别地着急。今年年初的时候,北京市市长就专门召集了一批房地产开发商开会,看看怎么解决,当然这是个既涉及政府又涉及市场的问题,所以特别复杂。因此,绝不是简单的调契税或其他方法就能够解决的。在今天的情况下,我们看到国家的调控已经把财税作为一个非常重要的手段了,有一篇文章叫做《政府闻税则喜》,就是每次调控出台的重要手段中一定会有财税的手段。为什么呢?因为财税手段非常直接,不管是解决金融危机,还是其他的市场调控。但财税手段和其他的手段一样,它们也都是有局限性的,并不是用税就一定灵,所以契税也好,印花税也好,并不是唯一的,它们只能在一定的程度上起到作用,像法制也好,税收也好,还有其他的方面,都不是万能的,这一点需要特别注意。其实,现在大家关注的还是价格问题,所以在经济法方面还需要关注的一个很大的问题就是价格问题,包括宏观上价格的总水平调控,宏观调控法层面还包括微观的价格的规制问题,价格的问题贯穿整个经济法的始终。经济法各类制度都涉及价格问题,它是非常重要的一个环节,当然我们经济法在过去的领域里关注得可能还不太够,所以这也是一个很大的前沿问题。现在大家不去购买,处于观望中,很大的原因还在于价格。价格跟房地产开发商的成本等有密切的关联,跟税收有关联,跟土地的价格等也都有关联,还跟房地产开发商的利润空间有关联,所以它应该说是一个综合的系统。总而言之,房地产市场的问题非常地复杂,所以我们在研究这些问题的时候,恐怕还需要综合地看待这些问题。这就是为什么说要对房地产市场要做特别的规制,就跟这一点有关,所以这个问题需要我们特别地重视。

提问十三:在税法领域,纳税人权利的研究好像还不是很够,因为我们更强调的是"纳税是每个公民的光荣义务",这是第一个问题;第二个问题是金融监管方面,据我所知,一些金融机构对监管机关的材料报备是处于疲于应付的状态,我想请问您,您觉得我们国家现在的监管是干预过多,还是处于监管水平不高的状态?

张守文:第一个问题,纳税人的权利问题其实也是这几年研究的热点问题,是一个比较前沿的问题。过去,我们国家对纳税人的纳税义务关注得确实比较多,对于权利的问题,关注的是不够。前几年,我们在制定《税收征管法》的时候,在场的几个专家曾经专门要求写几个部分,从第1条立法宗旨开始,就要把这些东西写进去,在纳税人的权利这一块,我们专门要求写几条。在未来修订《税收征管法》的时候,恐怕这一块还需要进一步地加强。纳税人的权利问题与近几年的宪法和宪政的研究,与整个权利理论的研究和整个财税法的研究都有密切的关联。事实上,从整个法律的角度讲,权利和义务这两个方面都要特别重视。从我们现实的税收立法看,大量的义务规范是围绕着义务去写的,但实际上在税法的领域,暗含着很多的权利,这个方面也是前沿问题,过去关注得也还不够。比如在增值税的领域,在纳税义务的确定方面,实体法主要在确定纳税义务,从税目到税率、税收优惠制度等都影响纳税义务的量化。在纳税义务量化的过程中,其实涉及纳税人的一系列权利,这个方面其实没有研究。比如,在增值税领域,纳税人很重要的一项权利是"抵扣权",这项权利直接影响到最后纳税的税额。抵扣权有很多的体现,比如增值税专用发票、进项税额的抵扣;又比如一般纳税人和小额纳税人抵扣权的差异;再比如出口退税都涉及抵扣权的问题等。尽管在法律上没有明确规定这一类权利,但实质上是有规定的,所以我们在研究财税法问题,包括经济法的其他问题的时候,一定要透过义务看它的权利。同样,在所得税的领域里,企业的扣除权,或者个人的扣除权是非常重要的。这两年,我们在考虑扣除额的大小的时候,也考虑扣除权的问题,有人提5000元,有人提8000元,那么究竟扣多少还没有定论,这就是我们一系列权利方面的考虑内容。所以我认为,现在对纳税人的权利不仅仅要考虑税收监管法上提到的纳税人的权利,不仅要考虑宪法上的权利,以及税收征管方面的权利,还要考虑实体方面的一系列权利,而这方面的权利过去是被忽视的、遮蔽的,因此大家可以将它作为一个前沿问题研究,我想这对于推进整个财税法的发展都很有帮助。

第二个问题是关于金融监管的问题,这个问题确实非常复杂。我也在想这样一个问题,可能是有的方面我们监管得过了,而有的方面却又监管得不足。因此,怎么去定位可能是非常重要的方面,同样的问题包括交易所、银监会、证监会、保监会等都有。前一段时间，我看到银监会的领导也是在抱怨相关问题，整个银监会的人都忙得不得了，我们有几个学生到银监会实习，他们说银监会的人是真正干活的人，大量的工作都在做，他们的处长从早忙到晚，工作十几个小时，就是刚才讲的，在忙大量的报备材料等。我们的监管正处于这样的一个转型期，政府处于一个变化发展的过程中，很多规章制度正在形成，所以肯定是会很累的。定位问题，我认为应该明晰：究竟政府该干什么，监管哪些方面、项目、领域、手段等，可能都需要再进一步明晰，这不仅仅是立法上所体现的那些，还需要根据实践的发展再作新的提炼，这可能是比较重要的，谢谢。

罗培新：好，谢谢张教授。今天经济法学院的副院长沈贵明教授，还有上海财大的法学院院长郑少华教授也来到了我们的讲座现场，欢迎他们。下面我想耽误大家一点时间，用一些带有个人感情的话语对今天张老师的演讲风格作一些点评。我的点评有三个关键词，第一个是“温和”，第二个是“呵护”，第三个是“扶持”。听了张老师的演讲，我们能深切地感受到张老师是个谦谦君子，听他的演讲有一种如坐春风的感觉。在北大的时候，不管是作为学生，还是作为老师，还有我当年的导师吴志攀教授，以及我的师姐刘燕教授等都对张老师的领导艺术非常地佩服，因为不管对谁，他都是笑呵呵的，不管别人对他说什么，他都非常谦和地接受。张老师能够在北大这样的知识分子组成的共同体中担任党委书记，是很不容易的，他的一个风格就是非常温和。第二个风格是“呵护”。我刚才注意到有同学提问题说，“听说张教授对税法比较了解”，可是我们都知道张教授是税法方面的权威学者，参与了很多的税法方面法律法规的起草工作，如果同学们这方面的书看的比较多的话，应该不会陌生，但是对这样的提问，张老师还是非常和善地接受。第三个是“扶持”。张老师培养过很多本科毕业于华政，后来再到北大读硕士、博士的同学。我想今后我们有同学考到北大读博士，即使不是让张老师作导师，肯定也会得到张老师的很多指导。我相信以后会有更多华政的同学走入北大，聆听张老师的演讲。今天晚上，我们也非常感谢各位老师、各位同学的光临。

经济法的宪政进路及其公法化

主讲人:单飞跃　上海财经大学法学院教授、博导
主持人:顾功耘　华东政法大学副校长,教授、博导
记录人:陈宁　任品(2009 级经济法专业研究生)
时　间:2009 年 11 月 16 日 18:30—20:30
地　点:华东政法大学长宁校区交谊楼第三会议室

顾功耘:各位同学大家好,今天晚上我们邀请了中国法学会经济法研究会常务理事,上海财经大学法学院教授、博士生导师单飞跃教授来做讲座。单教授在经济法理论的研究方面很有造诣,在经济法学界也很有影响。今天我们能邀请到他来十分不容易,接下来以热烈的掌声欢迎单教授为我们带来精彩的讲座!

单飞跃:感谢顾校长的主持,非常荣幸来到华东政法大学学习,也非常高兴有机会向顾校长汇报我近来的研究心得,向各位同学分享我对经济法的研究体会。我今天讲座的题目是"经济法的宪政进路及其公法化"。这个题目非常清晰地表明了我的立场和观点,我是站在宪法的角度,以宪政的路径来研究经济法的走向和发展;至于经济法的归属,我认为它是属于经济公法。这个命题本身就表明了我的观点和立场。

经济法研究的路径历经三十年,值得我们去反思、总结、提炼,总体上,我认为大家用到的研究框架或者研究路径有以下几种:

第一,大家用得最多的就是政府与市场的分析框架,经济法的主题话语就是用政府与市场的关系作为分析框架。我们用来描述这对关系所用的语词有所差异,有的用干预、有的用管理、有的用调控、有的用调制、有的用协调、有的用调节,等等,无论用什么词来描述,都是政府与市场的分析框架。第二,是历史阶段论的分析方法,主要是从社会矛盾运动发展到一定阶段在法律中的反映这个角度出发。比如,现代经济法是从自由资本主义发展到垄断资本主义的产物,包括

罗斯福新政时期的社会经济立法，包括我们现在应对金融危机时所运用的一整套危机对策法，以及我们在传统公私法二元结构基础上推导是否还存在第三法域，还有我们谈到的法律分立的问题，再如民商分立、民经分立等，这些都是历史阶段论的分析方法。虽然这种方法能很好地反映社会矛盾在其运动过程中对法律选择的一种态度，但经济法的选择当中还夹杂着比较复杂的各国文化选择偏好问题。各国法律在经济法的选择与结合过程中，有的相容，有的相斥，所以我提出研究经济法应当考虑民族性。第三，是法律功能主义的分析框架，主要强调经济法作为一个部门法的独立立场，与民法、商法、行政法、社会法存在差别，这在经济法学科与其他部门法论战时体现尤为明显。这种分析方法对经济法的理论建构而言有一定的作用，但法律都是追求最优调整，而非个别调整，所有法律从价值上说只有分工的不同，承担具体功能的不同，而功能本身是不会相互排斥的，并且在功能的配置上不一定非要选择独立的法律部门，因此这种极端的进行部门之间界限划分的研究路径在年青一代的经济法学者中已经不常用了。

传统的经济法研究框架就是以上三种，这些年来我进行了总结，发现有两种新的经济法研究路径，一种是将经济法推向哲学化的高度，即对经济法的法哲学的研究，这个方面的研究到目前为止，已经达到了相当高的理论规模。这种经济法法哲学的研究与以往我们对政府和市场的关系的研究模式有明显的割断，它已经转移到经济法一些比较深层次的理论。现在许多经济法的博士论文都涉及经济法的形式理性、实质化、现代性、经济法的实证基础、整体主义研究方法等，应该说把经济法在哲学上推向了一个比较高的层次。我总是相信这么一种判断，在我们力图将任何一个部门法或者一个理论推向一个比较高的哲学高度时，也就意味着离理论突破已经不远了。同时，我注意到这种研究的景象只出现在我国，我国学界对经济法的法哲学研究与国际相比已达到了比较高的层次及比较大的规模，从这个方面说，我认为它对经济法的理论是有贡献的。

另外一种比较新的研究路径，就是从宪法和宪政这个层面去研究经济法。进行这个层面上的研究，我们需要注意三个方面：第一，经济学界对于经济与宪政之间关联性的研究。毫无疑问，经济学家中关注经济与宪政之间关系最典型的就是布坎南，他所创立的宪法经济学（或者宪政经济学、立宪经济学），开创了将宪政引入到经济的研究框架，尤其是布坎南在获得诺贝尔经济学奖以后，这个路径使他把宪政经济学的研究在政治学方面推向了更高的高度。另一个就是哈耶克，他对宪政和经济的关系有过深刻的阐述，在《自由秩序原理》、《法律立法与自由》等著作中，他力图理清经济决策的最高决策形式和宪政、法律之间的兼容问题。还有一些经济学学者如洛斯，也曾间接地对经济与宪政、国家与经济的关系作过深刻的分析，华人经济学家杨小凯也是对经济与宪政有过深刻关注的极少数经济学学者之一。应该说,经济学界的研究通过制度经济学、公共选择理论、宪法经济学等,对宪法、宪政与经济的关系作了很好的阐释,尤其是布坎南,他将宪法、经济、法律三大要素用一个框架进行支持、驾驭,开辟了研究的新路径。第二,是关于经济宪法的研究,这方面的研究需要注意识别一个前提,由于经济宪法的研究有文本性的研究和价值性的研究,而现在大量的特别是从德国翻译过来的著作,都是关于文本性的研究,也就是对于德国宪法中关于经济制度的安排做文本上的解读。按照我们中国人的习惯,更多是关注价值性的经济宪法研究,即把宪法当做价值前提、价值观来指导自己的研究,这方面现在国内已经有不少成果,如西南财经大学吴越教授的《经济宪法学导论》,武汉大学的几位宪法学学者主编的《中国宪法经济制度》等。第三,把经济与宪政的关系放在经济法部门法的角度看,虽然实际上它们是不是一个部门法还不一定。像我们所讨论的公共财政的问题、财政立宪的问题、税收立宪的问题、纳税人税权的问题,都是引入了宪法与宪政的分析框架。这一框架的引入为财税法的研究开辟了一个通道,将财税法的研究推向另外一个高度。张守文、刘剑文、徐孟洲等学者都是在走这条路径,我们在经济法的研究中比较喜欢参考的日本税法学者,如北野弘久、金子弘等也都是用宪法的逻辑、宪政的逻辑在安排他们的研究。我们在研究价格法时,也在讨论这个问题,因为公共产品的定价毫无疑问是一个宪政问题。当然,在经济法领域,宪法与宪政的分析框架应该还有一个更大的空间。所以,平时我们在研究的同时,也应当去整理已有的研究路径。无论是法哲学的研究还是宪政的分析,都将经济法的路径研究推向了一个新的高度。

我这些年来对经济法的研究,大量时间都花在了经济宪政这个命题是否成立上,还有就是经济法作为调整公共经济关系的法律这个命题是否能够成立。最近,我正在研究从矛盾发展的角度提炼经济法的一整套框架和体例。所以,今天晚上与大家交流的主要是经济法与宪政之间联系的问题。

一、经济法与宪政之间的联系

关于经济法与宪政之间的联系,我的基本观点总体上应该有三个。

(一)经济法是关涉宪法性经济利益分配和宪法性经济权力配置的法律

那么宪法性如何描述?应该着眼于经济制度或者经济法制度,主要还是基准性、全局性、公共性和宏观性。既然经济法涉及宪法性经济利益分配和宪法性经济权力配置,那么我觉得经济法发展路径和前行路径应当充分吸收宪政内涵。另外要特别注意一个问题,现在我们对经济决策,特别是政府作出的经济决策进行了很多讨论，实际上政府在作出经济决策时并没有另外创制一套系统，而是寄生在原有传统的政治机体之中作出现代经济决策，它们之间并没有分离。在原有政治系统中作出经济决策，是有宪政风险的，任何一个决策一旦引入到政治决策系统中都会发现有一个兼容和不兼容的问题。经济决策放到政治决策系统中看，有相当多不兼容的地方。我们举一个很简单的例子，通常在涉及经济利益产权方面的投票时，是按照产权份额投票的，假如把它置换到政治场合中，放到公共经济决策的领域中去看，那么它不是按照产权比例投票的，它是按照政治权利平等原则投票的，每个人都只有一票，但是每一票都是平等的。很明显，私人经济领域中大量的决策规则与公共经济决策的规则是不同的，两者的区别产生了非常大的宪政风险。所以，公共经济决策、政府经济决策在道德意图的正当性和技术措施的可行性方面都是需要事先验证，需要采取程序主义、授权主义等一系列前置方式来验证。但对于私人经济决策而言，我们不会去研究它的道德动机问题，或者在事后去审查它的道德动机，至于它的技术措施则在所不问，只关注最后有没有达到破产的界限，以是否能清偿债务去检验它。因此，我的第一个观点是，既然涉及宪法性经济利益分配和宪法性经济权力配置，而公共经济决策又寓于传统的政治决策机体中运行且具有很大的宪政风险，那么经济法有关的运行系统就必须需要依赖宪政机制。

（二）宪政本质上表现在国家对最危险政治力量的防范

宪政并不是一个很敏感的词，因为每一个政治国家的宪政内涵都是不同的，任何一个国家都有一个对最危险政治力量的防范问题，只是选择不同的机制而已，而宪政是其中可供选择的一种机制。那么经济生活中能否引入宪政这一概念？我认为，在市场经济体制被确立为宪法经济体制以后，这时它最需要防范的是超市场力量的存在。我们国家很典型，市场经济体制是宪法体制，当这种体制被确立后，需要防范“超市场力量”的存在。从“超市场力量”其本身在经济法中的用词看，我们已经把它当做了宪法问题。我们在讨论反垄断法的时候经常把反垄断法视为市场经济的经济宪法。如果把反垄断法奉为经济宪法，那就可以很清楚地看到，已经把垄断当做是一股“超市场力量”，并且这种“超市场力量”完全可能威胁市场制度和产权制度，因为它能使整个市场结构和产权结构发生变化，所以把反垄断法当做经济宪法来理解就完全不是文本的概念，而是一种价值解读。反垄断法在防范这种“超市场力量”时应该发挥自身应有的作用，防范“超市场力量”对整个市场制度和产权制度的颠覆。“超市场力量”不仅仅指市场本身的力量，还有来自市场外的力量。在经济法中，我们讨论最多的就是政府干预经济是否恰当、是否正当、如何正当的问题，简化来说，我认为这就是干预者的价值观问题。政府干预经济是按照政府的价值观即按照干预者的价值观去干预经济,这是最危险的干预,我们最需要提防、最需要警惕。我们讲到国有垄断的问题,当市场的竞争无序化的时候,或是当市场配置资源力量失衡的时候,政府进行干预,干预以后都不愿竞争了,统统收为国有。这就很明显是干预者把自己的价值观强加给了市场,它没有超越被干预者的利益状态去干预,这种干预比比皆是。这种需要警惕的危险干预在法律上需要有相应的防范机制,尤其当这种命题在经济法中反复存在的时候,经济法就要考虑,现有的机制能否保障它不出现危险。如果我们在政府与市场关系的分析框架里,只注重两个失灵,一个政府失灵,一个市场失灵,按照这两个失灵反复去调整,或是政府多一点市场少一点,或是政府少一点市场多一点,只调整量上的关系,我认为是不可靠的。因为政府与市场的关系本身是一种发展性的变量,不是存量也不是定量,那么法律如何按照变量去保持灵活的调节？这是不可能的。所以,在经济领域是存在最危险的力量的,如果市场经济体制是宪法体制的话,毫无疑问这种最危险的力量就是"超市场力量",这种"超市场力量"既表现为市场本身产生的极端力量,也表现为大量的政府干预经济事实的存在所产生的超市场的政治力量。这两股力量的防范都要依靠宪法的价值观和宪政的相应机制。

(三)经济法是调整公共经济关系的法律

现实生活中存在大量的公共因素,当经济生活需要流转的时候,或是当生活被迫公共化时,第一个涉及的就是公共经济基准的问题。公共经济基准里最典型的就是货币,如果没有充当一般等价物的货币,经济生活的运行机制是没有办法讨论的。另外,没有公共的标准,很多东西的讨论也是没有办法进行的。所以,我们自觉或不自觉地把生活中很多因素公共化了,把它设定为公共经济基准了,大家都在自觉地接受。第二个公共因素就是公共财产。公共财产是由两个因素形成的,第一个是自然因素,大量的自然资源交给谁占有都是不公平的,交给一代人来占有也是不公平的,照顾到代际公平最好的方法就是设定为公有体制,人人有份,当代人后代人都持有合理的份额。这是依靠自然因素形成的财产属性。还有主要依靠税收来支持公共财产体制,因为要交换公共产品、公共服务,所以用税收这种方式去激励公共财产。第三个公共因素是公共经济权利,当我们的生活被无形地公共化以后,既有自己的权利份额,也要使权利得到相应的体现,既可能体现为话语权,也可能是表达权、表决权。现在在大量的公共决策中个人意志所占比例多少不一定,但是一定要通过各种代言机制、代理机制表达出来。在公共意志基础上形成的具有支配性力量的就是公共经济权利,还包括公共产品,以及授予政府权力制定的公共政策,这些因素都公共化了。这种公共因素的存在与我们传统市民法是有差别的，或者说为什么把经济法置于一个公共的语境中来讨论呢？在传统的经济法中谈干预时政府是外部人、第三人，干预就是过问他人的事情。实际上，在现代市场经济中可以清楚地看到，市场的组成中政府和市场是两股力量，都在起作用，政府不完全是外部力量。政府不完全是外部力量，那么用什么样的语境和方法来解释它？我认为比较好的方法是用公共语境解释它，除了私人空间，还有相当大的空间是政府、私人、企业共同参与的，他们在这样一个领域里活动、决策、博弈和交往，政府不再纯粹是一个外部干预者和市场压迫者。在公共语境中解释政府，政府本身就是市场的内生力量，不要把市场与政府对立起来，二者之间是完全兼容的，都是经济生活的参与者。所以从这个意义上来说经济法是调整公共经济关系的法律，经济法属于公法，不是公法与私法渗透融合的产物，这样的观点是否极端、是否有道理，请同学们去判断。

基于经济法是公法的观点，我认为经济法的组成有两个部分，一部分是经济宪法，另一部分是经济行政法，它们共同构成一个完整的经济法体系，当然，要达到完整的建构需要证明和解释的时间和空间。因为现在大多数学者把经济法体系分成比较统一的两大块，一块是市场规制法，一块是宏观调控法。若分成经济宪法和经济行政法是否会弱化经济法的地位？我认为不会，这样只会强化经济法的地位，使经济法的识别性和法律过滤更完整。“市场规制”和“宏观调控”两个词在法律的语境中是没法界定的。“规制”这个词首先被用在金泽良雄的《经济法概论》一书里，之前用“管理”这个词，但好像用“管理”跟计划经济关系紧密，看了金泽良雄的书以后就用“规制”，“规制”表达的就是经济干预，经济学中有规制经济学，“规制”并不是一个标准的法律概念。“宏观调控”更不标准，它完全是在经济学语境中使用的，没有经过法律过滤，属于直接借用。宪法中表述为“加强经济立法，完善宏观调控”，“完善宏观调控”是指通过法律手段，通过大量经济性法律法规的制定、实施来完善宏观调控。很明显这是一个下位概念，是法律之下的政策范畴，是个行动工具，当把一个行动工具当做法律标签的时候，不一定对法律语境的净化有好处，所以对经济法体系的提炼本身是经济法中一个重要的问题。顺便提一下，现在的经济法知识论中存在一个很大的局限，我们不太考虑经济法作为一种知识如何让社会去接受，如何去考核。现在经济法作为一种知识，对其的专业理解和社会理解是对立的，差异非常大。任何一种有关经济法的考试，如公务员考试、司法考试、注册会计师考试、研究生入学考试等，对经济法知识点的考核是没有稳定性和确定性的，是不统一的。社会理解和专业理解差异更大，社会对于经济法的理解就是关于经济的法律，专业理解范围要小得多，争论更多。所以作为知识论本身来讲，经济法存在局限，这也是阻碍经济法向社会进行文化传播的因素。这同样说明经济法本身语境净化不够,不像商法,大家都知道商法要学什么考什么,但经济法专业与社会没法沟通,最极端的如之前电大的教材,直接写《经济法(民商法)》。对经济法的专业理解和社会理解,甚至专业内部不同的理解,它们之间差异太大。有些问题不需要现代经济法来讲,所以现在主要问题是要提炼经济法的框架和体系,路径上要创新,结论不一定要求新求异。

这是我要表明的三个观点,为什么要在经济法中引入宪政,为什么要公法化,为什么在经济法中可以融入宪政、公法的思维。我再补充一点,宪政的产生本身就是经济法事件,并且宪政本身最初产生时就是在关注公共经济问题。谈到宪政都会谈到它的起源——英国宪政,起源于13世纪王室和议会对征税权的争夺,基于这一事件,王室收支不平衡,要向纳税人征税,但议会不同意,于是就产生了谁有权征税的问题。在王室和议会的这番较量中,就形成了第一个宪政法则,不经过议会同意不得征税,这是最原始最经典的宪政规则。现在看来,这是很典型的经济事件,但是不能描述为经济事件,否则就庸俗了,这是一个宪政事件。关注宪政起源可以看到,表面上是政治事件,实际上使争夺政治领域和经济领域中的社会有利地位的游戏具有正当性。征税作为一种宪政事件,十分典型,所以一开始宪政机理本身就包含了经济决策中的正当性问题。这和之前讲到的经济制度运行本身就不是两条轨道,而是在一条轨道里运行,有异曲同工之妙。所以简单地去理解,宪政根源于对经济利益的争夺如何变得正当和合法。

二、经济法的宪政进路

在经济法的宪政分析中我们需要吸收什么样的新内涵?我认为,经济法的宪政内涵主要体现在以下几个方面:

(一)经济法的宪法价值观

宪法价值观就是对公共的道德意图事先通过宪法进行规范化和前置,把它设定为一种宪法价值观,设定以后可以解决宪法价值观对干预者的具体干预行动的宪法约束问题。这是在吸收宪政内涵时需要考虑的宪法价值观的确立问题,即经济法的宪法价值观的确立问题。金融危机以后,各国政府都在采用干预方式,正式的干预方式包括普遍选择干预、连锁干预、接受干预三种方式,对此大家一般都普遍接受了,不会遭受太多的宪政质疑,但会不会存在宪政疑问,会不会有宪政困境?很明显是存在这种困境的。比如,干预以后的退出问题,我们现在都只研究干预的进入问题,怎么样用财政性资产、用纳税人所转换的公共财产、用公共财政去刺激经济的增长,但是当转化为投资以后就会产生产权问题,形成一个比较稳定的公有产权。这就会涉及两个方面的宪政问题,第一个问题是这时体制是市场性的宪法体制,市场体制是私人产权指导的,并且是多元的,那么在市场里面形成比较庞大的公有产权体制时,对其他私有产权就是巨大的威胁,因为产权的格局变化了;第二个问题是公有财产的代表和运行问题,谁来代表?这个问题是很明显的。还有干预公平的问题,哪些人该接受干预、哪些人不该接受干预,哪些人该得到救助、哪些人不该得到救助,比如,雷曼兄弟的执行官就不明白为什么雷曼兄弟不值得救助。此外,当形成了大规模的公有产权和财政性投资以后,这些财产怎么退出,这是非常复杂的产权问题。我们现在只注意到了进入程序,没有设计退出机制,所以存在的宪政危机始终是有的。这是我要谈的宪政内涵的第一个方面,关于宪法价值观的问题。

(二)通过经济民主机制来分享公共经济权利

我们现在建构的经济民主机制并不多,因为经济民主机制还是要依靠传统的政治民主机制。我们大量地采用代议制的人民代表大会制度,但是人民代表大会制度很少讨论经济权利的配置问题。人大要审议预算和决算,但它也只审议预算和决算,对其他的经济问题一般不予表决,除了像三峡工程这种少量的公共经济决策外,大多数是不通过人大这个渠道进行决策的。实际上我们要在公共经济民主的基础上去分享的公共经济权利是远远不止预算和决算的,即使要分享预算权和决算权,所遇到的阻力也非常大,而且,大量的经济决策中存在道德意图和经济决策的可行性问题,也都是要经过论证的。现在的常规决策中基本会经过两个论证,第一个论证是专家论证,通过专家咨询的机制去论证,第二个是行政决策系统内部的论证,这两个论证都是封闭性的,不在公共层面。但我们讲到的经济民主机制是在公开系统上进行的经济权利的配置和博弈,这就是我们现在用到的一个机制,比较薄弱。

另外,经济民主机制现在兴起的一个形式是听证,主要是价格听证,但是大家知道价格听证是"听涨不听降"的,价格听证实际上只是提前公布涨价信息。价格听证主要涉及公共产品的定价权的分配。公共产品的生产有三个选择,第一是消费者不同意私人生产;第二是私人不愿意生产,成本太高;第三是私人不能生产,如国防产品。但这三类产品无论采用哪种生产形式,它的定价问题都是公共程序的问题,必须进行研究。最近,国资委公布了所管辖的九大国资系统去年的经营业绩的数据,除了航空运输是亏损的之外,其他八大行业都是大幅度的利润增长。这种大幅度的利润增长在一定程度上充实了公共财政,使国家的实力更强。在我国,我们必须要有一个强大的中央政府,这个强大的中央政府倒不是因为集权的需要，而是因为我国的发展不平衡，需要的转移支付只能通过中央政府这样一个枢纽进行，那么当中央政府这样一个转移支付的枢纽、分配和再分配的枢纽不通畅或没有能力分配时，这个国家必然要陷入相当大的危机之中。在改革开放30年的总结中，有一本书叫《部长访谈录》，其中有一位财政部长在接受采访时谈到我国的财税体制改革问题，它认为在30年的改革过程中财税体制改革是非常重要的一个环节。1992年时中央财政在整个国家的财政中所占的比重是12%，这是一个非常低的比例，基本上是处于危险线的比例。比如，南斯拉夫在解体之前，中央政府非常脆弱，它的财政水平就维持在12%左右。国外的一些政治家包括我国台湾地区的一些政治家也都谈到过，中国要运转必须要有比较强的中央政府，其中中央政府能够运转的财力在整个财政收益中所占的比重要达到50%—60%，这样国家才有可能进行比较好的运转。之后，我国进行了中央税和地方税的改革，分税制的改革使整个中央财政进入了良性的运行轨道，但中央税和地方税的改革始终离不开毛泽东在《论十大关系》中所谈到的一定要发挥两个积极性——中央的积极性和地方的积极性，既要保证中央财力的集中，也要保证地方财政的积极性。这个问题在经济法研究中是非常重要的思维，在我国不可能按照美国的联邦制来思考问题，只能按照自己的国情去思考。

从公共财政收入增加的角度讲，这种思维当然是有贡献的，但从另外一个场景中来分析国有企业巨额利润收入的问题，有两个因素要进行平衡，第一个是与纳税人的税负平衡，即当国有企业的利润过高时，实际上其是通过市场的定价机制、通过增加消费者的消费成本置换来平衡的，因为国有企业所有的利润来源于消费者，并没有其他特殊的渠道。从另一角度而言，这就是一种变相税负，变相税负可能对纳税人来说更为不利，因为纳税人的税负通过税法固定下来以后，任何一个税种和税率都带有比较长时间的稳定性，但如果它转化为一种定价机制，尤其是按照市场偏好、市场需求或市场本身能够实现的利润空间去定价时，这种定价权一方面对于消费者来说，信息分布不对称，另一方面，它是随时可以调整的，如汽油的涨价问题。毫无疑问，国有企业的利润向消费者所转嫁的价格负担本身还不可替代，而税收是可替代的，国有企业的利润与纳税人的税负之间需要进行平衡。我认为国有企业在主要的利润空间内必须要考虑税负和利润双重因素，使两者较好地兼容。另外一个因素就是消费者福利，因为国有企业主要是提供公共产品，从公共产品的角度来讲主要是考虑消费者福利，过高的利润就意味着消费者福利水平下降了，利润水平提高，消费者福利水平就会下降。我们目前看到的体制，主要是通过人大、通过专家咨询、通过听证进行的，但这是远远不够的。如何通过经济民主机制分享经济权利，这个问题在经济法里值得深入研究。

这是我谈的宪政内涵的第二个方面，要通过经济民主机制来分享公共经济权利。

（三）政府经济行为应当被严格限制或限定在一定的界限

我们研究中经常使用的一种研究方法是社会契约的方法，用社会契约来解释社会的建构等很多问题。但我们在理解社会契约时没有注意到社会契约里面所包含的每一个社会元素之间不一定具有同质性，不一定属于同类物质，甚至有些元素之间本身具有排斥力。我个人认为社会契约不是按照社会元素统合起来再一揽子缔约的，而是分序列逐步缔约的。第一个容易达成协议的是民主社会里的政治权利契约，政治权利都具有平等属性，一人一票，每一个人在政治权利面前都是平等的，这是在民主社会中比较容易达成的共识。第二个在市场社会和法制社会中容易达成的共识就是关于产权的契约，产权契约就是承认产权的份额不相等，但产权的权利人格受到平等保护，份额不相等但权利的资格相等。资产阶级的法治口号“私有财产神圣不可侵犯”，这很典型地表明了产权的概念。可是政治权利契约和产权契约之间是矛盾的，两个契约之间都意图相互收买。财产少的人意图通过政治契约来收买尽可能多的产权，产权契约中财产多的人意图通过产权投票规则来尽可能多地收买政治权利选票，所以民主政治很大程度上是在调适政治权利契约和产权契约之间的冲突。第三个契约就是公共经济契约，比如，设定公共经济基准、设定一定的公共财产规模、设定一定的公共经济权利、授予政府一定的制定公共经济政策的权限、进行一定的公共分配。公共基准、公共财产、公共权利、公共政策、公共分配这五个公共因素，通过一定的社会协调机制已经获得了人们比较一致的共识，现在基本上已经完成了公共经济契约的缔结。第四个契约是福利契约，如北约，它有非常高的福利水平，用非常高昂的税收代价来建构，但这个福利契约的缔结是不完整的，只在一部分国家进行。我们国家近几十年之内都不可能有很高水平的福利契约，我们现在要建立社会保障系统，社会保障系统要覆盖全社会，但这是低水平的覆盖，低水平的保障还谈不上是福利契约，只是公共经济契约。

这个过程是一步步进行的，其中当然也涉及对政府权力的分配问题，比如，公共经济契约很典型的是涉及赋予政府什么权限，这也是经济法讨论的重心问题，政府到底能做什么？总体而言我认为有几种行动，第一种是标准性行动，这是最基本的，就是建立公共经济基准；第二种是促进性行动，政府来帮助生产力的发展。研究经济法的执法，都可以发现一个原理，即经济法的立法中如果执法机构是明确的并且行政位阶比较高，它的执法效果是最好的；当它的执法机构是模糊的，如所谓的委员会制，执法效果就会很差。执法层级行政位阶比较低，最典型的是环保，现在国家的环保总局是正部级机构，原来有时是正局级机构，有时是正部级机构，有时是副部级机构，反反复复地在调，从机构的行政位阶的调整中可以看出国家在这一项国策中所给予的力度，在经济法中这个特点非常明显。再比如农业法，在我国，不解决三农问题就不能解决很多问题，经济法中研究农业法的比较少，它的法律条文漏洞非常大，但农业法这个系列的法律执法效果是最好的，因为它的执法机构非常稳定，就是农业行政主管部门，农业部及其下属的农业厅，级别从来没有变过。大家现在对教育意见很大，教育存在的问题很多，但我国在贯彻教育法上效果很好，也是因为我国《教育法》、《义务教育法》依托的执法部门稳定、位阶也高。所以行政位阶决定了我国的执法问题，尤其是经济法的执法问题。我国目前的法律当中政府的责任大多是促进性的责任。《中小企业促进法》在金融危机的情况下发挥的作用应该是最大的，因为金融危机中中小企业受的冲击是最大的，其次是农民工，再次是学生，但是事实是，在金融危机下《中小企业法》是最没用的。因为这部法没有明确的执法机构，它的执法机构是分散的，没有承担促进职责和促进功能的部门。因此，虽然这个法律应该是促进性的，但实际上它发挥不了促进的作用。政府的促进性行动是政府经济行为的第二个层面。政府经济行为的第三个方面是管制性行动，如我们常说的垄断就属于管制性行动，这在政府的经济行为中肯定占有相当的比重。第四个方面的行动是调节性行动，比如货币、税收等，用一些软手段来调节经济，如果说管制用的是硬手段，那么调节用的就是软手段。第五个经济行为是分配性行动，对国民收入进行分配和再分配。总的来说，政府的经济行为应该限定在这五个层面上，标准性、促进性、分配性、调节性、管制性，但是当它需要落实到每个行动时，其本身都需要有相应的程序规定。这是宪政内涵的第三个方面，政府经济行为应当被限定在一定的界限。

（四）政府经济行为必须遵守正当程序

正当程序的法律解释非常简单，就是自己不能担任自己案件的法官。放在政府经济行为中理解，第一层意思是具体到行政层面的政府，首先不应当是经济规则的提供者，只能是经济活动规则的执行者。我们按照这种正当程序去思考现在的经济立法那就能发现问题了。现在大量的经济法规、行政法规都是国务院制定，自己制定自己执行。我们现在说的部门利益扩张、垄断，根源其实是在这里。正当程序的第二层意思值得深思，即作为干预者必须超越被干预的利益关系状态，这个问题是经济生活中非常典型的状态。干预来干预去最终没有超越自己的利益，这是不符合正当程序的。正当程序的第三层意思，主要就是通过一定的公共平台协调政府与私人间的利益冲突，政府与私人的利益肯定有冲突，因为政府是执行者，是利益的通渡者和利益的当事人。所以应设计机制对政府和私人之间的利益冲突进行协调，现在看来它的协调机制在有些方面还是不太畅通的，包括行政复议停留在行政机构内部，很明显不能解决问题，应当设计一定的公共平台进行协调。

（五）经济暴力必须受到严格的法律规制

关于政府经济行为的最后一层宪政内涵，我提出了一个词，叫做"经济暴力必须受到严格的法律规制"。经济暴力在现实生活中经常会发生，实际上征税就是一种暴力，是对你的收入和财产进行的强行分配。这是暴力的一种，只是这种暴力是经过你同意了的，也可能没有经过你的同意但是经过了大多数人的同意。比如拆迁，征收，国有化，这些都是典型的经济暴力。这些手段在现实中大量被使用，我们可能没有有意识地去进行提炼，但是它时刻存在，甚至成为独立的一类现象。经济暴力受到严格规制的关键在于三个方面：第一，只有正当性和合法性的经济暴力才能实施，也就是说应该是被强制者事先同意的经济暴力。第二，对经济暴力的行为后果必须有来自权利或者利益上的补偿，最典型的就是征税，税收交给国家后交换回来什么权利。实际上不仅是取之于民用之于民，那只是一个朴素的税收使用原理，从权利法则上来讲，当征税作为经济暴力发生以后，从权利上应当进行补偿，补偿给你什么？我认为是纳税人的税权。这种税权不是从税收征纳关系上讲的纳税人索要税票之类的权利，而是另外一种主权性的权利，如知悉税收用途，审计税收使用后果等知情权，甚至还有提起税收公益诉讼的权利，这些权利是要还原给纳税人的，是一种权利上的补偿。再比如拆迁，应从利益上进行补偿，是一种利益置换。经济暴力规则的第三个方面，必须要为受强制者设立经济暴力的救济机制，不仅是在当时得到权利的补偿，还要有事后对失去的利益的救济机制，这些途径必须配套。也就是说，任何一种权利当它失去或者受到威胁时必须有其他的途径来保障它，来纠错、纠偏、救济等。

我认为宪政内涵主要涉及的就是以上这五个方面。这五个方面是在经济法研究里必须吸纳的宪政的养分，也是在宪政的价值上要去建构的宪政机制，是经济法的良性机制。从经济法的运行机理上讲，宪政的价值是高于本身的运行系统的。对于经济法来说，不是干预者自己的行动，而是干预者在有上位价值指引下的干预行动，这种干预才有可能使经济法进入一种良性的运行轨道。以上就是我在这些年的研究中力图把宪政思考融入经济法中的一些想法。谈得不对的地方请顾校长批评，请大家批评。谢谢大家！

顾功耘：单教授就经济法的宪政进路及其公法化作了一个精彩的演讲，他考虑的问题很深，对经济法的解释视角很独特，对我们进行经济法的研究给予了很多的启发。接下来的时间,同学们有什么问题可以和单教授进行交流。

提问一:我们知道财税法上的宪政思想入宪在文本上的表述是"税收法定",那么请问单教授经济法的宪政进路如果要入宪,其在文本上的体现应当是怎样的?

单飞跃:我更多的是倾向于价值层面,而不太赞成这些内涵在经济法条文上的承载。就我目前的思考看,这主要还是一个价值观的问题,由于这种价值观本身是比较健全的,在具体的制度上是可以进行承载的。我前面提到财税法问题和公共产品定价问题,以及国有企业利润的分配问题,如果把这些问题放到宪政的场景中思考,而不是简单地把它看做一个经济事件,那么选择解决问题的方法和资源配置的方法都是不一样的。换个角度说,如果讨论货币政策问题时引入宪法的思维,当把货币这种符号与居民财产价值、产权安全关联起来,这时候它就是宪政问题。从我目前的思考看主要就是在经济法的研究中溶入宪政思考或者宪政价值。

提问二:我想就您刚才谈到的政府经济行为应当遵守正当程序提个问题。最近上海出租车涨价,消息是由上海市发改委是以一种新闻通气会的形式发布的,而根据我国《价格法》第23条,以及国家发改委《政府制定价格听证办法》,像这样的公共服务项目必须听证。虽然上海定价听证目录把出租车的定价归为需要听证,但实际上并没有听证,正常来说我认为这次涨价是应该被撤销的,而它现在仍然在执行,对此您是怎么看的?

单飞跃:出租车的问题是现在群体性事件中非常典型的问题,表面上看它是出租车司机、出租车公司和政府的定价系统的冲突问题,实际上把它放到更大的层面上看还有消费者和出租车司机,出租车营运商和政府之间的定价权争夺问题。首先要考虑的是出租车到底是公共产品还是半公共产品还是完全的市场产品,现在对于这个问题还没有界定,没有界定实际上就带来相当多的问题。市民一般来说是把它看做公共产品,至少是个准公共产品,对准公共产品来讲,就要在一定的层面上达成一个基本的运营规矩,其中当然包括价格规矩。从公共化的层面讲,是没有对个体尊重,现在的公共规则是政府只照顾公共体中的部分成员,那就是出租车的运营商。在这个公共行为里面出现了两个受损的主体,第一个是消费者,还有一个就是出租车司机,很明显这个公共合约的过程出了问题。另外,出租车的问题复杂在于,出租车市场最初的市场资源配置是不公正的,就是为什么出租车的牌照资源落到了少量的公司手中,为什么它凭借牌照资源可以支配整个出租车的运营成本和整个价格水平。出租车牌照资源是否是公共资源?现在来讲的话,它已经完全沦为了市场运营主体本身的市场资源。把一个公共资源变成私人的市场资源的时候,必然会损害消费者的权益以及整个与出租车相关者的利益。所以,出租车原始资源的配置是有问题的。如果还是用公共思维看这个问题的话,就是两个问题,第一,出租车本身是不是公共服务;第二,出租车牌照属不属于公共资源,而这个事件本身肯定是一个不尊重公共意愿的行为。

顾功耘:如果同学们没有问题的话我们就结束今天的学术讲座。单教授对今天的讲座内容阐述得比较清楚,我相信单教授的讲座对在座的同学进一步深化经济法的理解和研究一定有很大的帮助。最后,我们再一次感谢单教授精彩的演讲!我们的讲座到此结束,谢谢大家!

政府角色定位与经济法治

主讲人：史际春　中国人民大学法学院教授、博导，中国经济法研究会副会长

主持人：顾功耘　华东政法大学副校长、教授、博导

记录人：孙溪　王文(2007级经济法专业研究生)

时　间：2007年12月1日上午9:00—11:00

地　点：华东政法大学长宁校区交谊楼报告厅

史际春：各位同学各位老师，大家早上好，我非常乐意能借此机会，来跟大家作一个交流。

今天我跟大家讨论一下政府角色定位与经济法治这样一个问题。谈这个问题是因为有感而发，有感于我们国家的法立了许多，可是法治却不尽如人意，我今天通篇讲的都是法治。今年2月份，国务院要求清理行政法规规章，共1.3万个。2001年的时候，我们加入WTO，进行了一次更大规模的法规清理。加上各个地方的地方性法规，包括上海市，再加上全国人大及其常委会制定的法律，按照《立法法》规定的法的渊源，改革开放以来我们国家的法立了绝对不少于5万个。可是，法被束之高阁，被肆意地漠视践踏的现象十分普遍。这种现象导致了我们的一个困惑，法到底是什么？这个困惑可能我们在座的现在不会有，但你接触法越多，这个困惑就越大。法到底是什么？

法到底是什么，是法学一个永恒的课题。从古希腊到现在，西方一直在研究法到底是什么。比如我们的《政府采购法》，2002年颁布，2003年1月1日生效实施。我们希望通过《政府采购法》使政府采购成为阳光工程，节约财政支出，可是，中国人太聪明了，表面上可以按照法条做得严丝合缝，暗地里腐败更严重。今年“两会”期间《人民日报》公开说，政府采购领域已经成为我国商业贿赂领域的一个重灾区。政府采购的东西，往往比你自己到市场上买的东西还要贵。还有我们的土地和资源管理，北京市人大常委会作了个调查，85%的违法是政府违

法，也包括规划。老百姓造的违章建筑，一下就拆掉了，而有些违章建筑是造价十分昂贵、十分豪华的，造好了也拆不掉。还有今年的食品和药品监督管理局的郑筱萸已经被捕了，执行了死刑。他给中国捅了个大娄子，闹了国际大笑话。举例来说，2005 年药监局批准了 1113 种新药，这是药监局官方承认的，而同年世界上最权威、最专业的美国食品药品监督管理局只批准了 81 种新药，是我们的科学比人家发达吗？根据网上的统计，1998 年郑筱萸上台，一直到他下台，药监局批了十六万余种新药，这里面不仅仅是腐败的问题，最根本的是违反法的宗旨，违反法的精神实质。滥批新药能不能当做违法来对待？以及能不能得到有效的法律救济？如果把它仅仅理解为腐败那就太浅层次了，换个局长，他还这么做，或者不作为，依旧说不清楚到底是什么违法，所以据说现在药监局就不作为了，拖拖拉拉，该批的新药也不批了。

最要命的就是法的精神、法的宗旨、法的理念、公平正义的基本的法的价值观缺失，也不仅仅是政府，是整个社会的缺失。在这点上，香港就做得比较好，香港的税务局局长的老婆悄悄开了个报税的公司，媒体披露出来，这个税务局局长彻底身败名裂；再比如，梁锦松下台，因为他主管税务政策，却在消费税出台前买了辆车，据他自己讲省了 5 万块钱。在香港当财政司司长，要么在消费税出台后买，要么不买，要么卸任财政司司长的职务再买，否则你便宜一分钱，这个法治社会都不许你容身，不许你有立足之地。大家想一想，我们社会有没有达到对利益冲突零容忍的程度，差得太远了，而且相反，通过利益冲突来牟利，不以为耻，反以为荣，所有的这些，与法治国家的情况，形成鲜明对照。所以我今天要跟大家强调的是，我们的法治发展到从量变到质变的转折关头了，法再立下去没有意义了，如果我们的法有了符合法治的理念晋升，法条一条也不要改我们就已经是法治社会了，所以法不等于法条，法等于法治。当下最要紧的事情，就是要为我们现在的仅仅具有躯壳的法引入法治的灵魂，也就是法治的精神理念，即最根本的公平正义；除了公平正义，法治还有第二个层次的含义，即财产权神圣不可侵犯，诚实信用，公平交易等。我今天想从另外几个第二个层次的法治理念着手，分析这样一个问题：角色不能错位，利益不能冲突，人人可被问责，守规矩讲诚信。

一、角色错位——从信息产业部关心移动联通到海外筹资谈起

中央电视台 2 套，有个节目叫《省部长访谈》，有一次，采访的是信息产业部的部长。记者说："某某部长，你能不能说一下，你上任后最得意的事情是什么？用一句话来说。"部长说："我上台后最得意也是花了我最大精力的事情就是，中

国移动和联通到海外上市，筹了很多钱。”节目中在座的我看了一下都没什么反应，说明大家都没有法治理念，他说这个话要是在香港、美国，肯定要下台，老百姓会群起而攻之。因为信息产业部是IT产业和IT市场的监管者。作为IT产业IT市场的监管者这样一种公共管理者，却整天关心的是被你监管的人挣不挣钱。就如我使用的手机是联通号码，在2004年之前我的手机与移动号码的手机无法进行正常的互发短信和通话，因为移动和联通这两个网络没有弄好。这个事情就是部长应该管的，互联互通。还有铁通进入各地的市话，歹徒晚上去割电缆，部长也应当去管，可是他没有管好。移动联通挣不挣钱不应该由承担市场公共管理角色的信息产业部来管，应该由承担出资人、老板来管理。

现代社会是一个角色社会，每个人都在其中扮演着不同的角色，扮演角色的时候就要把天然的角色忘记，在其位谋其政。政府作为社会经济公共管理者承担这种公共管理的角色就应当是一个中立的、公正的、权威的裁判，既不是运动员也不是教练员，要对它管辖之下的主体，一视同仁，不能有任何偏颇，或者厚爱。我们过去有个说法，“政府不能既做运动员又做裁判员”，这话是错的，因为政府在国内法上不是一个主体，而是由千千万万个国家机关及其工作人员组成的一个体系，比如某某区政府、某某局、某某厅。某一个政府机关、国家机关不能既做运动员又做裁判员，但政府是可以的，像政府采购，政府就是做运动员，但作为采购员的政府机关一定不能和监督机关是同一个机关，即使它是日常的法定的监督机关，采购时也应由别人监督。政府也可做教练员，但是大家掌握一点，政府在承担公共管理角色的时候，就是裁判员。

二、角色定位不明问题——从国有大矿何以也频发矿难谈起

本来我们以为，矿难都是那些不法老板，或者是那些经过合法审批登记的、不符合国家安全要求和安全检查的小煤矿，滥采滥挖造成的。可是，郑州大平煤矿矿难敲响了我们的警钟。那起矿难，死了一百多人，这是一个国有大矿，各项设备都很好，各项制度也很健全，为什么也会发生矿难？后来大家发现，不仅是小煤窑，国有大矿也有很多矿难，淮南矿务局每天有几万人在下面，死伤也多。表面上是某些人失职，是某一个具体的原因，某一个地方出了问题，但是新华社记者做过深度报道，发现了国有大矿频发矿难的根本原因在于，国家在煤矿安全欠账达150亿人民币的情况下强行的把煤矿下放给省，导致在煤矿安全的投入到底是中央的责任还是省里的责任还是煤矿自己的责任模糊不清。导致了安全隐患长期存在，扯皮、推诿，问题得不到解决。可能这个话题比较敏感，这篇报道在人民网上挂了一天就撤了，再查也查不到了。与这个问题相似的，就是大学合

并。比如三个大学合并，浪费资源，整合起来怎么样呢？老师们面合心不合，三个学校原来财政上是不完全一样的，好的就赶紧把钱花完，差的就想去分一杯羹，领导怎么安排，斗得不可开交，结果合并起来后，资源得不到整合，反而降低了效率。企业都有文化，何况大学，文化怎么融合？文化的积淀怎么融合？新中国成立以后，国有企业的每一次上收和下放都是一次生产力的大破坏，加上后来的重组也是。现代经济发展的一个基本前提是什么？就是不要对财产权人有超经济的压迫，超经济的压迫是我们还没有进入现代社会的标记。

不同的财产权主体要尊重其本身的独立性，在这个基础上才可能搞好市场经济，否则市场经济就别搞了。改革开放30年了，但是我们把改革开放初期达成的一个共识给忘记了。在70年代末80年代初，我们国家理论界和整个社会达成一个共识：就是国有制不是铁板一块，要承认国有制内部千千万万个不同利益主体，在此基础上才能引进商品货币关系，也就是市场关系。国有制铁板一块，怎么搞市场经济？整个国有制就是一个主体。还有一个误区，这是题外话，跟刚才讲的没直接联系，但也非常重要，就是国有制内部是要有千千万万个主体，但这些主体是企业还是政府，我们长期以来以为是企业，只要把企业弄成独立的法人，让它去追求利润最大化，我们的经济就好了。现在看来是大错特错了，我们开个公司，谁是市场主体，毫无疑问是我们，法律必须确保它的意思是我们的意思，如果它的意思不是我们的意思，必须通过有效便捷的法律途径加以救济。所以上海市的国有企业，真正的主体是上海市，某某区管辖的企业，真正主体是区或区财政，而不是企业本身，所以我2005、2006年做了个国家社科基金课题——中央和地方分别所有的国家所有权研究。全世界只有我们国家是统一为国家所有，所有的发达国家都是地方所有，我们改革开放的秘诀，就是经济联邦主义，就是各级各地政府包括中央，相互竞争的结果，如上海各个区之间竞争，各个区又跟昆山竞争，等等。这种竞争动力是我们经济突飞猛进的根本原因。虽然地方所有暂时做不到，但是我们要坚持地方管辖的财产就是他物权，一级财政就是一个财政主体。《经济法学评论（第一卷）》有个案例，可以看一看，就是南非扣船案。海南洋浦远洋航运有限公司的一艘船，在南非德班港被扣留了，因为山西某煤炭贸易公司欠了某德国公司200万美元，德国公司到中国找不到这个煤炭贸易公司了，因此德国认为，由于煤炭公司是国有企业，而海南的这家公司也是国有企业，所以扣下这条船，因为南非的法律非常明确，关联企业互负债务担保责任。这个事情惊动了朱镕基、外交部、外经贸部，事态非常严峻。海南一方就请了律师开了很多专家论证会，很多有名的专家，包括江平等。《民法》明文规定，企业是独立的法人，互相不负债务，关联企业也是独立法人不负债务。有一次，我也参加了专家论证会，给他们写了四份法律意见书。我的意见是，根据我国《宪法》,五级财政每一级都对同级人民代表大会以及同级政权负责。下级财政不对上级财政负责,平级的财政之间更没有任何的经济关系。《宪法》规定,每一级政府都可以从事经济活动,可以投资,所以我们的每一级财政就相当于你们的国家和地方所有。南非高等海事法官说,中方必须证明海南的这个公司跟山西的这个公司,没有一个共同的控制人,否则中方就输了。根据刚才的论证,海南公司最高的控制是国家信息中心,山西公司最高的控制是山西省经贸厅,这样国家信息中心就相当于法定机构,说明它与它的举办者之间不是资本关系,不是老板与所投资企业的关系,山西省经贸厅是山西省政府的职能机关,山西省是一级财政,与中央财政是没关系的。可是德国请了个律师,是香港大学的副教授,他是逢中必反的。他说根据《中国共产党章程》,下级服从上级,中国所有的企业里都有党组织,所以中国的所有企业都是关联的。我也写了个法律意见书,就是说党组织是依附于它所在的那个实体,并不在它所依附于的这个实体之外形成不同于这个实体的利益的另外主体。上海市委是依附于上海这一级政权,它不在上海这一级政权之外,形成上海市委的利益,企业的党组织也是这样,它不在企业之外形成另外的一个利益,企业破产了它也破产了,党组织的成员也解散了。后来德国企业看可能要败诉了,就和解了,船放出来了,原来交的保金都退了。可惜没有判决,其实判决对我们加入全球化的进程,在国际社会上和平崛起、和平发展,更有价值,但也算胜诉了吧,结果不是特别的理想。所以,我想说国有制内部的不同利益主体不是企业,是以财政主体为基本标志的某一级政权,它是真正的市场主体,当然这是就国有制来讲的,不是国有制不适用,私人投资和这个没有关系。

三、利益冲突——从国资委既做企业的出资人又做企业和国资的监管者谈起

2007 年,十届人大五次会议以法律形式明确,由国务院和地方政府分别代表国家行使国家所有权。第一次比较清楚是 1992 年时,国务院行政法规第一次说,国有财产国家所有权由国务院代表国家来行使,明确由“人”来代表国家行使所有权;十六届三中全会明确,中央和地方政府分别代表国家来行使所有权。可是,国资委的定位是国有资本的出资人,这个就有问题了。当时,在这个政策出台之前,就有学者提出,国资委作为国有企业的出资人怎么行呢?如果强令做出资人的银行给做出资人的企业贷款怎么办?反过来,强令做出资人的企业不给做出资人的银行还款又怎么办呢?所以国资委就不管银行了,可这仅仅是银行与非银行的问题吗?国资委做出资人有两个最大的问题:第一个问题是出资

人是要资本运作的,例如,咱俩投资公司,咱俩对这个公司是要做资本运作的,设计一个非常复杂的持股结构,把我们两个隐藏起来。我们国家的中央、省、市三级,每一级国有资产投资的企业都几乎涉及国民经济的全部行业,可能只有极少数行业没涉及,绝大多数都涉及了,国资委作为事业单位,它有能力进行资本运作吗?

第二个问题,国资委做出资人,出资人就是具体出资设立企业的,也就是法律上作为企业具体股东的人,那这样国资委就把国有企业公司在工商局登记的具体股东给架空了。本来比方说,这个企业在工商局登记的出资人是商业集团、兵工集团,现在让国资委去做出资人,那这两个企业还要不要依法承担股东的权利义务了?我不享有权利我也不承担义务,这又回到计划经济了,真正应该负股东责任的人不负责任了。股市上已经出现过这种情况了,曾经是某市龙头股的公司就发生过这个问题,政府代表公司跟外资谈并购,谈得不错,如果谈好了就罢了,结果快要谈成的时候发生纠纷,外商一纸诉状把政府诉到法院。

更重要的,从法治的角度说,国资委做出资人,就犯了自己监督自己有利益冲突的大忌了,它应该做好国资的监管工作,但是它自己又做企业的出资人,这不是自己监督自己了吗?法律上要千方百计避免利益冲突,或者要防止利用利益冲突来谋取私利,而利益冲突要注意两方面:第一,扮演角色的自然人或者是其他的机构不能跟他所扮演的角色有利害关系;第二,这个角色跟他所管辖的主体之间不能有利害关系。国有财产国有企业的资本出资额或者股份是要有人来代表的,国有财产作为一个整体,也是要有人来代表的,这是两个不同的角色,两者之间不能有抵触。我把这两个角色形象一点,大家就好理解了,整体上代表国有财产我们把它叫做抽象的所有权人的角色,或者叫做国资总老板的角色,我要代表国家所有权利益,依照宪法法律政策的规定来监督好任何掌管着一定国有财产的主体,管好用好国有财产。这些主体在投资经营的情况下,承担总老板角色的机关要监督他当好股东,监督他当好出资人,这一种角色在发达国家,按照发达国家的惯例是由哪个机关来承担呢?财政部,它承担总老板的角色。我们国家的财政部,上海市财政局现在也承担总老板的角色,承担行政事业性财产的总老板的角色。我们国家国有财产国有企业涉及的面广量大,把其中经营性的一块分出来,让国资委做总老板,完全可以,但国资委就不能再做具体的出资人,具体出资人叫他具体老板,就是拿着国家的财产去做投资经营或者举办非盈利机构的这样的人,在国家所有权的范围内,具体老板的角色要受总老板的角色的监督。我们国家把国有财产分为三类,经营性国有财产、资源性国有财产、行政事业性国有财产。经营性国有财产的总老板的职能是由谁来承担呢?是由国资委承担的,这个地方又凸显出政府可以既做运动员又做裁判员,但是某个具体的机关不能既做运动员又做裁判员，国资委只能承担总老板职能，不能再做具体出资人。我今天说的这个话，国资委一成立的时候，我就跟他们讲，他们搞了个两三百人的重点国企的高层管理人的讲座，国资委全部坐下面，我讲你们不能做出资人你们只能做总老板，他们说我们没办法，我们不仅承担所有者职能还要承担国务院交办的其他事情。所以，这几年国资委的职能越来越向总老板的方向发展，就是我刚才讲的，依照宪法法律制定政策规章来管理监督好任何掌管国有财产的主体，管好用好国有财产。

四、角色责任问题——从蓝极速网吧失火谈起

网吧失火是一个非常单纯的刑事案件，2001 年北京蓝极速网吧失火，烧死了几个人，后来查出来是未成年人，他们相互有矛盾，纵火烧的，这是很简单的事。但是，拔出萝卜带出泥，在处理蓝极速网吧这个案件的时候，发现北京市的网吧有 94% 是黑网吧。什么叫黑网吧？一种情况，没有经过相关部门的批准就设立，还有一种情况是，什么批准也没有就在那干了，这两种情况就是黑网吧。这导致全国所有的网吧停业整顿，包括上海也有 94% 是黑网吧，而另外 6% 不是黑网吧，而这些网吧刚刚花了钱把网吧弄起来，正要开业，政府一律停业整顿，那它们的损失怎么办？对不起不赔，政府一分钱不赔。北京市 94% 的网吧是黑网吧，谁应该承担责任啊，大家想一想，工商局应当承担责任，他敢说这些黑网吧他们不知道吗？但是，整个北京市政府工商局系统没有一个人为此引咎辞职，官照样当的好好的。这就是一个问责的问题，法治的基本要求是每一个人都对自己的行为负责，包括国家机关及其工作人员。新加坡政府，要提前上 3G，那么要终止跟电信营运商的 2G 的合同，由于提前终止而造成的利润损失怎么办呢？新加坡政府非常爽快，给营运商赔偿 10 亿元，这就是法治。前面我们举的例子中，那个税务局局长的老婆办公司，媒体一兜出来，他就自动下台，还没有启动行政和法律的救济程序他就下台。但是，我们这儿在这方面却是差得很远，政府的一纸通知，造成老百姓的损失，一分钱不赔。北京市人大常委会作过一个调查，关于老百姓对政府最不满意的是什么，结果最不满意的是政府的行为给老百姓造成损失不赔。

所以说，我们的法治发展到今天还不如两百年以前的欧洲，《拿破仑法典》三大原则就有明确：财产权神圣，契约自由，过失责任。2004 年的时候纪念《拿破仑法典》200 周年，当时修宪闹得很火，《拿破仑法典》的前两项原则我们已经很好的认识到了，但对第三项原则，我们还认识得不够，过失责任原则就是说任何人只要是你过失你就要承担责任，哪怕是皇亲国戚，你没有过错你就不承担责

任,哪怕你是贩夫走卒,这是多了不起的事,不仅有反封建的意义,更不仅仅只在民事领域里有意义,它是整个法治的原则。我们的法治搞不好,很大程度上是因为对每个人的问责不够,不仅仅是政府,我们在座的扪心自问,我们在自己任何的行为上都“好汉做事好汉当”了吗？是不是千方百计地想“我行为他负责”啊？是不是想把自己行为产生的不好的后果赖掉啊？所以,任何角色的扮演和承担都必须有责任,社会每个成员包括政府机关及其工作人员都应该具有可问责性。

这几年,我们逐渐引进问责制的概念,问责制,有三段式。首先,角色的设置及其权益。就是我们第二个讲的,角色定位明确,明确这个角色应该承担什么样的职权职责,权利义务。香港翻译成“承担”,曾荫权就职的时候说,我对香港人民有承担。他这就是 responsibility,我看到我们国家也有把它翻译成“担当”。其次,角色设置和权利义务,answerability。可问责,承担这个角色的人或机关,要接受体制内外的质疑、询问,并且应该不时地作出解释说明,跟这个角色有利害关系的任何人都可以提出疑问。当然也包括体制内的,如到人代会上去接受质询,接受行政监察,接受党的监督,接受媒体的监督,而且不能消极应付。最后第三段是法律责任,就是行为的不利后果。你没有很好地扮演好角色,没有很好地履行义务,你就应该引咎辞职、赔礼道歉、赔偿、授受行政处分,乃至坐牢。

最后,我作一个小结,就是在经济法治当中要区分政府的四种不同角色。第一个是社会经济公共管理者的角色。第二个是国有财产总老板的角色,但是它跟财产相关,要把它从公共管理中分离出来。第三个是国有财产的具体的出资人,或者占用者的角色,这种角色不一定是由政府来承担,也可以由企事业单位、团体来承担,我们华政就不是政府,但我们也是国资的占用者,我们也投资经营企业,我们也是国资的具体出资人;像北大方正,北大就是他最大的股东,财政部、教育部都可以监督他。我还要再说一下,除了专门做老板的机关以外,其他一些机关也可以在它的管辖范围内承担总老板的角色,比方说我们国家检察院、公安局,都承担总老板的角色,行政监察、党的纪检,他们也都在各自的范围内承担总老板的角色。第四个是行政和经济活动的当事人,任何一个主体占用一定的国有资产总是为了承担一定的职能,我们华政占有国有资产是为了搞教育,国资委占用国有资产是为了当总老板,上海市发改委占用国有资产是为了承担发改委的职能,任何一个占用国有财产的主体都在一定的范围内从事行政或者经济活动。这个四种角色必须定位清楚,角色扮演不能够错位、越位、缺位,如果发生角色越位、缺位、错位,或在角色扮演当中的不作为,不好好地履行 answerability 的义务,都应当依法承担相应的不利后果。只要这样,我们的法治就建立起来了,所以说法治政府法治是关键,政府有法治了,做到四种角色的定位清晰并在这个基础上承担责任,那么就有了我们建设法治国家法治政府的充分必要条件。

我想讲的就是这么多,下面我跟大家讨论一下问题。

提问一:您提到的国有资产比较合理的应是地方和中央分别所有,在我国现在实行地方所有是不是尚存在一些问题?因为现在国有资产在各地方之间的分配差异很大,而这些差异是由于历史的原因而不是市场的原因造成的,这样会不会造成不公平?还有一个问题,现在统一所有的模式是否具有合理性?政府的定位是从实然的角度还是以完备的法制社会的要求来作出?

史际春:首先要纠正一下,地方所有不是地方政府所有,而是地方人民通过地方政权所有。其次,我们国家现在不可能马上实行中央和地方分别所有,但是财产权清晰是市场经济的必要条件,是普适的真理。既然这样,我们就要按照宪法、按照发达国家的国有资产运作的方法,把地方的财产确认为他物权,财产不能相互平调,不能吃大锅饭,要确立利益主体,我们的市场经济才能开展。另外,如果我们现在就实行地方所有不会有任何问题,现状不会改变,反而更好。因为在统一所有的情况下也是地方管辖,也是由地方政府代表国家行使所有权。所有不影响分配,分配是另一回事,经济是全球的,政治是地方的。地方政府最了解地方人民的需要,地方人民可以监督地方政府,地方财产归地方人民所有,可以极大缩短代理链条,使公有财产更有效地实现。我们现在之所以不能实现中央和地方分别所有,是因为国家领导没有认识到,下不了决心。

提问二:我有两个问题,第一个问题是,像您刚才说的权钱交易已经得到了社会的认同,您认为应如何纠正这种扭曲的现象?第二个问题是,现在国有资产由国家统一管理,在省一级或是一些大的城市还经常出现腐败现象,那么实行五级财政,各级只对地方人大负责,这会使地方的权力扩大,由此是否会产生更多的腐败?

史际春:第一个问题,大家都对腐败非常痛恨,但腐败源于社会。按照西方的谚语:“有什么样的人民就有什么样的军队。”我推而广之“有什么样的人民就有什么样的政府”。人民是腐败的人民,那么政府只能比人民清廉一点点。人民对腐败没有零容忍,他们反腐败,是因为他们自己腐败不了。这该怎么办呢?这需要法治的进步。引进法治,我希望是个良性互动的过程,是社会和政府、人和人之间的互动。用交通规则作个比喻:我们大家都没有遵守交通规则的习惯,那么我们就来个互动,执法严一点,大家的意识强一点,对不遵守的骂声高一点,大家遵守得更好一点,执法再更严一点。不要恶性互动,恶性互动我们中华民族就完了。

第二个问题,五级财政分别独立不是一个学术探讨,这是《宪法》明文规定的,是一直以来的一项制度,而且就只能是这样的,不能吃大锅饭。那么怎么样协调呢？税制改革我们就是为了更好地协调国家整体和地方的利益，我们不断调整转移支付，不要跑步进钱，不要“会哭的孩子有奶吃”。我不久前去江西财大，他们就告诉我江西是“最会哭的孩子”，因为它是老区，在中央里的人特多，它就最会跑步进钱。去年我去浙江，浙江人说，我们是最不会哭的孩子，从改革开放至今没有从中央拿到一分钱。我们要把这些东西法制化，台湾在这方面做得比我们好，他们议会几年吵一次，吵完之后每个地方每年可以从中央拿到多少钱就是法定的，就成为法律上的责任和义务。我们现在转移支付完全不是法律上的责任和义务，完全凭领导人的意志，完全是“会哭的孩子有奶吃”。把这个改掉就好了。不是说要把地方利益模糊化，搞大锅饭，退到计划经济去。刚才讲的这个也不是设想，我们现在就是这样做的。上海市财政就只对上海市人民代表大会负责，不对江苏省负责，也不对中央负责，对中央要交多少税那又是另外一回事。

提问三：您把国资委抽象为国家所有权的代表，就是总老板的角色，而在国外总老板的角色是财政部。我想到的一个比较现实的问题是：现在国有企业分红是分给财政部的，在国外也是这样做的，如果国资委是总老板，我们现在还没有建立问责机制，而且它也同时失去了进行监督的利益驱动，那么它就可能在更多的问题上不作为，那么对现阶段国资委定位上的落差和可能的不作为，您有什么好的建议？

史际春：从现阶段说，国资委还是出资人，越不作为愈好。因为它作为，具体的股东就不承担责任了，企业就垮了。从另一个角度说，任何一个国家机关都应该具有可问责性，国资委也不例外。这样，国资委就有义务监督好国有企业的出资人，当好股东；有义务监督好国有财产投资经营的企业，不要浪费，不要搞福利腐败。第三点，关于国有资本的收益，国资委作为经营性国有财产的代表，监督管理拿国有资本去投资的人和所投资经营的企业，这不代表国有资本的收益就归它管了，这些不影响国有资本的收益按照财政途径上交国库，它们之间是不矛盾的。

提问四：跨国并购的中国企业往往因为自己是国有企业或与政府的特殊支持有关而被怀疑其动机，最终被外国否决。这是什么原因？如何运用经济法制的手段调整中央和地方的角色混乱和相互的利益冲突？

史际春：现在国际上的主流意识形态还是反共的，这是由美国主导、掌管、推行的。我前不久在人大作了一个报告“美国的法制与主流价值观”，比较深入地讲了这个问题。所以我们的国企到海外并购，如中海油并购被财政部的外国投资委员否决，这是政治问题，而不是商业问题。国际跨国并购有国家支持太普遍了，法国就是一个典型。法国企业跨国并购大多数都是国企，国企背后当然就是政府,当然就要贯彻政府的政策,这不仅仅是为了赚钱。为什么对法国没有那些问题呢?所以我觉得是政治问题,商业因素如果有也是很小很小。

第二个问题,大家可能也听出来了,我对地方之间激烈的竞争、地方和中央激烈的博弈是持肯定态度的,如果没有这个东西,改革开放绝不会有今天的成就。这是一个政治学上的原理,如果不靠地方的冲动,大家都没有积极性,13 亿人的国家怎么能支持下去?有冲动就会有竞争,竞争当中必然有一些不好的东西,不好的东西好办,就是利益协调嘛。以广东的高速公路为例,开始各个地方都建高速公路,造到自己的市或县就完了,和其他地方不接起来,如果一开始不允许这种情况,一开始就必需要求接起来,高速公路就不会有。等到大家觉得不方便了自然就接起来了,就让老百姓去发牢骚,让上级机关去处理,让法院去受理案件等。通过日常的财产关系所要求的法治来解决问题,形成良性互动,是个好事情,不要从贬义的角度去理解。

提问五:我有两个问题想请教您。第一个问题,如果国有企业不是市场主体,而真正的市场主体是同一级政权,那么一些市场经济的法规将如何适用?比如《反垄断法》将于明年起正式适用,一些国有企业,如中石油等都有垄断的嫌疑,如果他们不是市场的主体,那么这部法律又将如何规制这些组织呢?第二个问题,您如何看待新《劳动合同法》,在对于保护劳动者这一块政府的角色应该是怎样的?

史际春:关于第一个问题,这是一个高度的辩证法,关键在于我们对企业法人如何理解。企业法人在法律上是独立的,但是它只是法律上拟制一个人格以方便交易,在这个企业法人人格以外的各种法律关系,都是独立的,所以完全不影响公共管理把它作为一个对象,不受任何影响。但我们要认识到,企业法人的意志是外部意思内部化与内部意思内部化的高度辩证法,就是说它的意思不是它自己的意志,必须是另外的不同于它的法律人格、法律主体的意思。从这个意义上说,市场主体不是它。我们如果认识不到这个高度的辩证法,市场经济实际上也不能开展。对于第二个问题我完全同意董保华教授的观点。

提问六:我对您刚才说的国资委现在两种角色的冲突的观点非常赞同。那么对于国资委是总老板应如何理解?总老板是指总股东吗?那么是否还存在着子股东、分股东?国资委的管理应该是基于股东的监管,还是公共监管?国资委不适合做出资人,那么由谁来做?以中央国资委为例,其下有一百多家央企,分为两种情况,一种就是按照企业法登记的;还有一种是根据《公司法》改造过的,国资委要以股东的身份登记在工商局,如果国资委不作为出资人,那么出资人由谁来承担?国企之上可能有一个控股公司,那么控股公司的股东又是谁?

史际春:总老板是概括的老板,就是作为国家所有权人代表,不是具体对企业出资做股东的人。这也是公共管理职能,所以,这个监管是立足于国家所有权,维护国家所有权的监管,不是具体出资人的监管。具体出资人是在工商局登记的人。曾经一度非常普遍的认为国有资产管理局做出资人,这是不合适的,国有资产管理局只能做总老板。以中央国企为例,应该是怎样的国有财产投资经营的架构呢?新加坡的案例很好,它设立三大控股公司,控制持股、控股、参股全国所有经营性的、盈利性的、商业性的国有企业。这三大控股公司是法定机构,法定机构和它的举办者之间不是资本关系,所以三大控股公司就受财政部监督,财政部就是总老板。哪怕财政部对它出资了,财政部也不是具体老板,因为它是法定机构。我们应如法炮制,就是在某一级政府下设立国资委,它做总老板,不对任何企业出资,那么这一级政权管理的国有财产怎样经营呢?设立若干个投资公司、资产管理公司等,把这些公司作为法定机构。它们和国资委之间不是具体的资本关系,不是老板和被投资企业之间的关系。就像国家信息中心和国务院,不是老板和被投资企业的关系,而是依照法律的规定在行使职能。国资委就做总老板,就像新加坡的财政部,对它进行监督。控股公司对其所投资的企业履行股东的职能。

提问七:关于法律责任我更关心的是追究责任的途径和程序,《反垄断法》对行政性垄断责任还是上级机关责令改正,这样怎么能保证追究上级机关的法律责任呢?

史际春:不能保证,体制内的途径还有缺失。就像我刚才举的例子,政府一纸命令所有网吧一律停业整顿,煤矿一律关闭,给老百姓造成损失不赔,老百姓只能去北京上访,却被截下来,它是抽象行政行为,你诉不了啊!其实,对行政机关无论是抽象行政行为还是具体行政行为,无一例外地都应该接受司法审查。我们加入 WTO 的承诺 99.99% 都履行了,就是这一条还没有,我们承诺政府履行任何与 WTO 有关的任何司法行为都要接受司法审查,那就应该包括抽象行政行为。另外,就是违宪审查没有制度化。河北省一农民给全国人大常委会写信,说河北省《土地管理条例》某一条违宪了,之后全国人大给河北省人大常委会办公厅发函,河北省人大常委会办公厅再告诉常委会,这才把这一条改掉。这是法律名义下的人治,即使《立法法》是这样规定的。美国法院是任何法律都受理的,没有不受理的案件。等案子进行不下去了,再跟你讲理由。当事人既受到了法制的教育,财政收入又增加了,也不会有人上访。我们现在体制内的途径还是不够的,当然体制之外的也不够,媒体不能随便监督,这都是问责制的有机组成部分。

公权干预的工具维度与经济法研究思路、方法

主讲人:应飞虎　深圳大学法学院教授

主持人:顾功耘　华东政法大学副校长,教授、博导

记录人:张存美　王璐　潘丽佳丹　黎琳(2011级经济法专业研究生)

时　间:2010年6月1日晚上18:00—20:00

地　点:华东政法大学长宁校区交谊楼第三会议室

顾功耘:今天我们有幸请来了深圳大学的应飞虎教授。应教授在经济法研究方面很有造诣,发表过很多学术著作,我们很多的硕士博士生都拜读过他的文章。今天,应教授讲的主题是:公权干预的工具维度与经济法研究思路、方法。让我们热烈欢迎应教授!

应飞虎:很荣幸在此与大家谈谈经济法。我2007年在这里做过一次讲座,我平时不善言谈,不做讲座,从当老师到现在,我只做过两次讲座,都是在这里。我更善于思考,不善于讲话。今天有机会能与大家讲经济法,非常荣幸,很感谢顾老师。

我们的议题是公权干预当中的干预工具问题。这是我年初与朋友一起合作的文章,讲规制工具的问题。这个题目我今天不会多讲,但是我会涉及。这个问题是目前为止最能代表我个人研究水准的一篇文章,下个月会发表,大家有时间可以去看。我今天还是讲经济法,我从读硕士到现在一直是研究经济法,已有十多年了,在研究学习中有很多感受。我想从七个方面探讨如何进行经济法的学习研究,如何去看书学习。在经济法的研究学习中,哪些问题有价值,值得研究,哪些问题价值不是很大,稍后我们可以进一步沟通。

一、对干预、市场、公权三方面的创新研究

（一）创新研究

就经济法来说，这个学科发展了很多年，有很多成就，但学术界对经济法还是有各种各样的看法。经济法在几十年里走过的路是否有问题，还是别人的看法有问题，我今天就想探讨一下。首先，我会对我带的硕士研究生说这样的话：“中国古代有两句话，开卷有益，不耻下问。这是流传很广的，但对你们不一定有用。开卷并不一定有益，很多人在图书馆看书，但是做出来的研究没有水准。可能是看的书不对，所以我跟学生说，看书要看对。”这与下面讲的跨学科、多角度有关。不耻下问，并不一定好。有问题不要都来问我，学生在自己学习的过程中，发现问题是很好的资源，如果通过问我，我来解决，那么他学到的只是知识，不是他自己的研究。如果是自己悟出来的，那么绝对不一样。

还有我们说的创新的问题，学术研究要创新，确实很重要。我谈两点感受，是关于我写的两篇文章。我 2006 年在《中国社会科学》发表文章，该文章由两部分组成。前一部分是说最高人民法院 2004 年 10 月份的司法解释有什么样的问题，后一部分是说对这种现象的一般化的研究，前部分占了将近一半的内容。这篇文章是 2006 年 5 月发表的，但是人民法院在 2005 年 10 月份改正了它自己的错误。按照一般的道理，我这篇文章不能再发了，问题已经不存在了，但是这篇文章还是发表了，这就是因为有创新。这篇文章是关于生活必需住房不能强制执行的问题，我对事实和产生的后果作了很详尽深刻的分析，之前虽然也有很多人说到负面影响，但是我说到的负面影响没有人说到过。当 2005 年最高人民法院将司法解释改正的时候，这个负面影响还没有产生。也就是说，这里有一个分析比较到位的问题。当然，不仅于此，我就一系列这些现象进行分析，创造了一个概念，叫做权利倾斜性配置，我专门在网上查了，以前没有这个词。这篇文章从 2006 年到现在，被引用了 28 次。权利倾斜性配置这个概念，在杂志和学位论文中被引用了 60 次。这个概念在中国学术上被普遍使用，这就是创造，这就是价值。我后面还会跟大家讲到一篇《信息能力与压力型立法》，这是一个跨学科研究的典范，也提到这个概念。还有一个例子，就是本来今天要说的题目，这个文章下月发表。我找出了 2003 年写的 6000 字的一篇文章，以前一直没写下去，去年我想接着写下去。目前，这篇文章受到很高的评价。法律论文经常出现这样的问题，如果你不写，很快就被别人写了。这里就涉及如何寻找题目的问题。如果你找到了一个别人不会做的议题，这就是创新。我感觉到的创新，也是

我最近十年来力图在做的，就是事实和方法的创新。首先是问题的发现，如果能发现很有价值的问题，问题的提出本身就是创新，关键是能不能提出来。面对同样的素材，不同的人可能提出不同的问题。问题提出后，就涉及方法的问题，用什么方法能把它做好。

（二）对干预、市场和公权的研究

经济法研究了这么多年，我们比较认同的问题是政府干预市场的法律。经济法那么多的成果，那么多人在研究，其实在关键问题上的研究是有疏忽的。我们说经济法是公权干预私权的法律，这个概念包括三个方面，首先要研究市场，其次要研究干预，最后研究公权。经济法最近十多年的研究中，这些都不是热点。对市场的研究，就是市场失灵。全国经济法那么多教材，有哪些教材对市场失灵问题做过详尽的说明？干预的问题，怎样干预的问题，我这里说的是干预工具的问题，政府拿什么工具来解决。当政府面对问题的时候，首先想的是这里有这么多工具，到底选择哪一个，是直接禁止，还是通过批准，还是收税，还是通过信息，这是操作的人首先面对的难题，工具选择问题。这一部分很少有学术成果。比较多的是环境法中，对规制工具进行一般化的研究。对干预工具进行一般化研究，在何种情况下应该用哪种工具，该用哪些工具的组合。2007年的时候，有一个股市“5·30”事件，那时间股市连续跌了好几天。从干预的角度看，原因是干预者的干预工具没有用对，当时用了两种工具，一种是税收工具，一种是信息工具。其中信息工具是，证监会等部门之前不断进行风险提示，说证券交易税从千分之一到千分之三。一共使用了两种工具，为什么还会导致连续三天跌停呢？因为没有组合好，信息工具用的不够，税收工具用的过度。对于干预的方法和工具，这样的学术成果很少，而这样的文章被别人看好，也正是因为这样的文章很少。这是工具的问题，还有一个是干预主体的问题。干预的主体是政府，事实上我更愿意说是公权机构，包括立法、司法、行政机构。法院也可以干预，法院有时候本意并不是想干预，它很多制度，事实上是在干预市场，起到的作用和政府机构干预起到的效果是一样的。我们所看到的研究，大部分是干预主体权力的研究。干预，首先要考虑市场是有问题的，是要让政府来治病的，要考虑政府是一个水准很高的医生，还是一个要拿红包的医生。从干预主体进行两方面研究，一个是能力大小，一个是好坏和公信程度。经济法经过了这么多年，很多成果是非常好的，也还有很多方面我们是需要继续做的。公权干预市场的研究、公权干预主体的研究、对干预的研究、对市场的研究，都是可以深入的。如果缺乏对这三个问题的研究，对经济法的理解是不够的，经济法指导法律实践的能力会非常弱。如果大家要作经济法的理论研究，从这三方面着手，自己用心、尽力一定会作出很多好的结果。政府能力的问题、规制工具的问题，目前都没有人研究过。

二、对经济法历史的研究

除了以上三方面需要注意深入，还要注重四个问题，历史的研究、跨学科多角度的研究、国内国外的研究、部门法的研究，这样加上前面，总共是七个。第一，注重历史的研究。我先说历史，历史往往不被人看好。老师讲到法律的历史，学生往往不愿意听，学生以为这与他们没有直接关系。我认为，你们现在这个年龄还不能判断这些东西对你们有用没用，如果自己判断的话，很多东西会与你擦肩而过。我很看重历史，就经济法来说，为什么要关注历史，我想谈两点。第一，有利于你理解法律的本质，理解了本质以后，你对法律的理解会很深刻，提出的问题会与众不同。第二，了解历史以后，对经济法的总体认识会很深。很多人说经济法是散的，民法体系很好而经济法很散很乱，其实是他们对经济法不了解，其实经济法各个法之间有非常强的内在联系。如何去找这种联系呢？这确实需要一定的水准，其中一种办法就是了解经济法的历史。

举个例子，我想大家也许知道消费者权益保护法是怎样产生的，大家肯定会说是因为交易双方地位的不对等，那么为何地位不对等？大家会说是因为信息不对称。但是大家有没有想过，信息不对称很多年来都是存在的，自从有社会分工就有信息不对称，但是消费者权益保护法的产生是最近一百年之内的事情，这是为什么？大家想一下，同样是青菜，两百年前的青菜交易与现在的交易有什么不同呢？很明显，两百年前，没有转基因的青菜，没有农药没有化肥，可直接用肉眼就看出青菜的好坏。现在的青菜能用眼睛看出是转基因的吗？随着社会的发展，信息不对称变得越来越严重，信息的不对称达到一定的程度以后，对新的法律产生需求，那么就产生了新的法律制度。消法的产生与信息不对称确实是有很强的联系。说到立法，国外在立法的时候是基于信息的角度来考虑的，我们在1993 年的时候还没有听说过信息不对称。信息不对称的概念我们是 2001 年以后才普及的，在此之前经济学的论文中可以看到，但是普通老百姓并不懂，直到2001 年一位经济学家获得诺贝尔奖之后这个词才开始为大家所熟知。1993 年消法制定的时候人们还没有从信息的角度考虑，现在修改消法的时候如果从信息角度深入思考的话可以发现很多问题，所以对经济法产生的历史的考察有助于我们更好地理解它。

同样关于信息不对称，我再问大家一个问题，你们知道善意取得制度是怎样产生的吗？它看起来不是经济法的制度，但是在我看来它同样是一种干预的制度。为什么善意取得制度会产生呢？首先会说到交易安全，那么这个制度产生之前交易安全不需要保障吗？它产生的原因肯定也是由于信息不对称的问题。比如你卖一件东西给我，如果没有善意取得制度，我就要去查明你是否有权利卖这样东西。如果买卖只是在小范围的熟人之间进行，那还好查明。随着经济的发展和交易的不断扩大，陌生人之间的买卖成为常态。这个时候再去查明对方是否对其所卖的东西有完全的权利就很难了。善意取得制度就是在这样的情况下产生的。同样是基于信息的不对称，为什么前面我们所讲的消费者保护法的问题就是由公权力干预的，而现在所讲的这个问题却是基于私法制度的演变？我一直想对这个问题作深入的研究可是一直很忙，你们如果能就这个问题好好写一篇文章，一定是很好的创新。

这就是我所讲的历史的重要，对历史的了解可以使你更好地了解经济法的各部门法。经济法的各种制度不是同时出现的，市场失灵问题的出现是有先后的，所以经济法的各种制度的出现也是有先后的。通过历史可以了解经济法各部门法之间的联系，当然这个历史不是我们国家的历史，是美国的历史，美国法律具有很好的考古价值，因为美国经历了从自由竞争到垄断再到现在这样一个完整的过程。在美国，没有经济法这样的说法，但是也有类似的法律，他们的法律完全是自己演变出来的，而我国的经济法是从国外借鉴来的。比如，反垄断问题在 19 世纪中期的美国就已经很热了，而 1890 年才诞生了反垄断法。这在当时完全是逆社会潮流的，但却很有必要。20 世纪初又出现了对食品的规制、劳动者安全保障、消费者保护等问题。我们现在说消费者保护法和劳动法是不同的法，前者属于经济法，后者是劳动法，但我看不到它们之间的任何差别。我问过一个劳动法的教授，告诉他我不知道消法和劳动法有什么差别。我是这样认为的，一个是赚钱过程中的交易，一个是发钱过程中的交易，消费者和劳动者都是弱者，都是需要公权力干预的。干预的理念是一样的，为什么要把他们分开呢？所以我非常看重对历史的了解，了解了历史之后有助于我们更好地理解经济法。有一本书《美国经济史》，里面讲了很多关于干预的问题，为什么要干预、如何干预等，我看过之后对我很有帮助。还有一本书叫《放任主义的衰弱》，读经济法的人一定要看的，正因为放任主义衰弱了经济法就来了。这些对我们都是很有帮助的。

三、跨学科　多角度

下面我要说的是经济法学研究要做到跨学科、多角度。为什么要跨学科多角度，如何做到跨学科多角度，这是我们要探讨的。我先举几个例子。今年《中国社会科学》第1期上有一篇文章，题目是《信息能力与压力型立法》，我看了这篇文章，写得很好，不要认为和经济法没有关系。前几天遇到李昌麒老师，我跟他说了有这样一篇文章，他说他没有看过。我就跟他表达了这样一个观点，我说不管这篇文章是谁写的，不管用了什么样的角度和知识、方法，只要结果是经济法的，那就是经济法的。这篇文章讲到了干预立法，但一般人看它的题目是不会以为它是一篇关于经济法的文章的。文中说到了政府是基于压力立法的，比如劳动合同法，还有关于高空抛物的问题等。这种压力型立法要如何避免？文章的前面大段地分析了这种压力是如何形成的，责任是如何形成的，风险是如何被夸大的。我们说市场失灵，是需要政府来干预的。那如果说基于一种消费心理和社会传播问题导致这种风险被夸大，那干预就错了，经济法就错了。这种情况属不属于经济法呢？另一种情况是如果风险和干预不足，那又是不是经济法呢？这篇文章里用到的知识一个是社会心理学，我一直很看好这个学科，买来无数本关于社会心理学的书，就是苦于没有太多的时间看只能翻一翻，最近我还在看。为什么要关注这个问题呢？首先是社会认知，前面说到的风险的夸大与缩小就是社会认知的问题。从众的问题要不要研究？这些都是会影响到干预的。文章还讲到了传播，为什么社会会对一种风险过度夸大或者认知不足呢？一个很重要的问题就是传媒在起作用。传媒在基于自己的偏好传播信息，大家看到的都是这样的问题，就很害怕，认为政府一定要立法，否则大家都没法活了。然后政府就立法了，但这样立出来的法的法律根据是有问题的。比如我们的劳动合同法，在通过之前一些条款还是很有争议的，但一件事情促成了劳动合同法几乎全票通过。是什么事情呢，是山西的事情。所以舆论是会影响立法的。我们以前总是说舆论会影响法官的判决，很少会说舆论也会影响立法。这篇文章就写的非常好，大家可以去看看。我再举一个例子。2006年我作过一个研究，关于产品年检的问题。最早是中南财经政法的一个教授在2004年发过一篇文章，说年检不好，当然他是从法律的角度来说的。我写了一篇两万多字的文章，从社会学、经济学、传媒、社会心理学等角度写了它的好与不好，别人评价说还是分析得很彻底的。这就是跨学科、多角度的应用。2006年我作过一个预测，没过几天就应验了。我当时也是从信息公开角度来说这样一件事，是关于执法过程中的违法，这样的信息能否公开。文中我提到对于极其轻微的违法事件，不要公开并列出了很多理由。比如说某种产品的某种成分含量，假如一个单位是合格，它超标了0.000001，相当于没有超标，但在法律上还是超标了，这样的信息就不应该公开。因为如果生产这种产品的企业是个大企业，在媒体多次传播的过程中，这种非常轻微的超标就有可能变成有毒，有毒就有可能变成致癌。还有一种可能，就是因为是大企业，这种事件非常具有新闻价值，媒体通常会把其报道放在头版头条,而具体的内容则放在后面,但现在大家看报纸,很多情况下就是扫一眼报纸的标题,后面的内容是不会去看的。网络上的信息也是如此,这是人们看新闻的一种习惯。这样就会导致风险被无限扩大,从而导致消费者过度反应,这对企业是不公平的。这就是基于媒体、消费心理的角度提出的观点。在我6月提出这样的观点之后,雅士利就出了类似的事情,在这个问题上雅士利很冤。事情是这样的,2006年9月全国工商总局出了一个十大奶粉打假的公告,媒体在报道时真的是有选择性的。雅士利的一种老年奶粉里,铁含量与标志不符,它的标志说是0.8,而实际的含量可能为0.9,但问题是0.8和0.9都是在法律规定的限额里面,那么这种轻微的违法实际上是不害人的。但因为这样的消息公示了,媒体传播到后来就变成了雅士利产品不合格。我在报纸上就看到了这样的头版头条。结果就导致雅士利奶粉在全国下架,先是老年奶粉下架,后来是全部奶粉都下架,对雅士利的品牌价值造成重创。不仅雅士利这样,还有后来的诺亚舟也是这样的问题。由于社会心理和媒体的不当传播,可能造成人们的过度反应。但这里也存在一个问题,就是什么才属于轻微违法,这就涉及多学科的知识。如果仅仅是涉及法律一个学科,只要违法就应该公开,这是不恰当的。这就是我举的例子,需要跨学科多角度地来分析问题。社会心理学里面,人们不好的行为是需要管的,而很多不好的行为是和从众有关的,我们要关注它。还有广告法,你如果不了解认知说服,就很难能做得很深。我以前不研究广告法,后来在2007年发表过两篇文章,一篇是在《法学》上,一篇在《现代法学》上,是和一个传媒人合作的。他说到的很多东西我以前都不知道,但确实是对于作出好的研究是有很大帮助的。为什么经济法有这种跨学科多角度的需求呢?因为经济法实际上是非常复杂的,涉及的面很广。科斯说过,要从整个社会来分析成本收益问题,把个人的行为放到整个社会来看,这就是制度经济学的做法。

我再举一个例子,现在读幼儿园、小学的小朋友如果在学校发生了什么事情要学校赔偿,学校赔偿之后有可能出现一个两难的问题,比如体育课的许多设施搬走了,因为怕学生出意外。我们法律人可能只关注学生的利益如何保障,但是学校赔偿之后,后续的事情该怎么办。这个是关于跨学科、多角度的问题,我认为我们作研究还是需要多看点法律外的书。我首先推荐制度经济学,因为制度经济学是我的本行,我比较了解;其次是社会心理学,传播这块的书我现在看得也比较多。

四、经济法的国内国外问题

下面我讲一下经济法的国内国外问题。虽然我从来没有去过美国,但是我很看好美国的研究，我觉得我们需要基于我们现有国情去学习美国的一些东西。首先，我想问一下，经济法如何翻译成英文？我们通常翻译成 economic law，但是英语世界里是没有 economic law 的，也就是说没有对应的翻译，虽然在德语、法语中有，但是英语中没有对应的意思。那么英语中与“经济法”最相近的词是什么？是 regulation，这个词与我们的经济法的意义相近，但在范围上有些差别。当然，这个词在我国被翻译成规则，我觉得翻译成规制更好。美国虽然没有“经济法”这个词，但美国经济法比我们发达，学术研究的水准也远远高过我们。他们的研究领域就是关于“regulation”。民法从字面意思就是理解它的功能，经济法从字面看并不能反映它的功能，但 regulation 这个词从构词看，该词的词根与 correct 有关，隐含正确、准确的意义，而后面部分有使其正确的意思。市场失灵之后，我们就要制定规则来治理好市场，这个词非常形象地说明了这个含义。我建议大家多看看国外有关规制的研究。比如，经济规制、社会规制、风险规制。当然，经济规制与我们的经济法不同，更多地关注垄断问题；社会规制注重的是消费安全问题、劳动、健康、环境。我认为消法和劳动法之间没有差别，同样保障弱者的安全，消法中有消协，劳动法中有工会，但是从保障的角度看是一样的。在美国它们是不区分的，不像我们分成两个学科。国内方面一定要了解我国的国情，要从不同层面上进行了解，了解贫富差别，区域差别，了解法律在基层如何运作，这些有助于我们在制定对策时能够做到科学可行。我们既要学习国外成熟的东西也要充分了解我国国情。我和研究生讨论过这样一个问题：知假买假不适用消法第 49 条。这个不适用一方面是公权力的关系，如天津中院判打假的人败诉，反映了公权力的一种态度，另一方面，上海高院在前几年出过一个判案的指导，因此其他法院基本也不会这样判了。国内也有学者认为知假买假不好，提出的观点是不能以不诚信对付不诚信。我认为，应当在我国国情背景下对此问题进行考量，在一个市场经济良性发展的社会中，以不诚信对付不诚信得不到社会的认可，会遭到谴责。但在一个市场经济比较混乱的社会中，以不诚信对付不诚信是应该的，有助于社会秩序的形成，并且社会舆论也不会谴责这个人的。这些就涉及国情差异的问题。

五、规制工具问题

规制工具问题，这方面很少有人研究。在中国期刊网上，最近 30 年以“规制工具”为议题的文章很少，即使扩展到“政策工具”，相关的文章也不多，这是值得反思的。有关如何干预市场的法律，立法者首先面对的是如何选择工具的问题。我举餐饮业的最低消费问题为例，这是一个看起来很简单的难题。我收集了80年代到前两年与餐饮业最低消费问题有关的地方法规，发现可以分成三类：赞同、禁止和模糊。上海的立法是有条件的赞同，需要提供信息。当然，这里的最低消费不包括开瓶费的问题。我认为这里的问题就是规制工具的问题。禁止、反对的人一般都是根据我国《消费者权益保护法》第9条，认为经营者这样做是违法的。我认为这是不对的。我们首先探讨经营者这样做是否合理。我认为是合理的。我们可以进行这样的模拟，一个饭店有教室这么大的一个地方，那是做包房还是做大堂呢？大堂有三张桌子，包房有一张桌子。在包房的人喝酒聊天，一晚上才走。大堂里很嘈杂，客人吃完饭就走了，三张桌子可以接待六拨客人。做成包房的话，可能只能接待一拨最多两拨客人。如果在收费的问题上不区别对待的话，会出现这样的问题：同样的面积设置成包房的话，利润远远低于大堂。但在中国的饭店不可能不设包房，这就是国情，中国人习惯在饭局上建立熟人关系。包房不会消失，但是普通人往往进不了包房，包房往往留给了常客。包房的存在有一定的合理性，问题在于价钱如何设置。此时若一下子使用最严厉的规制工具——禁止是不恰当的，而是应该考虑如何设置最低消费的价格标准。有人提出通过审批的办法，但是由谁审批，实际操作亦会碰到很多困难。相对比较合理的是上海的办法，即事先告知，用信息公开的方法。当然，事先告知的时间肯定不是在客人已经落座准备点菜之时。因此，事先告知要解决的是什么时候告知、怎么告知。

六、市场失灵问题

刚才我说的是规制工具的问题，现在我们来说一说市场失灵的问题。市场失灵实质上就是司法失灵，即司法在运作过程中出现了问题。司法本身是没有问题的，而是在运作过程中出现了问题。为什么要跟美国人学习？因为我们的经济法的依据都是来自于西方。如市场失灵(market failure)，这个词就是英语的意译，市场失灵所有的表现形式也都是对英语的意译，不是我们的创造。为什么要关注这些问题？因为他们是我们干预的依据。一方面要跟他们学习，但是不能纯粹的学习，西方的东西拿到中国来并不一定完全管用，因为这是有国情差异的。我们需要关注的是为什么市场会失灵，什么因素导致了市场的失灵。比如，现在我非常关注互联网对社会的影响和互联网对法律的影响。互联网肯定对市场失灵是有影响的，它可能导致新的市场失灵的形式，也可能使原本很严重的市场失灵变得不严重，也可能使原本不严重的市场失灵严重了，这些都是需要研究的。关注此类问题会使你的研究更具有可预见性，像我刚才所说，市场失灵实质上是一种司法失灵。司法本身是没有问题的，法律从司法这个框架里来看也是很完美的，但是在实用过程当中会出现一些问题，这个是我们需要关注的。比如任何纠纷，从理论上来说，都可以用司法来解决，但实际过程中，这是不可能的。有很多纠纷，如果对受害的情形不了解，特别是在高科技的社会里很多受害的情形你是不知道的，运用司法主张自己权利的前提没有了，这就会涉及举证的问题，赔偿能力的问题，还有搭便车的问题并涉及纠纷成本解决的问题。如果有很多在司法框架下公权不干预的纠纷，就会导致需要更多的法官和更多的律师来解决问题，这种现象对社会并不一定好。因为那么多的资源本来是可以用到生产线去，行业去，而现在用在了非生产线上，因此，出自这样的考虑，公权干预是必要的。事实上，我们需要深入地了解市场失灵的形式、表现、严重程度、变化。另外，还有规制主体的问题，市场失灵我们要对它进行很好的干预，对主体而言，就是能力强弱的问题。我们要关注干预机构的能力是不是足够强，能够做好这个事情。这个能力也表现为权力，权力上的这种能力解决起来最为容易，开个会赋予它权力就过去了。如果其他能力弱，如信息能力，资源等，那对执法来说就是耗费资源。信息能力我举个例子，如瘦肉精，1997 年的时候农业部就出台了禁令，禁止添加瘦肉精，虽然这个规定是好的，但这个规定出台以后，全国集体性中毒事件仍然层出不穷，为什么？因为制度规定了以后不能执行。为什么不能执行？因为这里存在着信息上的障碍、资源上的障碍，就是说猪肉是不是含瘦肉精要用机器来检测，产品质量执法是一种技术执法，这个机器在 2000 年的时候经济半小时有过报道，当时采访了广东的一个人，她说广东省当时只有三台检测的机器，广州一台，深圳一台，佛山一台，其他地方没有，机器要上百万一台，穷的地方就不用说了。一个规定，必须考虑执法的可行，并且还有可能存在的技术上的问题。

七、部门法的超越

在这里，我还是需要说一下部门法超越的问题，我们研究经济法，立足于经济法，但一定要淡化部门法，不能够彻底地在经济法里面，在我看来，民法行政法就是在刑法和经济法之间的法，两者没有任何差别。或者我们从外部形式讲，某一种侵权也好，纠纷也好，在一种交易过程当中，某一种行为的外部行为极其弱，司法比较强的话，那这里就可以是经济法，而司法非常强的，就是刑法，它们之间没有绝对的界限。这几个法律之间没有明显的界限，如果它们有边界的话，也至少没有鸿沟，这是第一；第二是如果他们有边界的话，这个边界是会经常移动的。所以说，我们要把经济法学好的话，一定要基于经济法，然后要淡化它，超越它，事实上其他法律也是一样的。如果大家比较关注我的文章的话，我最近几年写的好几篇文章，大家看不出我是研究哪个学科的，因为里面我举了很多的例子，研究了很多的东西,什么法律都有涉及。

顾功耘:刚才应老师讲了七个问题。这七个问题有的是涉及我们经济法研究的方法问题,有的是涉及经济法研究的一些事实问题,对我们应该说很有启发。接下来给大家一点时间交流,今天听了有些什么启发,或者还有什么疑惑,都可以提出来。

提问一:我想问关于工具组合的问题,工具使用的错误是税收加信息,那么能不能再举一个详细的例子,再介绍一下怎么样正确的去使用工具,或者在工具出台前怎么样去论证它的合理性?

应飞虎:工具组合的情形应该是比较多的,但是,要把它很好的把握好还是不容易的。我刚才举的例子是"5·30"事件中的信息工具和税收工具应用,其他的还有如对垃圾食品的控制问题。垃圾食品首先是符合产品质量法的,但是,它又是不好的,小孩子吃了很容易胖,大人长期吃了会得各种病。所以说,世界各国都存在这样的情况,由于它是合法的,很难取消它。但是,我们在这里需要找到一些比较好的规制工具,比如,信息提示。产品外面标出各种东西的含量,美国也是这么做的,然后再标明一个成年人一天最多能吃多少并对热量进行计算。还有一种办法也是从信息的角度来的,当然全世界应该没有一个国家这么做过,我前两年看到英国曾经有人建议这么做,就是限制它做广告,不许它提供信息,而刚才的方法是规定它必须提供信息。这个还没做过,但以后如果垃圾食品越来越严重,可能有哪个国家先用。还有也可以用税收的工具,当然这个也没有任何国家用过,我们要限制它可以用多种方法。还有烟草的问题,目前我们在用的也是多种工具,第一是高税率,第二是提示。当然这个效果很难讲,烟草这个东西比较复杂,这里存在一个经济法需要关注的问题,政策效果是在制定政策时需要总体考量的。

提问二:您刚才提到跨学科研究,我想问法律研究应该怎么定位?在跨学科领域研究时,法学应该怎么保存自己的地位呢?

应飞虎:这个问题很难讲,我自己的很多研究很多人都说不是经济法的。我是这么看的,一个问题不管过程,只要结果涉及是干预的,那就是属于经济的,只要结果是属于法律,那就是经济法的。

提问三:您对博士论文的选题和写作有什么好的方法和建议?

应飞虎:不管是博士论文还是硕士论文,我一直有这样一个风格,2008年时,我指导一个硕士写一篇文章,这篇文章先是发表在《河北法学》,后来被《人大复印资料》全文转载了,我的介绍信也被同时转载了,我当时就想一篇好的文章应该是怎么样的呢？第一，他的文章选择的是小范围的研究，提出的对策和建议现实可行，对具体问题的研究也非常到位，写文章不能很空；第二，他发现了未记载于以前文献的内容，具有挑战常识的能力；第三，这个文章不仅是对目前的政策的研究，还有理论升华，他在问题的基础上提出宏观调控中少数人权利的保护和研究。对单纯一个事实的研究，不能维持很长的时间，研究一个问题后，我们最好进行一个提炼，发现别人不能发现的问题就最好了。

顾功耘：应老师在经济法领域的研究是很独特的，希望同学们就应老师提出的问题，在学习、研究中结合起来考虑。经济法是个比较新鲜的学科，有很多问题需要我们去研究，最后再次感谢应老师！

当法学遇见经济学

主讲人: 熊秉元　台湾大学经济学教授、香港城市大学客座教授、西安交通大学兼职教授

主持人: 顾功耘　华东政法大学副校长、教授、博导

记录人: 王璐　潘丽佳丹　黎琳　栾芳(2011 级经济法专业研究生)

时　间: 2012 年 4 月 12 日 18:00—20:00

地　点: 华东政法大学韬奋楼 204 教室

顾功耘: 同学们,今天我们请到了台湾大学著名的法经济学教授熊秉元来为我们做讲座。熊教授 1957 年出生于台湾南投,祖籍是河南商城。台大经济系毕业,在美国布朗大学取得硕士和博士学位,后返回母校任教,是我国最著名的经济学家之一。曾任香港城市大学经济及金融系客座教授、高级研究员,逢甲大学董事,《经济年鉴》编辑等。现任台大经济系教授,香港城市大学客座教授,西安交通大学兼职教授。研究领域为法律经济学和经济学方法论,除学术论文外,出版过《灯塔的故事》、《寻找心中那把尺》、《大家都站着》、《我是体育老师》、《会移动的城堡》、《熊秉元漫步法律》等书。这些书是以经济学的基本原理来分析日常生活中常遇到的事情,涉及社会现象、政治过程、法律、伦理人情等。这些分析颠覆日常生活中依靠经验和感觉来判断处理事务的习惯,思维方式和分析架构也令人耳目一新,见常人所未见。阅读这些著作对于更好地理解社会和经济的运行、人际交往、政治生活等有很大的帮助。今天的讲座一定会使大家有很多收益,下面我们以热烈的掌声有请熊教授来为我们做讲座。

熊秉元: 谢谢顾校长非常客气的介绍。今天的讲座分为两部分。第一部分我会讲一些案例,挑战各位老师、各位同学的想象力;第二部分我会讲方法论,供各位老师、同学参考。第一个案例是在台湾发生的,考察各位如果是法官的话会怎么办。这个案例非常简单,一个马戏团到台湾表演,从 A 地到 B 地需要运一

头老虎,装在车子里面。刚好开到一个十字路口,遇到红绿灯,车子就停下来了。车子上清楚地标志着“老虎危险,请勿靠近”。旁边有一个美女看到老虎很漂亮,就希望去摸一摸这个老虎。手刚伸进去,老虎一回头,就把她的手咬断了,所以就出现了一个赔偿的官司。这个案例叫做美女与野兽。请问各位老师、同学,如果你是法官的话,会如何判这个官司。

同学一:我认为马戏团对此是不负责的,因为手是美女自己伸进去的。

同学二:这是一起动物侵权案件,双方都有过错,但动物的管理人负主要责任。

同学三:因为车上已经有明显的标志,所以我认为动物的管理人是没有责任的。

同学四:我认为双方都有责任,但美女的责任比较大。

同学五:我认为双方都有过错,但是判决的时候不能只考虑到过错,还应考虑到判决的社会效应。如果判决马戏团承担重一点的责任的话,那么今后他就会把牢笼做得更为坚固一些,人们把手伸进去的可能性也就小一些。

熊秉元:为了简化分析,我们考虑四种可能性。第一种可能性是女生承担100%的责任;第二种是女生是超过50%的责任;第三种是女生的责任小于50%;第四种是马戏团负100%的责任。现在我们来表决一下。结果是3位同学认同第一种,18位同学认同第二种,大多数同学是第三种意见,5位同学是最后一种意见。请这位同学来讲一下为什么是马戏团负100%责任。

同学六:我认为动物侵害适用无过错责任。

熊秉元:我在浙大上课时,问为什么过失和故意责任不一样。同学之一回答说因为法律这样规定,且为了公平正义。这样回答问题等于没有回答问题。我要问的是为什么法律这样规定。下面我们先看英国的案例,然后再来看这个案例应该怎么判。英国的案例是这样的:一些工人在修马路,因为要挖的比较深,需要使用一些炸药。中午这些工人去吃饭了,就把这些炸药丢在马路边,用围栏围起来,并标志“炸药危险,请勿靠近”。一群放学的小孩子不认识字,就到炸药堆那里去玩,结果就被炸死了。法院是判决工人承担100%的责任,因为他把炸药这种极端危险的物品置于人群当中,就应该负严格责任。这和台湾的案例是不是很相似?即使是美女自己把手伸进去的,但因为马戏团把老虎这样极端危险的东西带到人群中,就应当负完全责任。这里有一个原则,叫做最小成本妨害原则。马戏团如果用一个回字形的车子装老虎,不管人们的手怎样伸都碰不到老虎,那么马戏团用很小的成本就可以妨害意外的发生。马戏团没有这样做,就应当承担责任。各位有什么问题?

同学七:如果人们把脚伸进去又被咬到了呢,我的意思是说马戏团的防范到底要到什么程度？

熊秉元：如果把脚伸进去还能咬到，这样的防范显然还是不够的。肯定是手和脚都够不到的安全距离。刚才好像没有同学问，美女为什么明明知道老虎危险还要把手伸进去？所以美女要负责任。请问这个逻辑到底成立不成立？不成立。应为"老虎危险"是一个很模糊的概念，如果美女真的知道老虎危险她肯定不会把手伸进去的。如果大家都知道老虎危险，这个美女也肯定不会把手伸进去。因为老虎不是我们生活经验里经常出现的东西。一般人是不知道老虎的动作有多快的。

同学八：我觉得根据我们的生活经验是完全可以总结出老虎危险的，而且，人可能明明知道老虎危险，但当时受心理或一时冲动而做出一些举动，她自己是有过错的，更何况人群中总有一些极品。

熊秉元：关于这个问题，大家可以先把它记下来，以后再来探讨。我们再来看下一个案例。这个案子发生在台湾。有一个乡公所，里面有一个骨灰塔存放着很多骨灰坛。每年交一定的管理费，由乡公所的人员来打扫照顾。因为照顾不慎，电线走火，发生火灾，把几十个骨灰坛烧毁了。乡公所有过失，现在面临赔偿的问题。请问各位，针对骨灰坛毁损的问题，如何来考虑赔偿的问题？

同学九：家人可以要求精神损害赔偿。

熊秉元：对，是精神损害赔偿，但是精神损害赔偿如何来定？骨灰坛可以是父母、祖父母，甚至十辈以上的祖先的，这在赔偿方面有差别吗？应该怎样来赔？

同学十：我认为这属于合同违约，应当按照违约来赔。

熊秉元：侵权和违约只是名称上的不同，我问的是到底怎样来赔？

同学十一：我认为这是一起侵权案件，应该赔偿精神损失。按照我们国家法律的规定，应该是可以请求三代以内的精神损害赔偿。三代以外因为血缘关系较疏远了，法律是不支持的。

熊秉元：好。这位同学刚刚根据法律来讲，很好。但是我有一个问题，比如说我三代以内没有什么名人，但是三代以外有一位熊秉坤，是打响辛亥革命的第一枪的人，对我的影响很大。这种情况法律也不能解决了，怎么办？我在拿到这个案例的时候，就想我们生活中有没有类似的情境？假设我现在把衬衫拿去洗，现在洗衣店一般洗一件衣服是 6 元到 8 元，假设我这件衣服是 1000 元人民币，洗衣店把我的衣服洗坏了，我能不能要求洗衣店赔偿我 1000 元？或者说这件衬衫对我有特殊的意义，比如是我的初恋情人送给我的。现在的赔偿是洗衣费用的五倍或者十倍。所以骨灰坛也是类似这样的服务性契约，每月缴纳一些费用。因此，第一个论点是这比较像一个服务性契约。根据这样的逻辑，如果幼稚园的小朋友死亡，是不是根据每月交纳的奶粉钱乘上十倍进行赔偿？前面所说的骨灰坛是一个服务性契约,但是幼稚园的小朋友死亡这样的事件我们就不仅仅考虑服务性契约。考虑三种意外死亡的情形,分别是:坐公车、坐火车和坐飞机。不同的交通工具,同样的生命,现在坐飞机意外死亡的赔偿最高,坐火车稍微少一点,坐公车赔偿最少,这也是跟服务性契约相关的,所以我刚刚讲的一个重点是碰到事情,从生活中去寻找类似的情形。

同学十二:我认为骨灰坛不能和衬衫等同,因为骨灰坛里寄托着死者的利益。

熊秉元:我说的是一个思考的起点,骨灰到底是算人还是算物,讲来讲去讲不清楚,但是我们把它看成是服务性契约,每个月交一些钱,请别人来照顾,这是典型的服务性契约。下面的这个案例发生在英国:有一个罐头公司希望宣传他们的产品而和一个小飞机广告公司签订合同,请小飞机在天朗气清的一天飞上天,飞机后端拖着"某某牌罐头最好吃"这样的横幅做广告。签好约、付好钱。小飞机也确实在一个天朗气清的日子里飞上天为这家罐头公司做广告,等小飞机落地没多久,罐头公司开始接到电话,电话中批评声一片,因为今天正好是国丧日,是纪念在战争中死亡的英军将士的日子,罐头公司怎么能在国丧日拉广告呢,太没品了。罐头公司是搬起石头砸自己脚,反而很多人都不愿意买这个罐头公司的产品。于是罐头公司告这个广告公司,指责他怎么能在国丧日拉广告。广告公司觉得很委屈,根据契约,须在一个天朗气清的日子,小飞机飞上天的时候既不是台风也不是下雨,确实天朗气清,完全符合契约的要求。面对这样的官司,各位老师、同学,除了诉诸法条之外,能不能讲出一些道理来?

同学十三:我认为应当根据诚实信用原则来处理这个案子。

同学十四:我认为广告公司应该负责,因为广告公司应该预见到这一天是国丧日,是不适合做广告的。

熊秉元:但是没有法律规定不能在国丧日做广告。

同学十五:确实没有法律规定不能在国丧日做广告,但是根据风俗习惯,国丧日是不适合的。

同学十六:我也认为广告公司应该负责任,因为他应当知道在国丧日做广告会使这家罐头公司的合同目的无法实现。

熊秉元:这样的问题有一个专有名词,叫做在契约中间出现了 gaps,即空白,因为在签约的时候不会想得那么仔细。

同学十七:我觉得这个案子是不是可以和英国的"合理人制度"联系起来。以一个一般人的普通认识来判断,在国丧日做广告不但起不到正面作用,甚至有可能起反效果。

熊秉元:这个观点非常好。

同学十八:如果法院按照严格履行合同的原则来支持广告公司胜诉,那有可能导致之后的案子都会根据合同的字面意思,按照是否严格履行了合同来判案。另外,法院应当考虑社会利益最大化这一原则。

熊秉元:我在这里推荐一种思考的方法,叫做假设性思维。我们先画一个时间轴,标上四个时间。分别是签约的时间、小飞机飞上天的时间、小飞机落地的时间、打官司的时间。假设性思维教我们这样做:当契约出现 gaps,问双方这样一个问题,假设签订契约的时候,知道有这样一个问题,会如何来签约?在这个案例中非常清楚,显然早知这样一个情况的话,双方都会同意不在国丧日这天做广告的。下面这个案例出现在 1905 年的美国:当时没有飞机、高速火车这样的交通工具,一个有名的摄影家花了很多钱、很多时间从纽约来到喜马拉雅山,拍了很多漂亮的雪景的照片。回到纽约之后,摄影家把底片交给冲印公司冲印。我们假设底片的价格是 50 元。后来底片被冲印公司弄丢了,冲印公司也承认底片是其弄丢的。针对赔偿产生了这样的争议:摄影家主张自己从纽约到喜马拉雅山花了很多钱(假设为五万美金),冲印公司应当赔偿这些费用。

同学十九:我认为违约的损害赔偿应当遵循可预见性原则。因为冲印公司只能预见到这作为一卷普通胶卷的价格。

同学二十:我认为不应当由冲印公司赔偿摄影家从纽约到喜马拉雅的路费,因为如果要求冲印公司赔偿,之后的冲印公司就会去调查来冲印的人所提供的胶卷拍的是什么,在哪拍的,这样的话,成本大大高于冲印的利润。

熊秉元:对于这个案例,我想介绍“财富极大”这样一个观点。经济学上分析问题通常是往前看的,法律上借鉴这样的观点的意义在于法官所做的判决能够对未来类似的案子起到指导的作用。“往前看”同时注重社会资源最大化。我们假设有两种判决,分别支持摄影家和冲印公司,那么,这两种判决分别会导引出什么样的行为。通过这样的思考,我们就可以作出判断。现在介绍我的一个从事法官职业的学生所碰到的案子。第一个案子:台风冲垮了很多村民的村落,于是当局出资重建村落,可是其想法和村民的风俗习惯不太一样,村民不接受该政策,于是将当局告上法院。第二个案子:目前,台湾慢慢接受了同性恋婚姻,但是如果同性恋人去登记结婚,“户政单位”根据“内政部”的解释不接受同性婚姻登记,这对同性恋人觉得自己的权利受损,于是告户政单位。我们可以这样考虑,如果同意同性恋婚姻登记的话,就会产生很多问题,比如财产、领养子女等。回到刚刚提到的摄影家冲印这个案子,相关的三方分别是摄影家、冲印公司、司法体系,倘若官司判决冲印公司赔偿摄影家五万元,那么以后的类似案子中,我们可以想见,摄影家不会在冲印之前提醒冲印公司妥善保管胶卷,因为反正可以赔偿所有的费用,包括来回的路费;对于冲印店来说,这样的赔偿会导致很多冲印店无法继续营业，或者今后实行双轨制：一般的胶卷一般收费，对于那些花了很多钱拍来的则另外收费；对于司法系统而言，法院以后会面对很多这样类似的案子。倘若官司判决赔偿50元，那么这个摄影师损失惨重，但是对于他或者其他摄影师，以后对于重要的胶卷，他一定会事前声明，差别待遇，就好比普通的信我就寄平信，重要的信寄挂号信一样。对于冲印店，赔50元，不影响冲印店的营业，同时，如果是事先声明的重要的胶卷，冲印店可以多收一些费用，差别对待，这样的引导对于这个行业来说也是比较好的。更重要的，对于司法体系来说，这样判决之后，类似的案子会减少。因为当事人都没有尽到妥善义务，就不应该把责任推到法院，推到法院就是推到一般的纳税主体上。所以，从“往前看”的观点看，判赔偿50元对于将来的行为会有比较好的约束，可以根据结果来选择比较好的判决。由此，我们牵引到一个观念，叫做“财富极大”。请各位考虑一下，一个好的判决会使社会资源越来越多，也就表示社会的财富越来越多。如果各位是法官，请想一下，一个目标是追求公平正义极大，一个目标是追求社会财富极大，哪个比较容易操作？

接着讲一个具体案例，前段时间连续出现几个“豪车案”，如一个厨师开的小车撞到一辆劳斯莱斯，要赔偿几十万；一个女生开车撞到劳斯莱斯，预估要赔偿200多万，所以报纸还出现这样的标题“吻一下，值两百万”。针对这个个案，我写了篇文章作了根本上的分析，因为这是一个不合理的财产权的结构，这里有两种权利的冲突，一个是老百姓开车的权利，一个是豪车车主开车的权利，只有豪车车主才知道车辆的价值，他是抱着一种明清时代秀古董的心态出来的，那么他是不是应该承担起某种责任？因此，对“豪车案”我就提出一个更根本的分析财产权结构的方式，孙中山先生曾经讲过在大同世界中应该“人尽其才、地尽其利、物尽其用、货畅其流”四个原则，听起来非常好，但是马上会意识到这四者之间的冲突，比如说“人尽其才”，那个厨师只有开车才能去工作，这样才可以人尽其才；“物尽其用”，劳斯莱斯只有开到路上才会达到物尽其用；这两个原则之间的冲突应该怎么办？我在《苹果日报》的专栏就指出，豪车的所有人必须承担一定的责任，首先应当采取一定的措施保护财产，即购买保险。我这个观点一提出就很意外地听到有全国人大代表提出来一个观念，叫“豪车要买强制险”，跟我的分析是一样的。但是我刚才的问题还没解决，“人尽其才”、“物尽其用”都是原则，此时应该如何操作？这个时候就需要更高的原则来化解这两者之间的冲突，这个刚好可以用到“财富极大”的观点来界定权利的方式，使社会的资源越来越多，使像厨师一样的小车主也可以开车上班，使豪车的车主也可以开豪车上街兜风，使双方都有某种权利，而不是根据基本人权、私有财产权，而是利用比较能够操作的观念来想权利到底该如何界定。所以，从这个例子可以看出来“财富极大”只是一个操作性的概念，帮助我们去想问题，这里就是对“财富极大”的一个简单的说明。顺便说一句，经济学家对很多事情有他们自己的反省，所以各位思考问题时不要把经济学当做一个稻草人，当做假想敌，认为“财富极大”很荒谬，但是我可以告诉大家，它的操作性有时候超过公平正义那些虚无缥缈的价值。所以从刚才“底片的遗失”讲到“财富极大”，到这边我先告一个段落，等一会儿继续。如果同学有关“财富极大”的问题可以先提出来。

同学二十一：老师，我有个想法，假设有一个案例，政府有一笔钱，如果把这笔钱交给比尔·盖茨，那他一定会创造出更多的财富；如果交给非洲难民的话，他可能创造很少的财富或者几乎不能创造财富，但是如果交给穷人的话是实现公平正义，如果交给比尔·盖茨的话就是实现财富最大化，那如何用“财富极大”来界定这两者的关系？如果实现了财富最大化就实现不了公平正义。

熊秉元：你是怎样根据财富公平正义来判断钱就应该给穷人？有哪个国家的社会公共政策会出现要么把钱给穷人，要么把钱给商人的极端，你的例子过于极端了，这中间已经引入了其他价值观念。我举一个例子，供各位老师和同学参考，在国内大陆法经济学领域，有一位学者非常认真，叫柯华庆，是中国政法大学的教授，在他的网站中也引述了我的一些作品，他对于财富极大就曾经提出一个批评，他说根据“财富极大”，在市场中有个自愿性的交易，你愿意付多少钱，这个资源就应该给付钱最多的人。假设一个是我，一个是顾老师，我们去校外面包店买面包，他掏出十块钱，而我只有五块钱，毫无疑问应该给他；比较有挑战性的是第二种情境，也就是柯华庆教授批评的一个例子，假设还是我们两个人，顾老师掏出十块钱，而我是个乞丐，即将饿死，根据愿付价格的原则，这个面包还是应该给他，但这是不公平的，“财富极大”是有问题的。在这种情况之下，任何有常情常理的人会坚持把面包给顾老师吗？一定不会。所以柯教授只是在那儿做了个凭空的幻想，这是一种特殊情况的例子。如果对经济学稍微多一点理解的话，就不会对非常特殊、没有说服力的例子凭空挥拳，所以“财富极大”是比较有操作性的。这是针对你问题的回应，有钱的话可以去办教育，让穷人有赚钱的能力，所以不会这么简单。

同学二十二：熊教授，在 Posner 教授的一本书里提到过一个关于“拖拉机车和麦田”的例子。他提到在两个所有权人之间，根据民法的传统理论，所有权是绝对权，即只有所有权人才有处分权，不受外界侵犯，那么运用经济学的观点，认为权利只是相互性的，那么每一次法官在考虑哪一种权利更值得保护的时候，都要进行一次经济分析，如果每一次的判决都要对权利进行一个分析，会不会使所有权制度处于一种不是那么稳定的状态？

熊秉元：我认为你对法律经济学的认知非常好，你针对 Posner 法官判决的问题也非常好。我建议在文献的讨论中,有的判决会编成论文,你可以针对论文再多看看,找到更多的证据解决你假想的问题。你可以简单地在网上输入“Posner Decision”,就会有论文出现,有一些讨论过判决问题的观点。那如果没有问题的话,我进入最后一个案例,等会儿讲一下分析方法的一般性原则供各位老师和同学参考。最后一个案例是如此:有次上课我提到一句话“The demand for justice is not independent of its price”,即“对于公平正义的追求不能无视于它的代价”。所以,我们对法律问题很直接地应考虑它的成本概念。如果我们把正义这个字换成其他的价值,我们会发现对于任何一个价值都不能无视它的成本和代价,公平正义只是价值之一。当时,讲完这个观点之后,马上有同学提出:“我们在大一上法学绪论的第一堂课时,萨孟武老师就教育同学说你们要竭尽全力去捍卫公平正义,他举了个例子,如果有人偷了1块钱,你花10块钱都要找回来。”当时,同学提出这个问题,我马上告诉他“非常可惜当时我不在场,如果我在场的话,我会马上举手,说‘萨老师,你的例子非常有趣,丢了一块钱花十块钱找回来我也赞成,但是如果丢一块钱要花一百块、一千块、一万块找回来,请问值不值得?’”这时,另外一个同学马上举手说“老师,你有没有看过一个电影,叫做《拯救大兵雷恩》,为了抢救一个小兵,牺牲很多最后把他救回来,所以为了抢救一个人可以不计代价。”他提出了一个反证。我说:“这个例子非常好,请各位在场的老师和同学回想一下,当抢救雷恩大兵的时候,这里面一共牺牲了多少人? 大概八个到十二个,绝对没有超过二十个。为什么? 如果你是导演拍这个电影的时候牺牲了八百个人救一个人,你很有可能是这八百个人还是那个被救的人? 这样的电影就没有人会拍。所以,对于雷恩大兵的抢救也不能无视代价。后来,我把这个文章写成了南方周末的专栏,题目叫做《萨孟武抢救雷恩大兵》,大概有一百多份的来信,全部都是批评。我现在请各位老师和同学想一想,这样一个逻辑成不成立,如果一个小偷不抓就会变成中偷、大偷、江洋大盗,所以小的时候就应该不计成本地把他抓起来?

同学二十三:我觉得这个问题不是这么理解的,一个小偷偷了一块钱我们花一百块去抓,是为了防止以后因为这个小偷而形成一种风气,造成更多的人去行偷。所以我坚持应该花钱去抓。

同学二十四:我认为不是所有的小偷都有能力转成中偷、大偷的,所以我认为这个逻辑不成立。

同学二十五:我认为这是两个角度的问题,从公平的角度出发,那当然是对的,而您是从经济学的角度出发,您也是对的。如果在这两者之间找一个平衡点的话,就会失去一个平衡性。

熊秉元:我们现在讨论的是一个问题的分析,这句话的逻辑有没有什么问题。你当然可以从其他学科的角度去探讨这个问题。

同学二十六:那我觉得他的逻辑没有问题,因为角度不同。

熊秉元:针对这一百多份邮件,我写了一篇文章回应,分为两个部分:一个是水平方向,一个是垂直方向。水平方向很简单:一个社会同时有很多事情在发生,有偷了一块钱的、偷了一百块钱的、抢劫、强奸、杀人的。如果这个一块钱要花很多的资源,会不会有排挤的效果?其他抢劫、强奸、杀人的怎么办?有哪一个社会会这样运用司法资源,很难想象。第二个是垂直方向:如果一个小偷不抓就会变成中偷、大偷、江洋大盗,那么也可以向前延伸,有小小偷、小小小偷、随地吐痰、考试偷看等,每个人都做过这样小小偷的事情,有哪个社会会如此运用司法资源,所以这个逻辑是不成立的。所以,水平和垂直方向都是不成立的。在这一百多份批评我的信里,只有一封信是赞成我的观点,就是北京地方法院的法官,他从实务中深切地体会到司法资源的宝贵,所以在运用的时候要有成本的观念,否则的话非常可惜。我借这个例子告诉各位老师和同学,我们是一个很世俗的学科,成本效益分析、利弊得失,对于公平正义的追求不能无视代价。

最后,让我再引出方法论的问题,我可以向各位稍微补充一两句,我是经济学家,但是我在很多法学院都教过课,教过密集的法经济学,在大陆教过的学校包括山东大学、华中科技大学、上海交通大学、浙江大学、东南大学、吉林大学法学院,都是很好的法学院,经过一个月密集的课程,这些同学的思维有了很大变化,因为他们看到另外一种想事情的可能性。我刚刚提到,下周要到中国政法大学去演讲,之后要到武汉大学去演讲。我去讲过课的学校的学生们一开始面对经济学是格格不入而且非常排斥的,经过一段时间慢慢接受,课程结束时他们告诉我这一个月他们上的课胜过他们过去读了好几年的法学院,想法完全不同,因为有了一个另外的分析问题的角度。目前,我在浙江大学担任永签讲座教授,各位想一下,一个经济学家可以担任法学院的讲座教授,浙江大学不是一个名不见经传的学校,所以聘一个经济学家当教授是有他的道理的,我希望各位参考另外一个可能性,Ponser 的书先对原始社会有一个理论,再对原始社会法的部分去探讨,所以是先对社会有了解之后再去分析法律,而在座各位的大陆法系法学训练基本上不是如此,基本上是先从法律开始,如果需要的话再一点点往外延伸,诸如社会法学之类的,请问各位对社会互动的方式、人跟人之间的关系有没有一个一般性的理论,往往法学院的同学们有满腔的公平正义热情,法律这样规定能够实现公平正义,但却讲不出所以然。上了经济学之后,很多同学觉得过去是在背诵法条,现在知道法条背后有它的逻辑道理,知其然同时知其所以然,而且能够融会贯通,运用于各个部门法,用经济学理论体会各个部门法的规定,所以简单讲,我们的方法论是对社会有了解之后再来探讨我们的法律,你会更自在,更能够讲出一番道理来。因为时间关系，我在这边先告一段落，各位老师各位同学有没有什么问题，有的话可以提出来，我很乐意就我所知跟各位说明。

同学二十七：老师您好，您刚才提到用一百块钱成本抓偷了一块钱的小偷的问题，请问这里面的司法成本怎么考量？

熊秉元：你的问题非常好，我们说，在运用法律时要讲求一个司法成本的问题，我刚才只是提出了一个参考，在实际办案中，我们要思考这个处理方法所需要的司法资源，是否存在浪费的问题，而不能一意孤行，我刚才讲的其实是一个分析问题的方式。

同学二十八：民法中有两种成本的考量，一种是财产成本，一种是精神成本，对于精神损失是要赔偿的，这个赔偿是怎样的？

熊秉元：这位同学的问题非常好，我来作一个回应，现在有很多法经济学的教科书，你的资料愈多就越能体会到另一种认识问题的思路，虽然短期来看很吃力成本很高。最后，让我做一个简单的总结，非常感谢华东政法大学邀请一个经济学者来我们法学院讲课，各位提出的问题非常好，我也特别感谢顾老师的全程陪伴。

顾功耘：各位同学，我们的讲座进行了比较长的时间，大家对今天的讲座应该说是有很深的体会。熊老师确实是很著名的一个经济学家，对法律问题的分析也是非常透彻的，我本人听了以后也有很深的体会，对法律经济学一直也是希望有更多认识。实际上我很少花时间去看这方面的书，今天听了熊老师的讲座，我自己也有了信心想去多看一些这方面的书，我想今天的报告对我们今天在座各位的法学研究应该是有很大的帮助，让我们再次以热烈的掌声感谢熊老师，谢谢大家！

宏观调控法

宏观调控法的立法与前沿问题研究

主讲人：卢炯星　厦门大学经济法教授、硕导

主持人：吴弘　华东政法大学经济法学院院长，教授、博导

记录人：纪晨　邢楠　裘雪婷　李凡　汤沁怡（2010级经济法专业研究生）

时　间：2010年12月22日18:30—20:30

地　点：华东政法大学长宁校区交谊楼报告厅

吴弘：今天很高兴请到了厦门大学经济法的教授、硕士生导师卢炯星教授。卢老师长期从事宏观经济法的研究，有很多著述。卢老师经常来华政交流，今年7月的产业政策法研讨会卢老师就作过精彩的发言，主要发言内容在我们《法学》杂志上刊登过。今天卢老师讲的是关于宏观调控立法动态和一些前沿问题。热烈欢迎卢炯星教授演讲！

卢炯星：我们今天探讨宏观调控的问题。其实宏观调控跟我们的日常生活有很大关系，前几天大家是否注意到物价的上升，这都与宏观调控有关。前几年我们国家经济过热、投资过热，产生很多问题，使国家经济建设产生扭曲，经济增长受到影响，因此国家进行了宏观调控。第五次宏观调控避免了经济的大起大落，使经济“软着陆”。目前，房产价格越来越高，这几天房产股报复性上涨。前一段时间房地产价格被宏观调控压下去一些，现在调控政策缓和了一些，价格又

上涨了。我们国家很多调控措施下一阶段还要持续下去,因为现在房地产价格是非理性增长,房地产过热产生的后果很严重,一旦房产下跌,金融系统、银行出现呆账坏账,经济也会受到影响。当然,调控过头也不行。

很多问题都涉及宏观调控。诺贝尔经济学奖获奖者、斯坦福大学商学院名誉院长迈克尔·斯宾塞教授在受聘中科院研究生院名誉教授后,有过一次关于《世界格局中的中国经济》的讲演。他在讲演中表示:全球化问题之所以重要,是因为我们在整个全球经济中变得越来越互相依赖,互相支持。关于全球化背景下的市场、信息、调控,斯宾塞教授坦言,市场必须有适当的调控才行,尤其是财经市场、金融市场等,如果一个市场里面没有足够的调控和法律是不行的。中国的快速发展还能够持续多少年?迈克尔·斯宾塞非常乐观地表示,中国会持续快速发展50年。这段话明确表示了宏观调控法律的重要性。

一、我国宏观调控的基本情况及基本知识

首先介绍宏观调控的基本情况和基本知识。两个典型案例,第一个是"中国二号富翁"杨斌案,第二个是国务院严查江苏铁本钢铁公司违规建设钢铁项目。这两个案例都是在我国第五次宏观调控中发生的典型案例。

案例一:"中国二号富翁"杨斌案

2003年6月11日,沈阳市中级人民法院对荷兰籍华人杨斌依法公开开庭审理。40周岁的被告人杨斌,系沈阳欧亚实业有限公司、沈阳欧亚农业发展有限公司董事长、法定代表人。杨斌曾经当过兵,但他以何种方式离开军队并成为商人一直是个谜。1989年杨斌来到荷兰,几年后加入荷兰国籍,并在波兰抢注了该国历史上第一家私人公司,然后大做跨国倒卖,把中国大量的轻工产品如鞋、服装、布料等,从江苏、浙江、北京运到波兰,再以五倍以上的价格批发。短短两年时间就赚了2000万美元,这是他的第一桶金。

杨斌真正的财富积累是在资本市场上。1997年,杨斌开始研究在国内A股市场"买壳上市"的可能性。经过不太复杂的运作,在1998年下半年,杨斌成为沪市A股"广华化纤"的第一大股东,并在1999年1月更名为欧亚农业,该股股价一度从9元飙升到28.50元。后来,杨斌从A股市场悄然退出,他打着"开创中国农业新模式"的旗号,以1.5亿元人民币的价格圈下了位于沈阳小韩屯3300亩良田。2001年7月19日,杨斌持有72.06%股份的欧亚农业在香港主板上市,4亿新股以招股价的7.8倍被认购一空,公开发售价为1.48港币。同年8月1日,欧亚农业趁热打铁再次发行6000万股额外股份,两次共筹资7亿元港币,成为当年赴港上市的大赢家。也就是这一年,他进入《福布斯》中国大陆富

豪排行榜,以75亿元人民币的身价名列第二。

杨斌开发的荷兰村项目位于沈阳北二环与三环路之间,总规划6000亩,已建成30万平方米的建筑,东面主要是别墅和住宅小区,西面是办公和娱乐场所。这个计划总投资70亿人民币的"庄园",曾在辽宁省40项起飞工程中排名首位。根据规划,荷兰村将建设高层住宅楼33幢、别墅180多幢,仅商品房建筑面积就达到57万平方米。还有荷兰皇宫、阿姆斯特丹火车站、一条长约500米的荷兰风情商业街、大型娱乐场,热带雨林、人造海洋沙滩。而今,这些都成为泡影。当时的荷兰村,原本热热闹闹的大庄园已是荒草蔓生。大部分原来充满荷兰特色的建筑都空无人烟;大部分靠马路的建筑玻璃已被打碎;原来的道路都有路障,不许外人进入;杨斌的办公楼——皇宫大门紧闭,玻璃布满灰尘;阿姆斯特丹火车站空空如也;只有荷兰村大门外两只铜狮子还对世事浑然不知地站在那里。一切显得那样颓废、荒芜,荷兰村已经变成没有人烟的死城。

杨斌涉嫌六宗罪。有关司法部门经过大量、细致的侦查取证,掌握了杨斌的犯罪证据多达500份,卷宗27册,包括文字资料、录音、录像。2003年7月14日,沈阳市中级人民法院对此案作出一审判决,被告人杨斌犯虚报注册资本罪、非法占用农用地罪、合同诈骗罪、对单位行贿罪、单位行贿罪、伪造金融票证罪,被数罪并罚判处有期徒刑18年,罚金人民币230万元。2003年9月7日,辽宁省高级人民法院终审裁定:驳回上诉,维持原判。

这是2003年我国宏观调控过程中发生的案例之一。越来越多的迹象表明,从2002年下半年出现的部分地区房地产投资增幅过高、商品房空置面积增加、房价上涨以及低价位住房供不应求和高档住宅空置较多等结构性问题正日渐突出。部分地区的商业银行为了抢占市场份额,违反有关规定,放松信贷条件,在相当程度上助长了房地产投资过热的倾向。过热的投资使房地产业成为一大高危产业,其投资的钱大多来自银行贷款,一旦房地产泡沫破灭必将导致金融业的巨大风险。因此,国家及时采取宏观调控措施。

案例二:国务院严查江苏铁本钢铁公司违规建设钢铁项目案

国务院总理温家宝主持召开国务院常务会议,听取了监察部、发展改革委等部门对江苏铁本钢铁有限公司违规建设钢铁项目查处情况的汇报,派出由发展改革委、监察部牵头,国土资源部、人民银行、环保总局、工商总局、税务总局、审计署、银监会等9部委组成的国务院专项检查组,在江苏省委、省政府的支持和配合下,对该项目进行了专项检查。

江苏铁本钢铁有限公司自2002年初筹划在常州市新北区魏村镇、镇江扬中市西来桥镇建设新的大型钢铁联合项目。该项目设计能力840万吨,概算总投资105.9亿元人民币,2003年6月进入现场施工,2004年3月江苏省政府责令全面停工。经查,2002 年 5 月以来,为实施该项目,铁本公司法人代表戴国芳先后成立 7 家合资(独资)公司,把项目化整为零,拆分为 22 个项目向有关部门报批。2002 年 9 月至 2003 年 11 月,常州国家高新技术产业开发区管委会、江苏省发展计划委员会、扬中市发展计划与经济贸易局先后越权、违规、拆项审批了铁本合资公司的建设项目。铁本公司未取得环保部门批复环境影响评价报告书即开工建设,严重违反了国家环境保护法、环境影响评价法的有关规定。

2003 年以来,常州高新区管委会、扬中市政府在未依法办理用地审批手续的情况下非法批准铁本公司征用、占用土地,并违规组织实施征地拆迁,导致铁本公司违法占用土地 6541 亩(其中耕地 4585 亩,含基本农田 1200 亩)已无法复垦,造成大量耕地被毁。2003 年 12 月,江苏省国土厅违规批准了常州市涉及铁本公司的 14 个批次的土地 5988 亩,致使铁本公司项目部分非法占地合法化。截至 2004 年 2 月末,中国银行常州分行等银行金融机构对铁本公司及其关联企业合计授信余额折合人民币 43.39 亿元,其中贷款 25.6 亿元。经检查,铁本公司通过提供虚假财务报表骗取银行信用和贷款,挪用银行流动资金贷款 20 多亿元用于固定资产投资。有关金融机构存在贷前审查不严、贷后监控不力,严重违反国家固定资产贷款审贷和现金管理规定等问题。另据检查,铁本公司存在大量的偷税漏税行为,已涉嫌经济犯罪。

根据检查结果,江苏省委、省政府和银监会已对涉及失职违规的 8 名政府和有关银行的相关责任人分别给予党纪、政纪处分及组织处理:给予常州市委书记范燕青党内严重警告处分;建议依法罢免顾黑郎江苏省常州市人大常委会副主任职务,给予留党察看一年处分;撤销曹建新常州国家高新技术产业开发区党工委副书记、管委会副主任,新北区委副书记职务;撤销宦祥保扬中市委书记职务;给予扬中市委副书记经颜明党内严重警告处分;给予江苏省国土资源厅副厅长、党组成员王明详行政记大过处分,党内严重警告处分,并责令辞职;撤销秦雁江苏省发展和改革委员会副主任、党组成员职务;撤销王建国中国银行常州分行行长、党委书记职务。专项检查结束后,由公安部牵头,有关部门配合,将继续深入查处涉案单位和人员的经济犯罪等问题,彻底查清本案,维护国家法律法规和经济秩序。

国务院严肃处理这起案件,并责成江苏省和有关部门处理这起案件的有关责任人,表明了党中央、国务院严肃法纪、依法行政的决心,也是当前加强宏观调控、保持政令畅通的一项重要措施。要进一步贯彻落实好中央政治局最近分析我国经济形势后提出的经济工作的一系列方针政策和宏观调控的各项措施,增强全局意识,切实维护国家宏观调控的统一性、权威性和有效性。当时投资过热,尤其是对钢铁、水泥等建筑相关的投资特别热。如果有单项的突击的增长,就会影响到其他行业的发展，甚至导致整个国家的产业畸形发展，因此要及时采取调控措施，处理这些案件。

中国人民银行的调控三大法宝是存款准备金、再贴现率、公开市场操作。当前宏观调控中前两个用的很多，至于公开市场业务，我国建立了储备制度，在价格低迷的时候收进很多物资，包括铜、原材料、各种储备物资，在价格上涨很高的时候抛出，以稳定物价。宏观调控的三大支柱：第一，规划，国务院去年为了要抵御金融危机，出台了十大规划；第二，财政，通过国家的财力预防经济的大起大落，我们这次预防金融危机就是用财政手段，财政包括税收；第三是金融调控，存款准备金率高，股市跌，存款准备金低，股市涨。西方经济学中，宏观调控有四大视角，涉及宏观调控的目标，这四个目标是经济增长、充分就业、物价稳定、国际收支平衡。每个国家都想达到但都很难达到。

巴山轮会议，是在我国宏观调控中很重要的一次会议，是我国改革开放的转折点，也是我国引进宏观调控理论的开始。这是一次规格很高的国际研讨会，邀请了多国的经济大师以及我国的著名经济学家。这次会议探讨的内容对1987年十三大的定调“国家调控市场，市场引导企业”起了很大影响。专家们讨论了7个问题，达成了一些共识。其中有一个叫市场经济的问题。这是中国转弯处的脑力激荡。会议结束后出了一本书，《宏观经济的管理与改革》。当时会议上提出了两个调控目标，一是行政调节，二是市场协调。第二种模式还有两种，一是没有调控的市场协调，二是宏观调控下的市场协调。经过讨论，采取了宏观调控下的市场协调模式。因此，我国的市场经济是在宏观调控下的市场经济。资本主义社会经过经济几百年的发展，走的都是宏观调控下的市场经济。因此，宏观调控和宏观调控法在我国是非常重要的。

（一）应对国际金融危机我国的宏观调控法律对策（财政与投资宏观调控）

面对国际金融危机，党中央、国务院灵活果断地调整宏观经济政策，及时采取一系列促进经济平稳较快发展的重大举措。2008年9月中下旬，央行就开始分别下调人民币贷款基准利率和存款准备金率，旨在增加市场流动性。10月17日，根据中央的决策，国务院常务会议决定，采取灵活审慎的宏观经济政策，尽快出台有针对性的财税、信贷、外贸等政策措施，并就做好经济工作作出十项部署。10月后，我国应对危机的“组合拳”频频推出，其中力度最大、最为国内外关注的，是被国际社会称为的“中国4万亿经济刺激计划”。11月5日，国务院常务会议决定采取进一步扩大内需、促进经济增长的十项措施，初步匡算，实施这些工程建设，到2010年底约需投资4万亿元。为加快建设进度，会议决定，2008年四季度先增加安排中央投资1000亿元，明年灾后重建基金提前安排200亿元,带动地方和社会投资,总规模达到40000亿元。预测可每年拉动我国经济增长1%。关于这方面我有一篇论文《金融危机对我国影响及宏观调控的法律对策》发表在《经济法学家》上,大家可以看看。

面对金融危机,我国采取许多对策:包括刺激经济的十项措施、十举措扩大消费拉动内需、九项金融促进经济发展政策措施、十大产业振兴和调整规划等,涉及宏观调控法的内容有:

1. 金融调控法:加大金融对经济增长的支持力度;取消对商业银行的信贷规模限制,合理扩大信贷规模,加大对重点工程、"三农"、中小企业和技术改造、兼并重组的信贷支持,有针对性地培育和巩固消费信贷增长点;稳定股票市场运行,推动期货市场稳步发展,并购贷款、房地产信托投资基金、股权投资基金和规范发展民间融资,实施九项金融促进经济发展政策措施;完善金融监管体系;(国外)降低利率、向金融机构注资、给商业银行提供担保、搞活消费信贷、国际金融合作、加强资金使用监管。

2. 财政调控法:加快医疗卫生、文化教育事业发展,扩大债券发行规模,扩大国库直接支付涉农、救灾补贴等政府性补助基金范围,发挥财政资金的杠杆作用;(国外)加大政府投资支出。

3. 投资调控法:建设保障性安居工程、加快铁路、公路和机场等重大基础设施建设,加快地震灾区灾后重建各项工作,引导保险公司以债权等方式投资交通、通信、能源等基础设施和农村基础设施项目;(国外)加大政府投资支出。

4. 税收调控法:全面实施增值税转型改革;(国外)大规模减免税费。

5. 就业调控法:(国外)实施积极的就业促进政策。

6. 消费调控法:提高城乡居民收入;积极扩大住房、汽车和农村消费信贷市场;(国外)发放现金等消费补贴。

7. 产业调节法:加快农村基础设施建设、鼓励企业技术改造;(国外)帮助中小企业融资、救助传统制造业、培养清洁能源等新兴产业、保护国内市场(反倾销和反补贴法)。

8. 社会保障法:发布城市低收入家庭资格认定办法,健全健康、养老等保险业务。

9. 规划法:十大产业振兴和调整规划(轻工业、汽车、船舶、有色金属、装备制造业、纺织业、物流业、电子信息业、石化行业石化产业、钢铁业)。

(二) 2010年第五次全面上调存款准备金(金融调控)

央行宣布,从2010年11月29日起,上调存款类金融机构人民币存款准备金率0.5个百分点,这是九日内第二次,也是2010年第五次全面上调存款准备金。

上述材料反映的是央行对存款准备金率的调整,涉及的问题包括:存款准备金的功能、央行调整存款准备金的原因等。据广东社科院黎友焕对全国100个地下钱庄的监测,9月热钱流入比8月增加了17%—18%,10月比9月又增加了23%—24%,而11月短短15天内,通过地下钱庄流入国内的热钱,比10月整个月暴增30%。涌入内地的热钱有60%至65%进入商品市场,30%左右流入股市。据不完全统计,温州的民间流动性资本已达到6000亿元。明年防通胀仍将是宏观调控的首要任务无太大悬念。

(三)国务院发文稳定市场价格(物价调控)

2010年5月26日后,国务院已经数度出手控制物价,但着力点都在于调控通胀预期,但从10月中下旬开始,物价调控明显加码,尤其是自10月份CPI蹿升至4.4%的高位后,调控政策可谓拳头般地落下,"必要时进行临时价格控制"的表述,彰显了国务院控制通胀的决心。至少短期内,防通胀被置于宏观调控的主要位置上。从近期的举措看,主要从保障农产品供应、降低流通成本、价格监督、重点打击恶意囤积等方面入手。11月19日,国务院发布出台了《大力发展农业生产、稳定农副产品供应等16条措施》(国十六条)。11月26日,国务院办公厅部署成立六个国务院督查组,从11月29日至12月20日,赴18个省、区、市,督促、检查当地落实国务院通知情况。这次总理提出要修改《价格违法行为行政处罚规定》,加大了处罚力度的政策组合,如果能落实到位,相信是能够稳定住物价的。

(四)党的十七大与宏观调控

胡锦涛在党的十七大上的报告,提到宏观调控问题。胡锦涛在报告第五部分"促进国民经济又好又快发展"的第七点提到"深化财税、金融等体制改革,完善宏观调控体系"。围绕推进基本公共服务均等化和主体功能区建设,完善公共财政体系。深化预算制度改革,强化预算管理和监督,健全中央和地方财力与事权相匹配的体制,加快形成统一规范透明的财政转移支付制度,提高一般性转移支付规模和比例,加大公共服务领域投入。完善省以下财政体制,增强基层政府提供公共服务能力。实行有利于科学发展的财税制度,建立健全资源有偿使用制度和生态环境补偿机制。推进金融体制改革,发展各类金融市场,形成多种所有制和多种经营形式、结构合理、功能完善、高效安全的现代金融体系。提高银行业、证券业、保险业竞争力。优化资本市场结构,多渠道提高直接融资比重。加强和改进金融监管,防范和化解金融风险。完善人民币汇率形成机制,逐步实现资本项目可兑换。深化投资体制改革，健全和严格市场准入制度。完善国家规划体系。发挥国家发展规划、计划、产业政策在宏观调控中的导向作用，综合运用财政、货币政策，提高宏观调控水平。

（五）胡锦涛主持中央政治局会议分析研究明年经济工作（突出宏观调控）

中共中央政治局2010年12月3日召开会议，分析研究明年经济工作。会议认为，坚持实施应对国际金融危机冲击的一揽子计划，加快推进经济发展方式转变，准确把握宏观调控的重点、力度、节奏，全国上下狠抓落实、扎实工作。会议强调实施积极的财政政策和稳健的货币政策，增强宏观调控的针对性、灵活性、有效性，加快推进结构调整，大力加强自主创新，切实抓好节能减排，不断深化改革开放，着力保障和改善民生，巩固和扩大应对国际金融危机冲击成果，保持经济平稳较快发展，促进社会和谐稳定。

会议提出，明年要继续加强和改善宏观调控，统筹当前和长远，把握好政策实施的重点、力度、节奏，既要解决当前突出问题，又要切实推进解决深层次矛盾和化解潜在风险，为长远发展打下良好基础。

2011年经济工作的主要任务是“提高宏观调控水平，保持经济平稳较快发展”。1993年《宪法》修正案将《宪法》第15条修改为：“国家实行社会主义市场经济。国家加强经济立法，完善宏观调控。”我们要牢记，社会主义市场经济是宏观调控下的市场经济。

二、党的十四大以来的历次宏观调控（分水岭）

（一）20世纪90年代初宏观调控

20世纪90年代初，我国经济呈现出前所未有的蓬勃发展态势，但由于新旧体制的摩擦，特别是旧的调控机制逐渐失效，新的宏观调控机制尚未完善，投资软约束问题没有得到解决，在加快发展的同时出现了经济“过热”现象，投资、消费双膨胀，社会集资、金融机构设立基本失控，通货膨胀恶性发展。

针对上述情况，1993年6月，中央果断提出加强宏观调控的16条措施，主要包括实行适度从紧的财政政策和货币政策，整顿金融秩序和流通环节，控制投资规模，加强价格监督等。从1994年起，在金融、外汇、财税、价格、外贸等方面又相继出台了一系列重大改革措施：政策性银行与商业银行分立；专业银行向商业化、企业化发展；中央和地方实行分税制；进行外汇管理体制改革，实现汇率并轨；石油和粮食等基础行业产品价格放开等。经过三年努力，到1996年下半年，宏观调控取得明显成效，金融秩序迅速好转，物价涨幅明显回落，通货膨胀得到抑制，经济增长在适度从紧的宏观政策环境下仍然保持着较高速度，经济实现"软着陆"。

（二）1997 年宏观调控

1997 年，金融危机在亚洲国家和地区相继爆发并对我国经济产生重大影响。在东南亚国家货币纷纷贬值的情况下，我国从大局出发，坚守人民币不贬值的承诺，外贸出口受到严重冲击，国内市场供求格局开始发生逆转，即从供不应求转变为供过于求，内需扩大受阻，物价急剧回落，出现通货紧缩迹象。与此同时，经济增长速度下滑，下岗失业人员明显增加。

面对复杂的国际国内形势和前所未有的严峻考验，中央审时度势，以稳定经济增长为目标，对宏观经济政策进行必要的调整。1998 年随着经济形势的进一步变化，中央明确提出实行"积极的"财政政策和"适度的"货币政策（后改称"稳健的货币政策"），扩大内需成为我国宏观调控新的立足点。从 1998 年开始，我国连续大规模发行国债，增加政府投资，以此加大基础设施建设，拉动社会总需求；扩大高校招生规模，推进教育改革；发展假日经济，以刺激消费，努力启动国内市场。随着各种宏观调控政策的逐步到位，加之东南亚金融危机的影响逐步减弱，民间投资逐渐活跃，国外市场好转，外贸出口增加，我国经济逐步走出通货紧缩阴影，增长速度稳步回升并呈现强劲势头。

（三）2003 年下半年宏观调控

2003 年下半年，随着我国经济增长速度的加快，固定资产投资过快、部分行业投资过热的苗头开始显现，煤电油运日趋紧张，盲目投资、乱上项目、重复建设问题愈益严重，消费价格以较快的速度持续上升，新的"大起"有可能导致新的"大落"。

党中央、国务院科学分析形势，未雨绸缪，确定了"果断有力，适时适度，区别对待，注重实效"的宏观调控原则，从实际出发，分类指导，有保有压；强调不搞"急刹车"、"一刀切"；要求各地各部门迅速把认识和行动统一到中央对形势的判断和决策上来。进入 2004 年，中央宏观调控的力度明显加大，宏观调控措施得到迅速落实，投资过热、盲目扩张的势头得到了有效控制，宏观调控初步达到了预期目标。与以往不同，这次调控是一次预防性调控，其实践意义在于，在经济尚未全面过热、通货膨胀尚未发生之时予以遏制，从而在很大程度上避免了经济大起大落对国民经济可能造成的严重伤害，也大大降低了宏观调控的成本。

2003 年以来我国的房价一直扶摇直上，只是在 2008 年放慢了脚步，当时我们厦大的老师就有趁此买房的。进入2009年再次向上直冲,部分城市房价已超过最火爆的2007年水平。2009年,上海、深圳、杭州、北京等中心一线城市的房价上涨了30%—50%,局部地区甚至实现翻番,而且房价上涨浪潮已经涌向了二线城市。去年海南几个月内房价一下子从三千多涨到一万多。至2010年,全国660多个城市现有六个月以上每户每月电表零读数的空置房6540万套。这些房屋多数属于投资型住房。全国范围内还有在建房1250万套,空置房和在建房相加,意味至少有7790万套住房处于空置状态。北京郊县临近天津有一处小区房子全部卖光,但实际居住者寥寥无几。如果按每套房3人居住的话,够2.337亿人居住;如果按每套房2人居住的话,也够1.558亿人居住。再加上开发商手里的空置房,我国空置房现状令人震惊,而我国目前的城镇人口总数才5.5亿人。据财政部2010年4月13日发布的2009全国土地出让收支基本情况,全国土地出让收入为14,239.7亿元。房改后的11年里,政府和企业通过住房消费从居民手里拿走了约十万亿元。所以很多人说我国的经济被房地产绑架了。我国的政策是房地产要稳步增长,说明了房价肯定还是要涨的这个导向没有改变。但是之所以这么多人现在抗议是因为涨得太快了,人民群众无法接受,国家才要出面调控。因为房地产的面太广,涉及问题太多,一下子要控制下来很难,但是真正使用行政手段的话是可以一定程度上控制的。去年十一,国家下达了一个文件,目的是防止十一期间大家集中买房导致房价急升。文件发布后,十一期间的房市果然冷下来了。

2009《福布斯》中国富豪榜显示,2009年上榜的400个富豪中有130多个是房地产富豪;前10位中有4人涉及房地产行业;在前40位中有18位涉及房地产行业。因此,房地产价格非理性增长是宏观调控的重要内容。

三、何为宏观调控法

"宏观"一词原是物理学中的一个名词,它与"微观"一词相对。1933年,"宏观"一词被引入经济学领域。20世纪40年代以后,这一概念开始在西方经济学中被广泛应用。在西方经济学中,"宏观"一词总是与国民经济活动所表现出来的那些经济总量相联系。"调控"即调节和控制。调节,是从数量上或程度上调整控制,使符合要求;控制,是掌握、支配,使不出一定范围。比如,房地产调控就是要让房价不要涨得太快。

宏观调控或称宏观经济调控,是对国民经济总体的供求关系进行调节和控制。国民经济总体的供求关系,指社会总供给和社会总需求关系。社会总供给是指国民经济在一定时期内能够提供给社会的全部商品和劳务总量;社会总需求是指全社会生产需求和消费需求的总和。要使国民经济保持持续、健康的发展，就必须努力保持总供给和总需求的平衡，而要保持总供给和总需求的平衡，就必须加强宏观经济调控。宏观调控也有狭义和广义之分。从狭义上讲，它仅指货币收支总量、财政收支总量和外汇收支总量的调节和控制，这三块构成国家经济起伏的主要方面。从广义上，人们通常又把政府为弥补市场缺陷而采取的其他有关方面的宏观调控措施也纳入宏观调控的范畴。我们现在一般讲的是广义上的宏观调控。

何为宏观调控法？杨紫煊教授在总结学界对宏观调控法各种不同概念后认为：宏观调控法，是指调整在国家对国民经济总体活动进行调节、控制过程中发生的经济关系的法律规范的总称。宏观经济法研究的是宏观经济关系，宏观调控法也研究宏观经济关系，但其中有区别，区别在于我们把一些经济关系加入了法律的规范，因此称为宏观经济法。

四、宏观调控基本法立法最新研究动态

下面介绍一下宏观调控基本法立法最新研究动态。我们看到许多国外的宏观调控基本法，但我国并没有这样一部法律。我们所称的宏观调控法是指法律、法规、规章以及规范性文件的总称。经济法学界为了这样一部基本法的诞生奋斗了十几年，这部法基本上离出台已经不远了。有关国外宏观调控法研究中最为重要的是德国的《稳定增长法》，它是国外比较早的一部宏观调控法，是一部基本法。欧盟有《稳定与增长公约》，美国有《充分就业和国民经济平衡增长法》和《紧急经济稳定法案》，日本有《国民生活安定紧急措施法》。这次的金融危机为我国出台宏观调控基本法提供了一个契机，目前还在国务院的讨论过程中。另外，我国有法学专家组的《国民经济稳定增长法（草案）》以及学者讨论稿《宏观调控法（草案）》和全国人大代表提出的《宏观调控法（草案）》。最新的一部相关立法是发改委的《促进经济稳定增长法》（草案）》，目前这个法案在紧张的进行中。这里我们特别注意一下美国的《紧急经济稳定法案》，它是美国金融危机下的临时产物。该稳定法案由问题资产救助计划、预算条款和税务条款三部分组成。具体内容由于时间关系这里不详细展开。美国《紧急经济稳定法案》对我国的启示有很多，比如：(1) 我国应当建立危机应对的宏观调控法制。我们国家也有一些零碎的应对危机的法规，但是没有系统的法律。我们现在正在制定的是《国民经济稳定增长法（草案）》；(2) 危机应对立法宜“粗”不宜“细”，这场危机来得很突然，制定的法应当偏重原则性的规范；(3) 处理危机的行政机关之间应相互监督，权力相互制衡。美国《紧急经济稳定法案》成立了金融稳定监

管委员会、问题资产救助计划特殊总检察长、国会监督组等监管组织,并与财政部、总审计长等现存机构相互协作、共同监督,以确保《稳定法案》的救助措施执行到位,符合国会的立法初衷;(4) 加强国际合作与交流,建设安全、稳定、有序、开放的中国金融体系。

我国早在1998年3月,部分法学专家小组已经起草出《国民经济稳定增长法(草案)》。国民经济稳定增长法包括以下内容:总则;组织与决策;增长目标的确定与组织协调;经济波动的预警与非正常经济波动的确定;非正常经济波动状态的治理;国民经济稳定增长的储备;社会参与与咨询;法律责任等构成。我们在进行宏观调控立法中常见的一个重要问题就是法律责任。领导人的决策失误后如何追究责任等问题很难解决。法案中写道:违反《国民经济稳定增长法》及相关法律规定的职责权限和程序擅自决策、盲目决策,造成经济非正常波动,给国民经济带来重大损失的,依法追究违法政府机构、单位和直接责任者,依法追究其行政责任,情节严重构成犯罪的,依法追究刑事责任。这是很有借鉴意义的。学者讨论的开端是在2000年11月西南政法大学召开的"第八届全国经济法理论研讨会"上,部分学者提出制定《宏观调控法》(草案)的动议,争取早日将制定《宏观调控法》列入国家立法计划。此后2000年11月23至24日"中国宏观经济法制研讨会"在中国人民大学召开,会上,北京市法学会提出《关于加强宏观调控立法的建议书》。2001年7月,北京大学经济法研究所和山西省经济法研究会在太原召开的经济法前沿理论研讨会,会上提出三份《宏观调控法》学者讨论稿的草稿。一是我提出的《宏观调控法(草案)》,二是中国人民大学徐孟洲提出的《宏观调控法(草案)》,另一份由华东政法学院郑少华提出的《宏观调控法(草案)》,最后以厦门大学的《宏观调控法》的草案作为蓝本进行讨论,提出了许多修改意见;2001年11月10至12日,厦门大学召开"第九届全国经济法理论研讨会",学者对《中华人民共和国宏观调控法(草案)》(学者讨论稿)进行认真讨论,最终形成了厦门大学宏观调控法立法课题组的一份草案提交全国人大。该《草案》第一章是国家宏观经济调控机关及职权。宏观调控的职权一般由中央行使,中央一般指国务院和人大,地方则没有这个权力。这里还提到一个经济决策委员会,是借鉴了国外宏观调控法中的咨询决策机构。国外的资讯决策机构都是由专家组成,包括经济学家、法律学家还有一些其他精英人士为国家出谋划策。所以我们考虑我国也要成立这样的一个机构,虽然没有决策权,但可以提供咨询;第二章国家宏观调控制度,涉及计划调控、财政调控、金融调控、产业政策调控、投资调控以及国际收支平衡的调控和其他调控几部分。其他调控包括价格调控、国家限价、就业政策、社会保障、国家储备这几块。

另外,全国人大关于宏观调控法的议案,大家注意一下。这里面提到了两次，第一次是在2001年3月份，第九届全国人大第四次会议期间，制定了一个宏观调控法的建设性意见，由杨紫煊教授和法学界几名代表提出了四份制定《宏观调控法》的议案。2002年3月第九届全国人大五次会议期间，由杨紫煊教授等代表领头，共提出了六件制定《宏观调控法》的议案。这里面涉及的内容有：总则、宏观调控的机关、方式、调控与协调、预警和法律责任。宏观调控的协调是非常难的，涉及部门的权力配置。在各部委之间如果有一个部委不同意，议案在国务院就无法通过。

发改委从2006年开始，邀请欧盟、国际经济组织开展研讨会，以及邀请法学家和经济学家开展研讨会，就法案该不该立、如何立等问题进行讨论。接下来，发改委法规司、综合司又召集了一批法学家，以专家论证的形式进行经济稳定增长法的研讨。最近一次研讨是在2009年7月20日，国家发改委法规司在北京召开了《促进经济稳定增长法》立法的法学家论证会。这个会议以后，发改委还在进行对法案的进一步修改。

五、宏观调控法的热点问题

（一）宏观调控理论问题研究

1. 热点争议最多的宏观调控法体系研究

目前，关于宏观调控法的体系的结构和内容，经济法学界争论较激烈。有人认为，宏观调控包括计划、财政和金融三部分；还有人认为宏观调控的内容包括六个、七个、八个，等等，有着种种不同争论。对于这个问题，我的看法是：第一，宏观调控三大支柱相对应的三个法律应当包括在内，即计划规划法、财政税收法和金融调控法；第二，宏观调控的四个目的所对应的法律也应囊括进去，即价格调控法、就业法、国际收支平衡法，其中国际收支平衡法又包涵外商投资、对外贸易和外汇管理法三部分；第三，大家知道，经济增长的三驾马车是投资、消费和出口，其中出口方面由对外贸易法进行规制，投资法也应当包括在宏观调控法的体系之中。消费则属于微观范畴，不属于宏观调控法的调整范围。在此之外我们又增加了一个产业调节法，这是因为我们看到了整个世界的经济发展趋势：现在我们正在进行产业结构大调整，哪个国家调整得好，它就是有优势的。日本战败以后之所以发展迅速，它靠的就是产业法的兴隆。因此，我认为宏观调控法的体系应当包括以上几个部分的内容。

2. 论我国宏观经济运行的监测体系研究

整个宏观调控是由监测体系来体现的，每个省都有一个机构向中央报告。

应该如何在法律上对这个体系进行研究,这是我们目前所要解决的问题。

3. 加入 WTO 以后政府职能转变的法律问题研究

政府原来有很多职能,现在转变为四大职能:经济调节,社会管理,市场监管,公共服务。其中经济调节、公共服务和市场监管职能是我们经济法应当去研究的。

4. 宏观调控决策程序法律问题研究

我国重大投资决策的程序问题,需要进一步立法完善。

(二)计划法和规划法研究

我国每五年都有一个规划,现已制定了《城市规划法》、《村庄集镇规划建设管理条例》和《城乡规划法》,但是却没有制定一个全国统一的《规划法》。另外,还有计划经济的新问题研究。现在很多学者认为计划经济终结了,但其实我们每年都有年度计划,还有专项计划,因此在新的形势下如何进行计划法的研究,也应当引起我们的重视。最后一个是战略性新兴产业计划中的法律问题。今年我国在新兴的战略计划上投资了一千亿,用来支持新兴产业的发展。

(三)财政法研究

政府财政转移支付法的基本原则。有审计报告表明,政府转移支付的 47% 脱离了人大监管,这是相当严峻的。财政的总收入应当如何支出,需要有一个法律来监管。我们目前正在对转移支付法进行研究。

(四)税收宏观调控问题

税收问题包涵增值税转型中的问题、环境税改革中的立法问题、房产税改革及立法研究、资源税的改革、环境税的开征、个人所得税税率的调整、社会保障税开征等法律问题。大家如果感兴趣可以对这些方面进行研究。

(五)金融调控法问题研究

1. 金融危机与金融监管法律问题研究;
2. 金融衍生产品监管法律问题研究;
3. 金融资产管理公司运行中法律问题研究(债转股等);
4. 金融危机与金融宏观调控的法律对策。

(六)产业政策(调节)法研究

1. 战略性新兴产业发展促进法律问题研究;

2. 加快第三产业发展的法律问题研究;

3. 鼓励高新技术产业发展方略问题研究;

4. 引导特定地区中小企业集群化法律研究;

5. 企业集团内部关系问题及对策研究;

6. 东部、中部、西部和东北地区区域协调发展中的法律问题研究。

(七)价格调控法研究

价格调控是政府今年的一大重要任务。如何进行有效的价格调控,涉及以下重要法律问题:政府的定价行为与价格决策机制形成的法律问题;我国政府对价格干预措施的法律规定;如何对价格总水平和通货膨胀进行法律调控;政府对自然垄断行业的价格调控问题以及法律对策研究;价格听证制度问题及法律对策研究。

六、有关经济法的学习方法问题

首先,学习经济法要与学习经济学结合起来,创立经济法新的理论体系,如公共财政理论、产业经济理论。

其次,要注重经济法的创新,包括概念创新、观点创新、方法创新、理论创新。我们必须有创新精神,在概念、观点、方法、理论方面创新。我当时在研究国内法学家的观点的时候,发现一个普遍性的东西,即宏观调控的法律。杨紫烜、李昌麒、漆多俊教授等这些法学大家的研究对象都有宏观调控的问题。我们经济法理论的创新要同经济学结合起来,我们之前研究了宏观经济学,现在正在研究微观经济学的监管,在微观经济学领域中,第一块是市场准入和市场退出的法律问题研究,第二块是对市场主体的监管问题,包括对国内市场的监管、对房地产、金融领域的监管,第三块是市场规制,包括反垄断、反不正当竞争法、产品质量法、消费者保护法等,最后一块是政府的公共服务。当然这个论文也是在不断地发展。

再次,同学们要注重理论联系实际,走出校门,到政府各部门了解情况,了解急需解决的问题。实践的东西我们了解之后,通过理论的结合,我们可以写出很多调研报告和论文。

最后两句话:“不想当将军的兵不是好兵,不想当总统的法律学生不是好学生”。美国历代总统中大多数是法律出身或当过律师。华东政法大学的学生很优秀,学生中藏龙卧虎,出类拔萃。大上海是个大熔炉,几年磨炼,你们中一些人将来一定会大有作为,成为国家依法治国的栋梁之才。同学们努力吧!谢谢!

提问一:您刚才讲的铁本事件,这个事件的结果是工程还是上马了,但是由外资企业上马的,当时政府叫停该项目的理由是该行业产能过剩,但为什么交给外资企业就不过剩了呢?刚才您提到,国务院为了保证政令畅通而叫停这个项目,这就让我们在思考,在宏观调控中,当中央和地方冲突时,我们如何保证市场主体的权利?在本案中,企业家所有的手续都是合法的,地方政府也鼓励他推动,那他的利益应当如何保护?此外,我一直在想,中国改革开放了这么多年,为什么仍旧做不到平等地对待内资和外资呢?

卢炯星:这个问题涉及我们国家一些调控政策的执行和效果问题。当时铁本确实存在产能过剩的问题,如果不及时调控,问题就会出现,从当时的角度看是正确的。同时,它本身也有很多违法地方,地方政府在其中违规操作,按照我国法律规定,100亩以上的土地征用就要报国务院批准,但在该案中几千亩的土地并没有得到国务院的批准,这其中国家法律畅通的问题肯定要执行。当然这里也会有地方的经济效益问题。刚才你提到为何内资不能做、外资可以做?这涉及我国对外资的政策,开始是引进,对外资有一定的优惠条件,实际上享受着超国民待遇,但是有些行业也限制了外资的国民待遇,有些行业是不能投资的。在铁本事件中,国家的考虑角度可能是节约土地。在铁本事件中,当地几千人流离失所,土地已经征用且已经开始建设,无法再用于生产,老百姓的赔偿也不多,造成很多意见。现在国家让它继续上马,也是为了减少地方的损失,毕竟几亿的资金已经投下去了。现在让外资继续上马,也必须符合国家的宏观调控政策,限制一定的范围,不可能按照原来的计划,而是要生产一些国家急需的东西,谢谢。

提问二:卢教授您好,您刚才提到中国很多大型工程都没有经过人大的审议,那我想提问的是,如果我们现在有了宏观调控的立法,国务院或者某些领导的某些行为违法,那么由谁来追究它的责任?

卢炯星:我刚才也提到,我国在宏观调控法律责任的追究方面是相当困难的,但也并不等于不能追究。要用法律的程序去追究。我们可在宏观调控法中规定特别重大的项目要经过人大的批准,另外,法律应完善一旦违背规范的责任追究问题。我国目前集体重大决策的责任是很难追究的,但我相信这个问题到一定阶段也是会有相应的办法的。

提问三:卢教授您好,我们看到当今房产价格不断上涨,虽然国家有很多政策,制定很多法律法规来监管这个行业,但我就有一个疑问,这些法律究竟是维护房产开发商的利益,还是维护普通民众的利益呢?我个人认为民众的利益在这其中保护得很不到位。

卢炯星:房产的宏观调控涉及很多的利益,包括政府的利益、房产商的利益、银行利益以及消费者和中介组织的利益等，在这些利益博弈中，为何房产价格居高不下呢？从经济学角度分析，房产开发中包括几块成本，土地、基建、各种税费、销售费用、房产利润。大家可以分析一下，目前土地制度不改革，肯定会出问题。我们现在土地实行招投标，价高者得，这种情况下土地价格只能越来越高，而土地又涉及地方政府的利益，我们的地方政府很多都是靠卖土地获收，因此，这个问题又涉及我国的财政体制，即分税制改革问题。在分税体系中，土地收益是归地方政府的，地方政府钱不够就会卖土地，财政压力就全部解决了。地方政府的利益在其中，土地的价格怎么会降下来呢？中央调控，地方同意不同意？再说房产开发商，拿地的价格很高，周边的房产价格也会跟随上涨，这也是很大的问题。根源就在于土地这一块，分税制改革不能深入，房产的价格永远都不会下降。现在有很多学者建议，土地招拍挂的制度应该完善，不是价高者得。很多人说 2011 年是房产的拐点，房产会大跌 20%—30%，我个人认为是不太可能的，因为由政府在支撑着。当然我们也必须注意市场规律，房产没有只涨不跌的，一旦破裂，可能下跌就比较惨烈了。大家刚才也看到了我们全国有多少空置房，从目前看，下跌空间不大，因为现在供需关系还是比较紧张的，谢谢！

市场规制法

反垄断法的革命

——一种比较制度分析的方法

主讲人:刘水林　上海财经大学教授、博导
主持人:沈贵明　华东政法大学经济法学院副院长、教授
记录人:吴舒曼　王高英　徐亚沁　朱黎霞(2008级经济法专业研究生)
时　间:2008年10月23日18:30—20:30
地　点:华东政法大学长宁校区交谊楼报告厅

沈贵明:刘老师在我们国家的重点刊物《中国法学》、《法学研究》等重点刊物上都发表了很多论文,有自己独到的见解。感谢刘老师抽空给我们做讲座,请大家欢迎!

刘水林:首先,感谢经济法学研究院给我提供一个跟大家交流的机会。反垄断法的研究,我已经进行一年多了,从去年开始就进入了这个领域,以前我主要从事基本理论的研究。今天我只是把我研究的心得说出来,跟大家作一个交流。

我的题目叫做《反垄断法的革命》,实际上也可以叫做是《反垄断法的挑战》,副标题为"一种比较制度分析的方法"。为什么这样说?因为我国的《反垄断法》刚刚在去年8月通过,今年8月开始实施。由于该法刚刚开始实施,在我

国反垄断法的研究虽然这几年轰轰烈烈,但我认为主要目前停留在一种制度内的研究,或者说是反垄断法内部的研究,即在反垄断法的内部,利用国外所得到的一些结论,来探讨反垄断法未来在我国的适用问题。我的研究得出一个结论:目前的理论研究虽然是必要的,对国家非常重要,但毕竟它只是许多思维方式中的一种方式,即内部的思维方式,而对反垄断法同样也可以从不同的角度,比如从反垄断法的外部来进行思考,即外部的思维方式。外部的思考就不仅仅是反垄断法国际间的比较,或者从反垄断法本身发展的历史就可以理解,而是从反垄断法与别的法律制度的比较,把反垄断法放在整个经济社会发展的领域之内来理解反垄断法的问题。所以,我的这一比较是一种不同制度之间的比较,叫比较制度研究。

为什么不叫比较法?去年华政举行了一个比较法研讨会,我在会上就跟有的老师交流说,反垄断法能不能跟行政法、民法进行比较?这属不属于比较法的研究?他们说这不属于比较法研究。比如,就反垄断法而言,中国的跟日本的、大陆的跟台湾地区的、中国的跟美国的比才叫比较法的研究方法。我的那种比较方法不属于比较法的研究方法。那么这属于什么?我认为属于比较制度分析。为什么呢?有一个制度经济学派把不同的制度进行比较,叫做比较制度分析,所以我借用这个名称。我的研究是反垄断法外部的一种研究,而不是一种内部的研究;我采取的比较是一种不同制度的比较,即通过反垄断法本身的一种分析说明它与主流法律制度的不同,从而得到反垄断法在法理上是一种革命的结论。因此,我讲的是反垄断法的法理问题,而不纯粹是一个反垄断法的问题。

就我的研究而言,反垄断法的革命主要可以从四个方面进行,或者说,反垄断法对主流法律理论提出了四大挑战、四大革命。这四大革命也可以用到经济法上。

一、从"主体"转到"主体间"

这是一个转向,也是一个挑战。在法律的历史上,任何一次法律类型的转化或者说法律的革命,实际上就是保护对象类型的一种转化或者是保护利益的一种转化。反垄断法从保护的对象角度来讲,是从传统的主流的法律对主体的保护转移到对主体中间互动关系的一种保护。所以我用从"主体"到"主体间"说明保护的对象发生了变化。

下面我分析一下转向。反垄断法有一个基本的原则和观念:反垄断法保护的是竞争而不是竞争者。这个观念源于美国的司法实践,现在已经被各国的反垄断法广为接受。然而还是有人不接受这一点,我曾经跟一个研究宪法的教授交流过,我说这一点是反垄断法理论界都承认的。他说这是美国人的一种观念,他不接受。但是从反垄断法的角度来讲,世界各国无论从立法还是从学理解释的角度都承认反垄断法保护的是竞争而不是竞争者,这一点已经被广为接受。引申来看,反垄断法保护的对象发生了转移。传统法律最终的落脚点是对某一个主体的保护,现在我们说的竞争却是两者之间的关系,也就是从对关系两头的人的保护转移到对关系本身的保护。

这种转向,在反垄断法的历史上,并不是一开始就确立的,而是经历了一个漫长的历史过程。现代反垄断法公认源于美国1890年的《谢尔曼法》,其刚产生的时候保护的重点就是消费者和小企业,也就是保护的重点仍然是法律关系的主体,即某一类人的利益的问题。美国的《谢尔曼法》为什么会产生？是由于当时美国的托拉斯组织,尤其是铁路方面的托拉斯组织,统治了美国整个的铁路,其中一个有名的组织叫卡耐基。在金融方面有一本书讲的是美国反垄断法的历史,名字叫《从顾尔德到比尔·盖茨》,你们看了之后就可以了解这一段历史。在当时,托拉斯产生之后,运输上的垄断引起了美国人的愤怒,主要是农民、小经营者。美国在政治方面是民主主义的,反对大的、有力量的(主体)对弱小的(主体)进行剥夺和压榨。在这种观念的支配之下,当时反垄断法主要在于控制大企业对自身力量的滥用,保护小商人、小业主或一般的消费者公平参与的机会,保护他们的利益。比如说1950年通过了一个对《谢尔曼法》的修正案,叫做《赛勒—凯弗博尔法》,其主要是一个控制合并的法律。在这一个法律里面主要的观念仍然是保护竞争者,以促进公平的竞争。到了1962年,美国出现一个案例,叫做“布朗嫌疑案”。在这个案例里,美国法律才确立了反垄断法是保护竞争而不是保护竞争者。从此以后,整个反垄断法的观念就发生了转变。对此,日本的一个反垄断法专家说:“该法已经逐渐脱离了营业保护的市民法色彩。”从历史看,反垄断法起初所运用的都是私法中民法的观念,从1962年以后反垄断法的观念才发生转变,转向了“竞争”。真正意义上的反垄断法要从1962年的转向开始,这也因为与二次大战之后国家干预的观念的结合,与美国的政治观念的转向有很大关系。美国强调个人的自由独立性,是一个自由主义的国家。美国曾有一个民意调查证实,68%的美国人认为个人的生存发展主要取决于自己而不取决于家庭的关系和社会的关系,在德国只有30%左右的人承认这种观念,而另外60%多的人承认个人的成功、个人的生存的状况如何与家庭和社会有很大的关联性。但是即使在这样的状况下,美国法院在1982年作出维护言论自由的结论的时候,依然认为言论自由不仅关系个人的利益也关系整个社会的利益。我们可以看出,从大危机到40年代,再到60年代,随着国家干预的增强,美国人的整体观念也增强了。所以从60年代以后,反垄断法体现了民法的色彩,个人主义的观念慢慢的弱化,而强调整体社会的发展,强调人对社会的依赖的观念却增强了。我认为这种观念就是经济法的一种观念,即国民经济作为一个有机整体如何发展的问题。从民法的角度上讲可能是保护竞争者的问题,而从经济法的角度出发则主要是如何通过竞争来推动整个经济社会发展的问题。因此,经济法保护的是竞争本身而不是保护竞争者。

以上是从主体方面出现的转向,是一种历史发展。对此我们也可以从另外一个角度进行理解,这种转变如果再进一步引申也可以说是反垄断法从对个人的保护转向对整个社会的保护。按照社会学的观点,社会就是人们之间互动形成的一种关系的状态。如果反垄断法是从市场的角度保护竞争这种关系,那么它所保护的就是社会。因此,这种保护的转移就成为从“个人”到“社会”的转向。

社会作为一个实体,跟一般的人或物不一样。传统的人和物大家是能看得见,摸得着的,而这种关系大家看不见,摸不着。但大家可以通过体悟和理解来知道这种关系的客观存在。这种客观存在的社会可以解释为三个方面:

第一,社会如果从存在体的角度看,我认为它是由功能互补的不同个体互动而构成的一个关系网络。这意味着社会是一个有机体,而不是一个机械体。有机体意味着社会是成长的而不是静止不变的。就反垄断法而言,这个社会简单地说就是一个市场体系,它是发展的,不是静态的。因此,学过经济学的人一般认为培育市场(很重要),要把市场从不完善培育到完善,就像一个人进行体育锻炼一样,对其体能进行有机的训练,这本身就包含有机的观念。在市场经济之中,社会主要就是市场。尤其是学经济法的人对于社会这种观念不能进行简单化的理解,否则将出现偏颇。这就是为什么咱们国家经济法历史上产生了纵横统一论,他们就是把关系理解错了,认为关系要么是横向的,即民法思维中的平等主体之间的关系,要么是纵向的行政法的思维,即不平等主体之间的思维。所谓的关系网络是以人为结点形成的纵横交错的一种关系,现在政治学中称之为网络关系、网状关系。这不是一个简单的纵向或横向的关系所能解释的。又比如,学过化学的人知道,分子运动中的布朗运动不规则是纵横交错的关系连接起来的,这和人与人之间在市场中的关系是相似的。

整个社会是一种发展的关系,为什么是发展的?因为社会是互动形成的。人作为社会中的人,是拥有一定观念、一定知识和在市场中拥有一定财富的人,并来参加市场交易。对人而言,在社会中什么是好的,什么是坏的,什么应该做,什么不应该做是历史形成的,是人在社会化过程中形成的。人在生长过程中,自然而然地接收来自家庭、社会的观念,这些观念影响着人的行为。再比如,人通过教育获得了知识,掌握了财富,并拥有了运用他们的能力,在运用中进行互动而构成了社会。由于知识是增长的,观念是变化的,因此社会也在不断发展。所以社会不是静态的,而是发展的。

市场也是这样。刚开始的时候市场交易的观念可能比较简单,但随着经济的发展,交易关系越来越复杂,比如金融的崛起。市场简单划分可以列举几个,如产品市场、金融市场、房地产市场等等,现在是越来越细化,越来越复杂。

第二,从形成的角度看,市场和社会是一个开放的、历史的,而不是一夜间人们假造起来的。所以要理解一个社会及其市场的发展,必须以历史的、发展的、动态的眼光看,而不是以静止的眼光看。

第三,如果从社会受益的角度讲,不光是当前的人从保护社会中得到了好处,而且未来的人也会得到好处。对市场竞争的状态进行保护,就是这样的情况。以美国为例,不可否认他们的生活水平比我们好。在美国历史上,他们的先辈已经搞了几百年的市场经济。他们的科学、技术、文化、法律塑造了社会。在这样的社会下进行投资,进行经济活动所得到的效益就比较高,他们的生活水平也就比较高。为什么中国比非洲国家好?也是因为几十年的改革,在科学、技术、教育方面取得了进步,积淀起了大量知识及财富。所以说这个体系的创立不一定是当下人创造的,它是在历史的积淀上慢慢形成的。受益的也不只是当下的人,也包括未来的人。正是因为这样,现代法、经济法,特别是反垄断法保护的是人们之间的互动体系。同时也包括环境法的可持续发展理念,不仅要考虑当代人而且要考虑未来的人。

以上是我对从"主体"到"主体间"的一种解释,实际上就是从保护个人到保护社会。下面就第一点,我从制度方面作一个补充的解释。

从制度方面,反垄断法从保护个体到保护社会的这种转化,造成了反垄断法的一些特性。这些特性主要有三个方面:

第一个方面,虽然在反垄断法里面,个人作为市场主体也有权利,但是这种权利不是基于人格,不是基于人作为人的本质而拥有的东西,而是基于人作为社会构成的要素,社会的一员所拥有的权利。它主要是为了使人履行社会职能、社会功能而赋予个人的。这就是对个人权利在经济法中、反垄断法中的一种理解。在传统的、主流的法律观念中,人的权利来源于人作为人的本质,所以是本质主义的。比如我们常常讲的人权,西方宪法里强调"人人生而平等",是说人本质上就应该拥有权利。但反垄断法中人的权利来源于人在竞争中,由人所互动构成的社会。要构成一个和谐的社会、形成一个良好的竞争秩序,必须赋予他们一定的权利,这些权利来源于市场功能的发挥,所以他们的权利受到来自竞争的限制。只有促进竞争,促进经济发展,才有这些方面的权利。比如,自由定价方面,按照传统,我的产品卖什么价格是我自由决定的,但在反垄断法里,定价必须放到竞争秩序里面去考虑。如果定价不影响竞争行为，则可以自由定价，但如果影响了竞争，自由定价的权利将被剥夺，自由定价将被视为违法。这就是为什么反垄断法里有关于大的企业滥用市场优势的规定，其中有一种形式就是不正当价格行为，代表性的是掠夺性定价（掠夺性定价是指我自己的产品卖的价格非常低，破坏了公平的竞争秩序，把其他人排挤出市场）。不能让他们拥有这种权利，要限制这方面的权利。这就是我们所称的功能型的权力。这就是我认为的权利的源泉和权利的观念发生的一种变化，这与目前主流的法律权利理论是不一样的。目前主流法律中的权利有四大特点：第一，个人性，即权利只属于个人；第二，本质主义，即人作为人本身就应该有权利；第三，形而上，即人应该拥有权利是不需要证明的，是先验性的，如人人生而平等；第四，权利与权利之间是冲突的，即一个人拥有权利就排除他人拥有权利。

权利是有排他性的问题，但是这是在反垄断法的语境下，这种权利跟传统的主流理论的权利的语境不一样。这是从权利角度说的。从主体间的关系说，如果假定人是自由、独立的，人的关系可以靠自己的意志来决定建立还是不建立。但在竞争法里，人作为市场主体，本身就处在竞争关系之中，你参与不参与竞争，或与他人有无竞争关系，不是由你的自由意志决定，而是社会本身既定的，由市场的结构、市场的状态本身既定的。因此，维护竞争的秩序是每一人的权利，也是每一人的义务，或者说是每一个人的社会责任。所以在社会整体的发展中，每一个人从社会中得到了好处，每一个人也应该对社会负有责任——应当重视责任的问题，而不仅仅强调权利的问题。为什么要讲社会责任呢？从整体经济发展来说，大家处于一种相互依赖的社会，每个人都从这种经济体系里，从持续的竞争里，获得了好处，那么每个人都有维护这个良好竞争秩序的义务或责任。即你生而享受了社会给予的好处，那么你一旦有能力，就必须承担社会责任。从这个方面也能解释人为什么要纳税的问题。实际上，纳税是个人对社会承担责任的表现。这是我所说的第二方面，从法律关系方面讲的。

第三个方面，从市场主体与整体的关系来说，每个人都在市场体系里，每个人也都从这个体系里面获得了好处，因此每个人对维护这个体系承担责任。从这个关系引申出：市场主体间相互负有监督他人的责任和维护社会的责任。当一些人的行为影响了竞争秩序的时候，那么所有的市场主体都有权请求执法机关代表整个社会去惩罚违法行为。这就是反垄断法规定的，所有的市场主体，包括消费者都有权请求反垄断法执法机关处罚或者查处违反反垄断法的行为。这也就是从社会责任引申到每一个人对其他人的一种监督，或者说对社会有一种请求的权利，请求维护社会竞争秩序或市场竞争秩序。

二、从个人利益到整体利益

从个人利益到整体利益,保护的对象发生了转移,从主体到主体间或者说从个人到社会,相应的,保护的利益也从个人利益到整体利益,或者说从主体利益到主体间的利益。在反垄断法上,往往通过"社会整体利益"来表述,这主要是台湾学者用的,大陆学者一般使用"社会公共利益"一词,我从两个方面阐述一下。

对社会整体利益的保护,在反垄断法中,一般从宗旨到具体制度都有体现。首先从宗旨的角度来讲这个问题。各国反垄断法都规定,反垄断法保护的是社会整体利益,这实际上也是一个法律观念的转变,主流法律理论假设人是平等的,社会是个人之和,因此社会利益是个人之和,于是保护好个人利益等于保护了社会的利益。因此,保护的指向是以个人的利益、个人的权利为出发点和归宿点的,法律是以个人为本位的,不论公法也好,私法也好,都是以个人为本位的。当私法上的平等主体之间发生法律关系的时候,任一方不能侵犯他人权利,这主要是防止个人对个人的侵犯;而公法里的行政法,主要防止行政机关对个人的侵犯,所以西方的行政法源于对行政权力的限制,最根本的观念是主权在民、人人平等,即人生而平等,而且人不依赖于他人,也不依赖于社会,因此只要保护单独的个人就行了。但是经济法是一个整体的观念,因此主要是对整体的保护,对整体中所有的人,包括当下的,未来的人都进行保护。因此,从利益的角度来讲,是从对个人利益的保护到对社会利益的保护。我这里的"整体利益"跟民法上讲的"整体利益"、"公共利益"、"社会利益"指的不是一回事。从抽象的角度讲,它有不可分性。所谓的不可分性,是指人人都可以分享,但是人人不可以排他性地享受。比如说,竞争秩序好,人人都从良好的竞争秩序中获得好处,但是不能排除他人也从良好的竞争秩序中获得好处,任何人都能获得好处,现在的人获得好处,未来出生的人也可以获得好处,所以说具有不可排他性。就像经济学中的"公共物品"、政治学中的"公益性的物品",这些都具有不可排他性。不可分性,也就是不能分,如环境法保护环境,一个良好的环境,所有人都获得好处,所有人都不能独享和排除他人。良好的竞争秩序同样是这样,有不可分性,不可排他性,这就是所谓的社会的整体利益,而不是简单的个人利益之和。就像有的人说的,社会利益大于个人利益之和,而不是传统法讲的,个人利益之和就是社会利益。从目前的立法看,世界上有四个国家在反垄断法的第一条,也就是立法宗旨、立法目的里,提出了保护社会公共利益或者保护社会整体利益,一个是咱们国家,还有就是匈牙利、罗马尼亚、印度尼西亚这三个国家。这些国家反垄断法的第一条都公开、明确地宣称反垄断法保护消费者以及社会公共利益。即使在世界上的许多没有这样宣称的国家和地区，不论是立法者也罢，学者也罢，都承认反垄断法保护的是社会公共利益。比如，在我国台湾地区，“公平交易法”的其中一个起草人就认为在台湾的“公平交易法”草案里，保护社会整体利益是立法的出发点和宗旨。日本的许多学者公认：反垄断法保护的是社会整体利益，而不是个人的利益。那么什么是社会整体利益？他们有不同的观点，日本学者认为，竞争自体就是社会整体利益，即竞争状态本身就是社会整体利益。那么为什么是呢？因为按照现代经济学的基本的观念，到目前为止，人类经济机制中竞争机制是最好的一个机制。如果保护了竞争，所有人都可以从竞争中获得好处，因此各国反垄断法都是保护竞争的，所以竞争本身就是公共利益的问题。还有的国家使用保护国民经济的均衡发展的概念。均衡发展意味着什么？意味着国民竞争秩序稳定的一种发展，意味着产业之间要成比例，而且产业结构要不断地更新和优化，意味着整个效率的提高。也有叫做保护消费者利益的，但这是一种什么样的保护？按照我国台湾学者的观点，这是一种间接保护而不是一种直接保护，也就是通过保护竞争来保护，即竞争好了，产品的质量提高了，价格下降了，最后，所有的人都从这个价廉物美的物品中获得了好处，即消费者的利益都得到了保护。也就是说，消费者的利益可以等同于整个国民的福利，即整个国民福利的提高等于整体利益的提高。这是立法宗旨，我就简单介绍这么多。

从制度层面看，反垄断法有三大制度，或者说三大支柱：其一，禁止协议性限制竞争；其二，滥用市场支配力；其三，合并控制。我国还有一个反行政垄断的问题。在这些制度里，公共利益作为评判行为是否违法的准据，在反垄断法的执法中起着关键性的作用，在立法中也有体现。

第一方面的体现，有关合并控制制度。我国叫做“经营者集中”，各国反垄断法都规定，合并能否得到准许，主要要判断这种合并初定的社会利益跟限制竞争带来的危害，如果评估的结果是这种企业的合并或者说经营者集中的初定的利益，即带来的社会利益的增加大于限制竞争给社会带来的危害后果，那么这种合并就能得到批准，否则就不能得到批准，这就是“利益衡量”。利益衡量带来的利益增加一般是从两个方面讲的：第一，从经济方面，比如，规模经济问题，合并后，企业扩大产生规模经济、规模效益的问题。由于规模的扩大，技术提高了，成本降低了，管理费用降低了，那么就是规模经济，这是一种评价；第二，合并后对交易费用的节约；第三，这是另外一个考虑的因素，即合并后是不是对社会能带来好处，增加就业机会，是否能避免企业的破产。有的企业快破产了，把它合并了的话，那么可能就会得到批准。这是对社会带来的好处。对社会带来的弊端是什么？主要是合并后，企业的规模扩大了，市场的支配力就增强，这就可能滥用市场支配力。国家为防止滥用,必须持续地监控,这给国家监控造成了困难。合并后,竞争企业的数目减少,如果竞争不激烈的话,那么企业的前进就失去动力,没有创造、发明和更新产品的动力,那么对社会可能就带来了坏处。合并后是不是会造成社会问题?如合并后是不是会造成失业等,从而对社会的稳定有没有什么不良的影响。各国反垄断法都会对这两个方面进行权衡、考量、比较,只要合并增加的经济利益大于预期合并所带来的弊害,那么这种合并会被批准,否则合并不予批准,我国也有这个规定,这就是合并控制制度。

第二个方面是协议性限制竞争。欧盟《竞争法》第 58 条第 3 项规定了合并能不能得到批准,有一个评判的原则,叫"受益人普及原则"。什么是"受益人普及原则"?即这种协议,或者这种合并的结果能使参加协议的、参加合并的企业成本降低,带来的收益大于限制竞争所带来的坏处,而且收益不能纯粹地归参加协议的企业独享,必须普及到一般的消费者或者其他的、没有参加这种合并、协议的主体,这样这种合并才能得到准许。举例而言,从要参加合并的企业的角度来讲,即合并以后得到的好处大于对整个社会带来的弊害,但如果带来的利益为你独享的话,那么反垄断法执法机关也不会批准的。有影响的案例,就是欧盟委员会对法国的"平面玻璃案"所作出的裁决,这个裁决明确了仅提高社会经济效益是不够的,而且带来的好处要普及到社会上的各个方面和所有的人,这样的协议行为才不违法,或者合并才能得到批准。从制度方面我们可以看到,反垄断法要有具体的实现的制度和具体的措施,而不能使传统法流于一种口号。这是第二个问题,这个问题大家相对容易理解,保护社会整体利益,我就从这几个方面给大家说这些。

三、从条件成熟到目的成熟

这是什么意思呢?传统的法对人的行为的限制,即对人的行为是否违法的评判是以作出行为的条件具备不具备一些要件来判断的,而反垄断法对人行为是否违法的判断是根据法的目的。所以传统法是"条件成熟"的,而反垄断法就是"目的成熟"的。

为什么会产生"条件成熟"、"目的成熟"?这主要取决于人的行为的社会影响。而对人的社会影响的判断,是与行为本身是什么、它作用的环境是什么、它作用的对象是什么有关,另外一个方面,也与人对行为的认识的观念有关。同一种行为,如果人们看待行为的观念不同,可能对行为影响的看法也就不同。正是由于在反垄断法与主流法律理论中,人对社会的看法不同,因此对人的行为的结果的看法也就不同。比如说,主流法对人,我认为是一种定态的看待,或者说是定态的事。这是与它的基本假设有关。比如说,既有的法律理论,我叫既有的理论,也是主流理论,也是大家所接受的理论,它对人的行为的影响,一般作用于人或者作用于物,这行为作用的对象是人或物。因为人跟人从生物学的角度来说,没有多大的差别,那么作为行为作出者的力量也没有多大差别。人跟人是平等的,差距不大,因此作用的对象——人,作为一个生物体或者物,作为一个定态的东西,也不可能在行为作用的一刹那发生变化。这意味着什么?一种行为,由于它作用的场所、作用的对象是定态的,人和人没有多大差别,因此同样的行为影响的社会后果都是一样的,社会可以根据行为的种类来判断或预知行为的社会后果。比如,一棒子拿起来把人打死或者打伤,人们从你的主观心理和行为本身可以判断你的行为后果,因此法律只规定违法、犯罪的具体的构成要件,根据结果就可以对你这个行为违法不违法作出判断。又比如盗窃行为,后果是什么,行为的影响是什么,即使不说,大家都可以预知到。为什么?因为它作用的是一个定态的人,定态的物。因此,靠这种条件就可以规定。现在,有的学科里面,将其叫做“显量分析”。什么是“显量分析”?即仅仅靠行为就可以显示的结果判断行为的影响。

反垄断法,我认为它却是一种“比量分析”。也就是说,要把它的行为置于所有行为互动的一个体系里面,看它在相互作用中所占的比重,再判断它的行为是否违法。跟前面要对应起来,我就把它叫做“目的程式”。如果从分析角度看,可以说是“比量分析”。实际上这就决定了反垄断法是“目的程式”。为什么是“目的程式”?因为反垄断法中的人的行为的作用对象是一个互动形成的一个市场体系,即它作用的是一个变化的、竞争的关系的一个网。一般我们在判断一种行为是否违法的时候,要放到一个市场领域里,而反垄断法有一个专门的用语叫做“相关市场”,放到相关市场里,这个竞争不是你单方面形成的,而是与其他竞争者的互动形成的,你的这种行为对竞争到底产生何种影响,不仅仅取决于行为者本身的行为,也取决于其他竞争者的行为,那么这个市场的结果的形成,是相互的竞争造成的,而不是你单方面造成的,那么对这个市场的影响,在相互的力量进行对比中才能判断。那么这种行为到底应该不应该限制,违法不违法,关键要看这种行为对社会的后果怎么样。因此,反垄断法不能一开始就判断出哪一种行为是违法的,哪一种行为是不违法的,它只能从后果来判断。凡是符合立法目的的行为是合法的,凡是不符合立法目的的行为就是非法的。那么什么又是符合法律目的的行为?在反垄断法中,维护竞争能促进竞争,然而反垄断法维护竞争的目的不是为了维护竞争而维护竞争,其是通过竞争来促进整体利益的实现,或者说实现整体利益最大化的问题。所以,反垄断法判断行为是否违法,最终就看你能否实现社会的目的。所以它的立法相对于传统的主流法来说有一个比较原则，以目的为导向，而不以具体的行为——即合并行为到底违法不违法、降价行为到底违法不违法、提高工资的行为到底违法不违法——作判断。只有把这种提高工资、降价的行为置于作用的相关市场、领域，与作用的行为人的市场力量，与他人的力量进行对比，看这种行为对作用的场域，就是相关市场竞争的影响，再判断这个行为是否违法。通过能否实现、促进整体利益的取向来判断这个行为是否违法。

这就是反垄断法的第三个转向——从传统法的条件成熟转向目的成熟。下面我从具体制度把它分析一下。具体制度也从两大方面来说，第一个方面主要是滥用市场支配地位，第二个方面是并和协议、限制竞争。

首先，是滥用市场支配地位。如何构成滥用？反垄断法的判断分作两步。第一步看这个行为者是否具有市场支配地位。如果这个市场行为者，这个主体，有市场支配地位，那么才可能构成滥用市场支配地位的前提。如果连支配地位、支配力都没有，那么肯定不可能构成滥用。如何判断是否具有市场支配力呢？主要根据企业在相关市场上所占的份额来判断，而相关市场的大小又直接决定了企业力量的大小，或者说它的市场支配力的有无。因此，行为作用的场域和行为者的力量是判断行为者是否有市场支配力的最根本的两个要素。比如，如果把作用的场域、相关市场划得大，那么这个企业所占的市场份额就比较低，那么它统治市场的能力就比较差，它肯定没有市场支配力。如果把相关市场区域划分得比较小一点，那么肯定就有市场支配力，就可能形成滥用，而前一种情况可能就不形成滥用。所以，反垄断法判断一种行为是否有可能造成危害、这种行为是不是违法行为时不仅与行为者行为本身的力量有关，而且与其作用的场域有关，也就是与相关的市场划分的场域有关。如果作用的范围比较大，没有市场支配力，那么它的所有的行为就是合法，因为不可能损害竞争，也不可能对社会的整体利益产生危害。如果具有市场支配地位，而且滥用了，那么就可能对整个市场产生损害，则反垄断法的整体目的就不可能实现，那么反垄断法就要（对这种行为）进行限制。这是在滥用制度里面的一个规定。

其次，在禁止限制性协议制度中，最根本的体现是豁免制度。这是反垄断法一个最大的特点，是别的法律制度中所没有的，也叫做适用除外制度。这种适用除外制度，按照台湾学者所说的，主要是从经济现实的环境以及成长发展的角度考虑，使法律配合经济之运作，而不能让法律自己束缚自己的手脚，这是手段损害目的。从这里我们可以看到，适用除外制度主要是从经济目的的角度来规定的，因此是目的取向的一个典型的代表。反垄断法的适用除外制度有部门的，也有行业的。比如，一般外贸方面以及进出口方面就适用。为什么？因为进出口都是跟国外贸易，为了保护国家的利益，所以适用。再比如，农业一般都适用。

为什么？农业是弱势产业，又关系国计民生，与国家的经济安全关联性很大，因此农业方面是适用的。比如合作社，实际上就是农民之间达成的一个限制竞争协议。如销售合作社，大家统一把价格提高，就是为了防止中间商对农民的一种剥夺，实际上就是鼓励农民为这种协议限制竞争。合作社，我认为就是这一种状态，特别是从销售、购销、采购这个方面说，采购农具或者种子什么的，大家可以统一降价购买，单个人买的话，价格肯定要高，实际上合作社就是一种垄断性的合作组织。这就是豁免制度，从这里就可以看得到。我上面所说到的两个判定的原则，即本身合法原则和合理性原则在这里也是一种体现。合理性，简单地讲，就是经济的合目的性。理性这个概念在哲学上和经济学上有不同的含义。在哲学上，叫做目的和手段的意志性。在经济学上，叫做用最小的投资获得最大的好处。经纪人为什么也叫做理性人，原因就在这。就是说，实际上与哲学概念是相通的——以最有效、最合理的手段实现自己的目的。因此，从经济的角度讲，合理性也叫做合经济性，或者从反垄断法的角度，这个协议对整个社会带来的好处、效益大于它带来的弊端。这里的弊端就是为了获得好处所花费的一个代价。合理的判断最终是以目的为准则的，从这个角度讲，反垄断法就经历了从传统的条件成熟向目的成熟的一个转化。这是第三个方面。

四、从责任归责主导转向直接规制主导

前面讲保护的对象、利益发生转移，对行为评判发生一种转向——从传统的条件到现在的目的，或者从显量分析到现在的比量分析。最后一个转化就是我们这里要讲的，对有害于社会、有害于他人的行为进行限制，要用什么样的规则、制度为佳的问题。在法律发展的过程中，形成了两种限制危害社会行为的规则，一种是责任归责，另一种是直接规制归责。所谓的责任归责就是只有当一种行为发生损害以后，根据损害承担损害赔偿责任，靠这种承担责任来遏制人的损害行为的发生。私法、民法上一般都是这样。那什么是直接规制？所谓的直接规制就是直接用行政或者别的方面的命令限制行为人不能作出这种危害社会的行为。那么，为什么会产生这两种不同的规则形式或者是规制形式呢？这主要是与每种制度适用所需要的外在社会条件有关。主要有以下四个方面的要素，实际上主要是第二、三点，我把这四个都说一下。

第一个方面，是从信息的角度。一般来讲，掌握信息多的一方决定了不同规则的选择，如果私人掌握的有关行为损害的信息多，则一般来说可能选择责任归责。比如，就行为造成的损害只有自己比较清楚，一旦损害发生，行为人就可以通过诉讼，求助于法律的救济，维护自己的利益；另一种可能是规制机关和公共

机关掌握行为损害的信息比较多,私人所掌握的信息就比较少,那么就可能采取直接规制方面的规则,用命令直接限制这种行为。

第二个方面,是从行为人的赔偿能力的角度。一个人行为的损害可能比较小,从他个人所拥有的财产来说,他可以承担赔偿责任,那么行为人作出这个行为时,他要判断这个行为最后要承担多大的责任,如果财产能承担赔偿责任的话,责任归责对行为人的约束就比较大,自己损害了多少就要赔偿多少的话,自己得不到什么好处,这样就激励着他自己约束自己的行为。如果行为人作出的行为损害非常大,自己的财产根本弥补不了损失,那么责任归责对行为人的约束就比较小,反正造成多大损害,我就这么一点钱,你能把我怎么样,他就不约束自己的行为。为什么?因为他没有财产承担自己的责任,损害再大,我就这么点钱,所以靠责任归责对行为的约束不强。因此,一般来说,损害大的,个人的财产不能承担赔偿责任,用责任归责就不合适,一般就用直接规制的规则。

第三个方面,主要是承担赔偿的可能性的问题,也就是概率的问题。要让行为人承担责任该怎么办?行为人承担责任与否关键是看被害人起诉与否,被害人起诉不起诉有三个方面的原因,被害人不起诉的第一个原因是从整个社会来说损害范围非常广,但是每一个人都只受害一点,因此没有一个人愿意起诉。比如,农民购买种子发生致害事件,损害几百亩、几千亩土地,颗粒不收,损害很大。但每一个农民损害几亩田,损害几十块钱,这种赔偿,让哪一农民打官司?这种情况下,行为人就可能逃脱了被起诉,也就是受惩罚的概率就不高了,这是一个情况。第二种情况是损害可能要经过很长一段时间才能显现出来,那么到该起诉的时候,获得胜诉的证据已经消失了。这种情况用直接规制可能要比责任规范好。比如,最近的一个热点问题,三鹿奶粉的问题,不知道损害多少年了,近年才发现,不知道多少人潜在的损害已经发生了,现在连知都不知道,只有那些住院的孩子才知道。如果三鹿奶粉前几年破产的话,这些有病的孩子都没法起诉,该追究责任的都没的追究。如此一来,致害行为人作出损害的行为就难以受到起诉,或者说就不可能遭到惩罚,所以只能采取规制。比如,为什么食品要有监管,世界各国对食品安全都有严格的检测程序,原因就在这里。损害量一旦发生就非常大,许多都是无形的。再比如,环境污染,有的人得病,可能是前十年前二十年得的什么病,污染到底谁造成,难以查出来,人得病可能是综合原因,这使行为人逃脱了责任。第三种情况,受害人受到的损害与行为人作出的行为之间是否有因果关系难以判断,就像我上面所说的,你得病了,到底是不是污染所造成的,到底是不是吃了劣质的食品造成的,难以举证,难以找出直接的因果关系。因此在这种情况下靠责任归责,靠私人救济,一般是难以实现的。危害社会的行为难以遏制,用直接规制就比责任规制要好。

第四个方面主要是行政成本的问题。执法的话，有一个执法成本的问题。责任归责的行政成本比较低，为什么？比如，损害并不是大量的，而只是对少数人，一旦造成，他自己求助于救济，成本比较少。资源可以得到很好的利用，行政费用可以得到很好的利用。但是直接规制则需要监控机关长期的监控、长期的监视，成本比较高。因此，从这个角度讲，直接规制，由于成本太高，是不合理的。因此，有些方面用责任归责就比较好。

接着，我们再分析，反垄断法为什么要采取直接规制为主导，责任归责为辅助。这是一个转向。这个转向如果再深入研究一下，经济法为什么呈现一个特点，即许多经济法的案子并不是以司法诉讼来解决，而是通过行政机关的查处、处理就可以解决。实际上，司法上有时也可能不通过诉讼来解决，如民事上，我们国家有一个先调解后审判的制度。反垄断法、经济法就是这个特点，往往是先行政执法，然后才司法诉讼。为什么会出现这种情况？为什么不采取责任归责，而采取直接规制归责的形式？

第一，从规制机关跟行为主体掌握的关于垄断行为，即限制竞争行为造成的损害的信息角度看，我认为规制机关也就是反垄断法执法机关对某一类行为可能造成的市场影响和危害所掌握的信息要大于私人。比如，规制机关成立的时候叫做反垄断法执法机关，经济、法律的两个部门都是由专家构成的，而且还在长期的执法过程中，掌握了很多的执法经验，或者说对行为分析检验的经验。因此，从这个角度讲，他们对于行为危害性的理解远远高于市场主体。经济法，特别是反垄断法，对行为的判断不像传统法。比如，无论是传统的公法还是私法，某一种行为是否有害直接就看得出来。特别在民事方面，哪一个行为是非道德的，大家一看就知道了，很直观。但是限制竞争行为不是你可以直接观察到的，需要一定的专业知识，在知识分化的时代，专家对行为的判断分析所得的结论肯定比一般的人要准确的多。因此，反垄断法执法机关中这些专家的存在意味着反垄断法执法机关对这些行为的危害性的理解要远远高于市场主体。

第二，反垄断法执法机关是国家成立的一个公共组织，国家授予它一些权力，使它在了解国家的有关机关的信息方面，比如从国家的产业信息部、国家的经贸部等获得关于国际、国内市场竞争状况及各个行业的状况的未来市场发展趋势方面的信息，肯定比私人优越。因此，一种行为在国内外市场，到底产生什么样的影响，反垄断法的执法机关要比个人了解得多。从这个角度看，对行为社会危害性信息的掌握，我认为反垄断法执法机关要比个人更有优势。在这方面，对于哪些行为可能损害社会要进行限制，由反垄断法执法机关直接规定更好，直接规制要比事后惩罚更好。另外，从市场主体的偿还能力角度讲，由于经济法保护的是整体经济，经济行为的做出包括竞争行为作用的是有机的市场主体，在这种状况下，其所有的行为与传统法的行为造成的影响是不一样的，所有的损害都有二重的。就是说，这个行为的做出，一个方面可能直接损害了与它有直接竞争关系的人，比如通过掠夺性定价，把别的企业给竞争垮，但就整体而言，它破坏了整个市场的竞争秩序，使处于市场竞争中的所有人都受到了损害，不仅仅是当下的损害，而是长时期的损害，所以，这种情况下，有机体的行为造成的损害不可估量。因为从受损害的具体的个体说，对象不特定，比如，限制竞争后到底哪些人受到损害不特定，可以说许多人受到了损害，或者说，从一个长远的观点看，所有的消费者都受到了损害，受到损害到底有多大，则不可估量。再大的企业，都不可能承担限制竞争所造成的巨大危害。因此，必须把这种行为在没有发生前就消灭掉，而不能在它发生后再承担责任，从损害的角度讲，所有的企业都没有能力承担对整个体系所造成的一种损害。行为作用的领域是一个动态的领域，它的影响有二重的，有显性的，大家都看得见；有隐性的，大家看不见，看不见的是对整个社会的损害，而整个社会的损害非常巨大，简单讲不可估量，受影响的人是所有的人。因此，靠责任归责基本弥补不了。即使企业有钱赔的话，企业对整个社会的损害也已经造成了。

第三，是从这种行为能不能对私人进行起诉，或者说从受到惩罚的可能性的角度讲。有些限制竞争行为的影响是间接的、不明显的，因此，私人难以起诉。比如有两个竞争关系的企业，一个企业的技术水平比较高，一个企业的技术水平比较差，但资本规模比较大。按照马克思的理论，其资本有机构成比较高，则机器设备比较多，劳动力占的成本比较小，结果它提高工资。由于劳动力市场是一个整体的市场，大企业提高工资，小企业不能不提高工资。小企业一提高工资，小企业的劳动力占总成本就大，那么等于它总体的成本价格上升幅度要比大企业多，这样变相地减弱了小企业的竞争能力，把小企业排除出市场，从而达到了限制竞争的目的。对这种提高工人工资的做法有时难以起诉。这样，大企业的限制竞争行为有时就难以受到反垄断法的制裁。第二个方面，有些限制竞争行为的损害，只有多年以后，才能显露出来。比如，企业的合并，或者协议限制企业竞争行为，到底有多大的损害，即使国家进行考量、估量，认为带来的益处可能大于损害，但是几十年以后，市场变化，当时的合并可能已经造成的损害就很难判断，而且，这种损害隐藏很长时间才能暴露出来。现在有一本书，是由产业经济学家翻译过来的美国的《反托拉斯革命》，它每一个案件都是关于 90 年代几个大的合并案件，书中有一个评论说，这个案子一九九几年判决后到底对市场的影响如何，还得拭目以待。因此，影响有时很长时间才能显露出来，受到损害的人要起诉它可能已经是过了很多年以后，当时他们的协议、违法行为的证据已经全部灭失，要起诉已经不可能。第三个方面，公司破产也许是由于竞争者采取了竞争行为导致的,也许是本身经营不善导致的,你总不能说是由于它在市场中采取了限制竞争行为而导致的。从这个角度讲,反垄断法采取的是规制的方式,主要规定什么行为不能做,规定了很多不能做的事。第四个方面行政成本问题,行政成本比较高,但是反垄断法现在正在想办法克服这种行政成本高的情况。比如,本身违法原则就是为了克服行政成本高的问题。有的行为一旦作出,由于大家都公认这种行为可能造成社会损害,因此不需要进行调查,本身违法一处理就行。比如,合并制度规定了需要申报的一个市场份额,达到这个份额就要申报,还规定了豁免制度,这就在一定程度上减少了行政成本。反垄断法与主流法的归责方式有不同,在不同的法律中责任占主导还是规制占主导是不同的,而反垄断法中是规制占主导,这与前面讲的行为的社会影响、行为的后果、判断的标准等都有关系。

提问一:刚刚刘老师在反垄断法革命的第四点上讲到了直接规制的救济方式,我是不是可以把它理解成反垄断法中的救济主要是发生了一个从司法救济到行政救济的方式的转变。我们知道,经济法学界对于因果关系难以判断,侵犯的受害者的不特定性,包括信息的不对称性,在司法机制中提出一个救济机制,也就是公益诉讼。公益诉讼如果和您讲的直接的规制可以相比的话,那么它的优劣怎么评价?

刘水林:救济制度之间是主导和互助的关系,经济法上可以用到责任救济,也可以用到公益诉讼,还可以用到直接规制,而直接规制占主导,公益诉讼作补充。任何一个救济制度都有不完善性。不光是救济制度,任何制度都有不完善性。所以,不能期待一种制度解决所有的问题。在整个法律体系中,也不是某个部门法能解决所有的法律问题。所有的部门法,所有的救济制度都重要,只不过有的部门法或救济制度更重要。我说的意思并不是要否定公益诉讼或责任者两种救济,而是说反垄断法体现的占比重大的或者说权重大的救济是直接规制的救济。另外,规范反垄断法也要有法律责任,未来发展可能也会有公益诉讼,只不过直接规制比较多,这不存在冲突。

提问二:我们现在保护国有企业,保护国有经济的发展,和反垄断是不是相矛盾?

刘水林:你问的是一个产业政策和反垄断法、竞争政策的关系的问题。从反垄断立法说,把国有企业从里面切出来,似乎是有一定的保护作用。实际上,产业政策和竞争政策有时是有一定的冲突,但它们的目标是一致的。也就是说,一个国家的产业政策和竞争政策最终的判断,要从这个国家一定时期内整体的发展角度出发。如果认为产业政策重要的话,竞争政策就要给它让步,竞争的目的不是为了竞争,而是为了保证一种有效的经济运作机制。举个例子,德国和日本在二战后制定了反垄断法,这里有一个政策的问题,在日本要解决财阀问题,在德国要消除其军国主义,但日本和德国都认为经济垄断不是经济发展的危机,卡特尔是有一定作用的。因此在德国,中小企业合并等反垄断法并没有发挥多大作用。直到上世纪80年代,日本以及德国的反垄断法并不发挥大的作用。反垄断法真正得到承认是在80年代后期。20世纪四五十年代前,只有美国等三个国家有反垄断法,世界大战后也只有十几个国家。现在,90多个国家有反垄断法,都是1985年以后的,都是在西方的市场经济观念被世界接受以后才开始反垄断的。我国出现反垄断执法难的问题,可能跟WTO的要求有一定关系,但我认为,反垄断在我国的执行并不会导致经济增长的下降。这是一个缓慢的过程,主流观念认为产业政策好的话,这个领域反垄断就坏了。

沈贵明:我提一个和现实生活有关的问题。大家知道,三鹿事件出现后,发生了这样一些现象。政府出面为其买单,政府为什么要埋单呢?我想,一个是要扶植市场,还有一个就是要一定程度保护奶农,不然后果会很严重,保护奶农,企业才能生产奶。作为我们消费者,就会认为我们对生产企业那么信任,它们却还在坑我们!并不是所有的企业都用三聚氰胺,但我们现在好像没有看到没有三聚氰胺的企业发展壮大,而用了三聚氰胺的企业还在做大量的广告。我感到很纳闷,百思不得其解。今天这个机会太好了,请刘教授从竞争法的角度评价评价这个事件发生后产生的现象及我国处理这件事的方式。

刘水林:这不是一个纯竞争性的东西。一个市场要竞争的话,从经济学的角度讲,要有新企业的进入,但进入受多方面的影响。

第一个是实体方面要得到许可,如行政法规定要搞一个食品企业要经过什么手续才可。第二,要进入一个行业的话有一个技术障碍。第三,我认为是一个资本壁垒。再有一个,可能就是与国家对奶的检测机制有关。比如,国外奶粉出来时可能含钙量必须达到一个标准,国外有检测设备,而我国没有,但仍然要求奶粉出来后含钙量必须达到标准,奶粉厂就开始思考,达不到不能生产怎么办?那就作假。国家检测的标准是什么不确定。当然这只是我的一个猜想,我不确定。从国家的政策角度考虑,如果真如同媒体上说的,不是三鹿奶粉厂的事,那它投资了这么多,现有的生产能力在这,把它全部毁掉重新投资,这不太可能,因为行业有一个进入的成本。现在就是说,拿国家的钱和设备,如果奶粉厂检测不出加了化学物质的话,这个责任就不在奶粉厂,而在那个牛奶收购站。所以,这么大的投资不可能一夜之间产生。出现这种事后,人们如果对奶粉厂产生不信任,那企业进入这个市场后,万一奶粉销不出去就亏本。这不是国家要限制,而是行业本身就有限制。现在行业是一种寡头垄断,国家对它的规制只能是比如规定它的标准是不是适合我国的市场等。另一个方面,如果有企业有条件有资本觉得有利可图可以进入的话,国家不能限制它的进入。这是一个慢慢形成竞争的过程,政府不可能直接把一个垄断性的市场变成一个竞争性市场。像我国的汽车行业,就是一个垄断的行业,国家只能尽量地要它有一定的竞争,不让一个两个企业垄断该行业。国家不能任意地把它恢复到人为的理想状态,而市场的理想状态,我认为是动态的,谁也把握不准。从这个角度来评价三鹿事件,我认为特别是食品行业,国家监管必须严格,这是关系国计民生的事情,食品问题有的还是隐性的,可能多少年后产生了不可估量的疾病,影响很大。从这个角度讲国家要承担责任,政府本身在这方面失职了。但最后呢,其实还是整个社会承担责任了。政府的钱从哪儿来?纳税人的钱,等于社会给个人承担了责任。

提问三:一个企业在销售产品的时候跟经销商有一个协议,但这个企业本身是不具有市场垄断地位的,但这个协议规定了最低价格最高价格,一定要在某个区域内销售。像这样一个协议是否可以按照反不正当竞争法进行规制?

刘水林:纵向价格协议算不算违反反垄断法?现在反垄断法有一个相对支配地位,针对一个区域,有一定的垄断地位,叫相对优势地位。运用这个地位,限定销售价格,是不正当竞争。这不是整体的,而是相对的优势地位,是相对于这个地区的经销商来说的。这种纵向价格协议也是一种限制竞争的行为。这里有一个判断,并不是所有的纵向协议都是违法的,比如我要保证售后服务好,那我的成本可能就比较高,价格限制可能是为了保证我的服务质量。如果能说明的话,就是一种合理;不能说明,那这个纵向限制,可能就是一种不合理,如果造成什么影响或损害,就可以请求赔偿。

沈贵明:今天刘教授给我们讲的是一种基础性、原理性的东西,能听到这样的讲座,确实非常好。我自己听了后,觉得非常有启发。今天我们的标题尽管是竞争法的革命,但实际上是讲了一种法学思维、法学理念的创新。我们要感受一种原理性的东西,也要体会这样一种思维方式,这是我们的收获。让我们再次感谢刘教授,谢谢大家!

《反垄断法》最新发展及问题

主讲人:黄勇　对外经济贸易大学法学院教授、博导
主持人:顾功耘　华东政法大学副校长、教授、博导
记录人:方志桢　叶晓欣(2009级经济法专业研究生)
时　间:2009年10月29日18:30—20:30
地　点:华东政法大学长宁校区韬奋楼121室

顾功耘:同学们,今天我们邀请到了对外经济贸易大学的黄勇教授,他报告的主题是"《反垄断法》最新发展及问题"。黄教授对反垄断法有较为深入的研究,他一直关注着我国《反垄断法》的制定和实施中的一系列理论和实践问题,他的报告一定会给大家带来很大的收获。下面我们请黄教授开始今天的报告。

黄勇:大家晚上好,非常荣幸华东政法大学以及顾校长能给我这个交流的机会。我对反垄断法的研究从2005年甚至更早就已经开始了,我是属于默默耕耘的类型,一般不太出头露面,这是我第一次正式地给学生作这方面的报告,所以我非常高兴。今天我想跟大家交流的是《反垄断法》最新发展及问题,谈几个相关的问题。

一、《反垄断法》背景介绍

我们国家从1994年开始酝酿一直到2007年7月30日最终出台《反垄断法》,历时13年之久。我想强调一点,《反垄断法》的起草从多个部门转移到国务院,之后到全国人大法工委,最终通过三审出台,其中的经历是很曲折的。经常有人包括媒体记者问我,为什么我国《反垄断法》的制定经历了这么长的时间,我说如果横向比较,美国等发达国家,他们在建立了市场经济之后多少年才制定出来反垄断法?它们发展到现在尽管也经历了一百多年,实际上甚至可以

追溯到西方建立自由的市场经济体制时起算,西方在三权分立的体制下经历了几十年甚至上百年的发展才有了反垄断法。我们与西方国家制度上的接轨是市场化,在我们原有的计划经济和半计划经济的体制下是没有出台《反垄断法》的制度基础的。那么,我们的经济制度基础就是1993年的《宪法修正案》,可见,是在市场经济这样一个平台之上,我们才有了《反垄断法》。因为在计划经济下,自身的制度就是一种垄断,所以根本谈不上反垄断,反垄断就等于反自身。有些人说我国《反垄断法》的制定过程很困难,其实一点也不困难,我们只经历了13年的时间,这也说明我国市场化的进程很快。

二、《反垄断法》最新进展

(一)《反垄断法》的执法机构

由于时间原因,我们暂且不谈对《反垄断法》整体的评价,先谈一个最新的问题——机构。《反垄断法》的实施有两层机构,一个是国务院反垄断委员会,另一个是由三家机构组成的,即发改委系统、商务部系统、工商局系统。

虽然我国在政治领域没有实施且反对三权分立,但是在反垄断领域实现了三权分立。上述机构各自的职能我想大家应该都十分清楚了,在这里我想强调《反垄断法》关于国务院反垄断委员会职责范围的规定,是"研究"、"拟定"、"组织"、"调查"、"协调"等,以及"发布反垄断指南"而不是"制定反垄断指南"。从上述规定看,国务院最终把反垄断委员会定位为议事协调机构,这是该机构真正的性质。反垄断委员会的级别很高,主任是副总理王岐山同志兼任的,四个副主任都是正部级的,一个国务院的主管副秘书长,另外三个是三家执法机构的一把手。再有就是委员,都是相关机构的副部级干部。这些相关机构包括了行业监管机构,银监会、证监会、保监会、工信部等。由此我们必须强调的是,反垄断委员会是一个议事协调机构。

关于三家执法机构如何协调的问题,我常说,这三家执法机构是"斜着切下来"的。《反垄断法》一共有三部分实体内容,即垄断协议、滥用市场支配地位和经营者集中。商务部的权限就是管理经营者集中,但是发改委跟工商局不是按照垄断协议和滥用市场支配地位进行分工管理的,而是按照在垄断协议和滥用市场支配地位当中是否牵涉价格问题来分工的。只要是有关价格的行为都是由发改委进行执法,而非价格垄断行为,包括协议和滥用,则由工商局系统进行执法。那么大家可能会提出一个问题,什么是价格垄断行为?我曾经给发改委作过一个关于什么叫做价格垄断行为的报告。我研究了两个星期,结果告诉他们我无法给出这个定义。因为很多垄断行为,包括搭售等都直接或间接关系到价格。价格是市场最敏感的因素,因此我最终的界定是,《反垄断法》中包含价格的条款都由发改委管,我想只能这样去界定。这样界定其实是依据他们以往执法的权力和权限,使得权力有延续性并且有法律依据,这些法律依据包括《反不正当竞争法》等。《反不正当竞争法》规制的不正当竞争行为一直是由工商局系统来负责管理的,而法条中规定的 11 种不正当竞争行为大部分是和《反垄断法》竞合的,所以由工商局继续管理不正当竞争行为;发改委根据《价格法》第 14 条一直在管价格,所以由发改委管价格没问题。商务部一直是外资并购的主管单位之一,因此由它继续管理经营者集中。这是权力分配的背景和原因。尽管许多专家一直坚持希望有一个统一的、独立的、相对专业的执行机构,但是在我国现有的体制下是相当难实现的,我们只能按照这种体制去做。

(二)《反垄断法》立法最新发展

让我们来看看反垄断委员会出台的两个新的规定。一个是《反垄断法》实施当天通过的《国务院关于经营者集中申报标准的规定》,经营者集中实行的是事先的强制申报。既然是事先的强制申报,那么就必须给一个明确的标准,这个标准就规定在《国务院关于经营者集中申报标准的规定》之中。第二个就是今年五月出台,由商务部主导的,由国务院反垄断委员会颁布的《国务院反垄断委员会关于相关市场界定的指南》。商务部已经出台了《金融业经营者集中申报营业额计算办法》,还有许多规定正在制定过程之中。《金融业经营者集中申报营业额计算办法》的制定经历了一个讨论的过程,金融业监管者包括人民银行,还有银监会、证监会、保监会。我们专家希望对于金融业的经营者集中提出一个统一的标准,但是在计算营业额时,对于特殊的行业也应当有特殊的计算方法。这个规定在网站上已经可以查询到了。

昨天开会的时候一直有同志告诉我,希望我能够多讲一些经营者集中方面的内容,而且他们尤其关注的是与公司法、证券法相关的经营者集中。的确如此,公司法、证券法领域的经营者集中是一块非常重要的增值业务,我记得六七年前我跟我的学生讲竞争法反垄断法问题的时候,很多学生会怀疑这方面的知识将来能不能应用到实务当中,因为当时我国法律中还没有这个概念。我当时告诉他们,只要我们国家朝着市场经济的方向不断发展,七八年之后竞争法、反垄断法必然是实务界里面最赚钱的项目。比如美国,每年的竞争法、反垄断法年会基本上都是在华盛顿召开,因为审批机构都在华盛顿,而且通常牵涉反垄断法律问题的都是知名的大公司。所以我就告诉我的学生要好好学,如今我的学生当中就有很多人成为竞争法领域的专业律师,而且他们的收入非常可观。

并购业务只要规模足够大，就会涉及反垄断法，而且不仅仅是并购，还有合营企业审查等问题。并购如果涉及控制的问题，只要超过了反垄断法控制的标准，就成为审查的对象。这里的"控制"比你们学的公司法、证券法股权资产的"控制"范围更加广泛，包括人事的控制、技术的控制、委托经营的控制等。当经营者集中没有达到申报标准的时候，国家对此也已经出台规定，那就是：没有达到申报标准，但是又涉嫌排除、限制竞争的并购，商务部也依然有权对其进行审查。现在我也正在研究相关的课题，一方面要求事先强制申报，但对于涉嫌排除、限制竞争的并购，商务部又保留了启动审查程序的权力。这就带来了一个问题，因为涉嫌排除、限制竞争的行为有可能是正在谈判过程当中，有的是刚刚签约，有可能已经开始经营了，有的甚至经营一年多了。这是极少数的情形，但是对于这样一个兜底性质的条款，一定要深入研究。

鉴于与发改委之间的分工，工商局现在只出台了两个程序性的文件，即《工商行政管理机关制止滥用行政权力排除、限制竞争行为程序规定》和《工商行政管理机关查处垄断协议、滥用市场支配地位案件程序规定》。我们现在主要研究的是滥用市场支配地位的非价格问题，还有就是卡特尔的问题，即垄断协议的问题，现在草案已经公布在网上了。

发改委主要制定了两个草案，并且已经公布出来，即《反价格垄断规定》和《反价格垄断行政执法程序规定》。同时，最高人民法院也出台了《关于审理垄断民事纠纷案件适用法律若干问题的规定》的初稿，为了制定这一规定，最高法院从美国请了专家对最高法院的法官进行培训，我也参与了这个草案的制定出台。这个规定将有助于反垄断诉讼的开展。我们注意到最近发生的一些引起广泛关注的案件，一个是上海的书生电子与盛大网络，另外一个是北京的一位律师以滥用市场支配地位把中国移动告上法庭。虽然这些案件引起了广泛的关注，但在我看来，这些诉讼都还相当的不成熟、不专业。我们应当加强对诉讼的关注，诉讼活动有其特殊性，诉讼对于当事人来说是主动的，法院受理当事人的起诉后就必须立案，这与当事人到行政机关举报不同，行政机关可以立案，对于立案的案件可以调查很长时间，如微软、英特尔的案件调查都经历五年以上。我相信司法救济在我国公权力救济不足的情况下可能会出现且不断增加。

（三）《反垄断法》实施以来的主要案例

接下来我们看看《反垄断法》实施以来的著名案例。并购方面，可口可乐并购汇源是我国第一个不予批准的经营者集中案件，引起了广泛的热议，其中有不同的声音和观点。最近两个比较著名的经营者集中案件是英博啤酒以及三菱丽阳与璐彩特案件。世界两大啤酒商之间的并购影响到了我国国内的啤酒市场，因为他们在我国主要的三大啤酒生产企业中都持有股份，所以我国对其进行了限制。协议类的案件，目前为止没有看到发改委或者工商局系统主动对这些案件进行调查、立案。法院已经立案的案件，比如成都保险协会案，协会对最低打折率作出规定，这应当属于协会主导下的价格卡特尔。还有一个虽然没有立案但是引起热议的案件，那就是中航信打折票价系统争议案，中航信是一家香港的公司，但是它的主要股东实际上都是内地的几大国有航空公司，该公司设计的打折系统明确规定最低的打折不低于3折，这个问题很大。关于滥用的案件，现在全国各大媒体都在热炒的就是律师状告中国移动的案件。据报道，在这个案件中，最终中国移动给了原告1000元作为所谓的"奖励"，以庭外和解方式解决，由此可以看出，中国移动在刻意地以避开法律的方式解决这个案件。现在关注的焦点是，是否所有消费者都要跟进，进行群体诉讼，我认为没有可能，因为这个案件从法律上来讲并没有结果，法院用特别智慧的方法也就是庭外和解来化解当事人的纠纷，并且以律师主动撤诉的方式结束了诉讼，所以这个案件在法律上没有任何借鉴意义。

我们的政府以及法院正在加强同国际间的交流合作，包括邀请外国专家进行培训。只有一年多的时间，这么复杂的一个制度要赶上其他国家一百年的经验是不可能的。因此，我们在不断的加强这种国际间的培训和交流，包括对地方的培训，我们曾经去过贵州、云南等西南省份进行培训。此外，还有对各个部门的培训。另外，国务院反垄断委员会有一项职责是研究我国市场的竞争状态，我们也参与起草了这个市场竞争状态的报告，我个人认为这类似于白皮书。这个报告可能比较虚，但是我相信各国都会去研究这个报告，因为它反映了我国市场现存的竞争状态和官方的观点及发展。

以上所述的《反垄断法》最新发展情况，尤其是这些案例，可以折射出一些问题。首先，大家看经营者集中，基本上是按照程序进行，只要达到标准都要申报并审查，而且按审查期限，第一个阶段30天，第二个阶段90天，再一个阶段60天，一共是180天。其次，发改委、工商局目前没有对任何一起垄断协议或者滥用市场支配地位的案件主动立案审查。在诉讼案件中存在的问题是举证困难，通常原、被告的力量差距悬殊，但是《反垄断法》并没有颠覆"谁主张，谁举证"的原则，原告必须要提供关于被告违反《反垄断法》、滥用市场支配地位的证据，因此原告就必须要计算相关市场，然而相关市场的数据却是很难获得的。往往有些律师把公司对外宣传的市场份额作为相关市场的界定依据，这是错误的，它们根本不是一个概念。当年苏泊尔的并购案件中有六家企业以苏泊尔网站及对外宣传的市场份额46%为依据，认为苏泊尔具有市场支配地位。但实际调查的结果完全不一样，因为相关市场的界定不一样，存在相当多的替代品。反垄断诉讼中的原告处境是很困难的,即使在美国,平均一件集团诉讼案件也需要七年的时间结案,需要耗费很大的精力、人力、物力和财力。在这样的情况下,只有律师最高兴,同时中介机构也很挣钱,比如相关市场用 SSNIP 的计算,这个计算需要大量数据,而这些数据必须通过调查取得,每个环节都要收取很高的费用,有时候甚至比律师费还要高。

在我看来现在很多反垄断诉讼都相当的不成熟,包括百度的案件——一家小公司去起诉百度。我看过他们的资料,很不全面而且非常不专业,我相信百度有足够的钱去聘请专业的律师和中介机构,所以相比之下原告这个小公司的力量是相当薄弱的。其实我们特别希望能有一些力量旗鼓相当的对手在我国"打起来",比如说英特尔跟 AMT,在美国他们已经在打了但是没有什么进展,却在欧洲找到了突破口,因为欧洲的竞争理念跟美国是对立的。最近,我看到消息说美国的几家大企业联合几十个众议员给总统写信要求美国政府去和欧盟政府谈判。微软在欧盟被罚了十几个亿,尽管有怨言但好像也没有伤筋动骨。后来我看资料才知道,它在欧洲赚的钱太多了,在我国赚得太少了,原因我想大家都知道了。他们的维权成本很高,最近几个案件都是追着我国公司打,一打一个准,因为它有很多记录,有些大公司从来没买过微软的软件,但都用着它的软件,这百分之百是盗版的,所以政府也得支持微软。接下来我们还会谈到知识产权的问题。

这一年多出现的这么多案例起码唤起了人们对反垄断的重视,以及政府对它的重视,我所知道的第一个反垄断案件就是告政府的。

三、制度和政策方面的问题

下面我想讲一下制度和政策方面的问题,这一点非常重要,尤其对我们研究生来说,这是我们学习法律的关键。

(一) 政策协调问题

很多人说我国的反垄断法生不逢时,好不容易十三年才出台,经过一年的准备期,终于开始实施了,没想到实施一个多月就遇到了金融危机。说到金融危机,可能大家关注的都是怎么去拉动内需、怎么从结构上进行调整等,但实际上很多问题都关涉制度和政策的选择和决策。为什么这么说?从我刚刚讲的这么多案例可以看出,老百姓关注的一个是国内垄断企业,如铁路价格上涨,另一个就是关于公权力的权力制约问题。行政法是对公权力的制约,但这是不够的。行政权力若涉及经济领域,而且在我们向成熟市场经济迈进的过程中它继续过分地干涉经济，就会形成大家所关注的行政垄断。这里所讲的行政垄断，实际上还是一种经济性质的行政垄断，与媒体等其他垄断是不一样的。我们一直在向市场经济发展，从 1994 年一步步走到今天，而且在这过程中我们还加入了 WTO，这是非常不容易的。人们问为什么需要反垄断法，一方面是市场经济的需要，市场经济需要反垄断法维护竞争秩序，这是内需；另一方面就是外压，经济发展必须要与西方融合，我们需要引进外来的制度。

金融危机对我国的影响不仅仅是经济这一表象。从可口可乐并购汇源的案例看，可乐公司并购一个在境外登记注册的、在香港上市的汇源公司，对我国有哪些影响呢？抛开技术问题，大家看一下今年三四月份的争论，就会发现民族性、国家安全、国有企业都在这个案件中有所体现，所以这个案例最有意义的就是，它在法律中第一次提到了竞争政策。这是市场经济发展的一个里程碑，这并不是从技术角度而言，而是因为其在经济国策指导中首次提到了竞争政策。在西方国家，官方主导的经济政策就是财政、金融、货币、贸易和竞争政策这五大支柱政策，其经济理论和官方政策中并没有谈到产业政策。然而，在我国等转型中的发展中国家，有财政、金融、货币、贸易以及产业政策却没有竞争政策，或者说很少涉及竞争政策。日本当年也是这样，它是亚洲最早的拥有竞争法的国家，但直到 1987 年甚至是 1997 年才开始重视竞争政策。现在我国有了竞争政策，正处在一个建立阶段，该怎样完善呢？西方说竞争政策高于产业政策、贸易政策等，但我们并不这样认为。如果真是这样的话就不会有特保轮胎案和其他贸易保护了，贸易保护在国内表现为产业政策，体现为通过政府行政手段对某一产业进行保护。在我国这个问题就更复杂了，我个人主张实行有中国特色的竞争政策，要循序渐进地进行，因为如果只考虑竞争政策而不考虑其他制度就会产生错误，比如我们不能不考虑到社保问题，农民社会保障问题等。所以实行竞争必须要有支撑竞争政策的公共服务制度及其他配套制度，当然在这里最重要的一点是思想理念问题，我们在观念上要真正地从“计划”向“市场”转变。我国的很多立法完全是一种造法，我们的环保法是世界最先进的，但环境保护问题却很严重，这说明与法律相配套的制度以及理念才是最重要的。

这里我列举了产业、贸易、外资、国家安全、民族经济、国有企业等问题，我在文章中也经常谈到，如果赋予反垄断法如此沉重的负担，反垄断法就不是反垄断法了，它解决不了所有的问题，比如对于产业政策它只能去协调；对于国家安全问题，更应该依靠建立单独的国家安全制度来解决。此外还有利益集团的问题，我们的政府不愿谈到利益集团，但实际上是存在的，当利益集团受到竞争冲击的时候，可能国家安全、国有企业、社会主义意识形态等问题就产生了。再加上我们的执法机构不独立，它只是一个部委下属的正局级单位。我们在努力往专业方向走,但如果执法机构不独立,这些问题是不好解决的。比如苏泊尔案件,有记者问这和国家安全的关系,但我认为这和国家安全无关,最多是一个民族品牌的问题。所以实际上它和反垄断没有关系,反垄断是一个技术活,它背后有经济因素、政治因素的存在,但其更多的是从市场的竞争效率出发,不排除与其他行业的协调。

另外,由于金融危机的出现,又一次出现了国进民退的现象,政府救市和市场机制究竟是什么关系呢?政府认为其在拉动经济的发展,可外资和民营企业这两个指标却下降了。数据能够说明问题,说明市场机制没有完全发挥,这就相当于人生病输血时,这种血却没有带动自身的机制进行自身的造血。我们要思考政府的角色定位,反垄断法需要的是一个公平竞争的环境和理念,而不是要政府代替企业进行经营决策。这个时候保护竞争而非竞争者的理念在弱化,但我相信这只是阶段性的。只要社会主义市场经济的方向不变,我们应该坚持市场经济的核心即竞争,这也是我国经济发展的方向。我们要提升国家竞争力,最关键的是要让企业依靠其自身的动力和欲望进行竞争,进行创新,通过自身的竞争提升实力,国家的竞争实力自然也会得到加强。这里我们讲到了金融危机给我们反垄断法带来的一些负面影响,同时也是一种反思。

(二)具体协调问题

1. 反垄断法与其他法律的协调问题

我们可以看到很多法律在修改中,主动和反垄断法进行协调,比如《反不正当竞争法》已经提交到国务院的草案中,对于两法的竞合部分进行了分工。当然还有其他需要解决的地方,比如《专利法》第48条修改后所提到的强制许可问题,其中有一款就需要和反垄断法进行衔接。这些竞合和冲突的问题希望能够得到解决,让我们拭目以待。

2. 三家执法机构的协调问题

我给大家举一个例子。刚刚谈到合营企业,在欧盟,合营企业分为两类,一类是全功能型的合营企业,我们有关经营者集中的申报的草案中就借鉴了欧盟的规定,两家具有竞争关系的企业成立了独立性的机构,商务部需要进行审查;还有一种是非功能型的企业,即松散型的,比如研发和销售的联盟,通过签订合营合同进行合营,这可能涉及竞争者之间的协议,如果某一家企业拥有市场支配地位,又可能牵涉滥用市场支配地位问题。所以一个合营企业可能涉及三家执法机构。再比如两拓的案例,日本、韩国、欧盟都在关注它们之间的合营企业,目前仅仅是一个协议,还没有成立独立的法人,那么用经营者集中有可能是规制不了的,可以用卡特尔协议、滥用市场支配地位来处理这种案件吗?这其中肯定是有理论依据的，但在实践操作中要进行探索。这是三家执法机构多头管理的问题，涉及成本问题、判断标准等。

3. 执法机构与行业机构的协调问题

最后一个协调就是执法机构和行业监管机构的协调，关于这个问题，我们看的文章很多，我就不多讲了。

（三）民事诉讼制度的建立与完善

这个问题更加复杂，比如管辖权的问题，反垄断的级别管辖应不应是中院管辖？还有诉讼资格的问题，谁可以成为原告？消费者能不能成为直接原告？在我国没有集团诉讼制度，能不能采用共同诉讼？我个人认为这里最难的是获得损害赔偿，特别是在集团诉讼这种大的诉讼中，计算损失是非常难的，当然这一点在我们国家的适用还有很远的路要走。此外举证的过程和举证规则也需要进一步予以完善。

四、实践操作中的焦点问题

（一）垄断协议中的执法问题

1. 协同行为

关于"协同行为"的概念也是经营者非常关心的。工商总局在《关于禁止垄断协议的有关规定》中指出，认定"协同行为"要考虑两个因素，一个是经营者行为的一致性，另一个是行为相同或相近且不具有合理理由。这个表述的方向是正确的。当年美国曾对协同行为适用"本身违法原则"，后来改掉了。其中最大的问题是证据，如果没有证据肯定不能认定违法行为，最起码要有间接证据，而且要分析行为的目的、获得的好处以及市场价格的经济学分析等。所以，要证明协同行为是非常复杂的。目前，大家在争论究竟要怎么去表述这个问题，其实这个问题用一两句话说不清楚，在美国有判例制度可以作为参考，欧盟有大量的指令和指南，而我国在执法初期要用简洁的语言进行表述是很难做到的。

2. 横向协议

在横向垄断协议里有一个问题需要注意，工商局将串通投标明确列举出来了，因此需要和《招投标法》、《反不正当竞争法》进行协调。

3. 纵向协议

垄断协议中最大的问题就是《反垄断法》第 14 条，发改委的草案中在讲到产供销之间的限制竞争问题时依然把第 14 条原封不动地拷贝过去了。我们所有人都希望能确定在这个问题上的价值取向。竞争者之间的这种固定价格、划分地域、限制产量的行为在各国都是核心卡特尔,但在纵向的关系中,我们禁止生产商限制总经销商转售给分销商时的固定价格,即向第三人转售商品的价格,同时还禁止限定向第三人转售商品的最低价格。我们看欧盟目前的规定,特别是在汽车市场,这种行为都被认为是核心卡特尔,没有对其适用本身违法原则但都用核心卡特尔来进行表述,说明这种行为完全是不被允许的。美国在 2007 年开始对纵向协议全面采用合理分析原则。那么我国究竟应采用什么理念?合理分析原则还是本身违法原则?我个人观点认为,我国应采用合理分析原则。因为在我国的市场状态中,限定价格的合同非常多,不仅仅是跨国公司、国有企业,还有其他企业。之所以要采用合理分析原则,因为我们需要考察它对市场的控制能力,如果是一个充分竞争的市场,企业只能限制自己的价格。比如在照相机行业,品牌众多,一个品牌可以限制自己的转售价格,它可以在充分竞争的基础之上,为了保护品牌声誉,保证售后服务质量,要求零售商将重心放在服务和销售上等,而不要单纯地拼价格。所以我国应该按照合理原则来设计纵向垄断协议的处置方案。

4. 豁免的问题

关于豁免的问题,我在这里只谈一点,就是《反垄断法》第 16 条第 6 项的出口卡特尔。出口卡特尔又叫做对外贸易与对外经济合作中的正当利益,在《反垄断法》的表述中,其第 6 项是没有任何限制的。因为我们知道第 16 条最后一款"属于前款第 1 项至第 5 项情形,不适用本法第 13 条、第 14 条规定的,经营者还应当证明所达成的协议不会严重限制相关市场的竞争,并且能够使消费者分享由此产生的利益",也就是说仅仅有不景气卡特尔、环境保护等现象之外,还要证明不会严重限制竞争以及能够让消费者分享利益,而出口卡特尔则不在限制范围之内。所以这一条,我个人认为负面影响比较大。把它翻译过来,换句话说,即如果是因为对外贸易而产生的卡特尔,这个卡特尔就可以不受约束,无需证明是否对竞争有影响,也不需证明对消费者是有利还是不利。其他国家也有对外贸易卡特尔,若对其进行仔细考察,会发现其他国家对对外贸易卡特尔也都有严格的审批程序和条件要求,而我们国家却没有。这导致两个后果:第一,给了企业一个错误的信号,国家可以为了对外贸易的利益、出口创汇牺牲一切。但是,在我国获得豁免并不当然意味着美国对此项卡特尔也予以豁免,也不意味着其他国家对此项卡特尔的豁免,依然存在遭受诉讼的风险。现在在美国,我们就有四个这样的诉讼案例。对企业来说,诉讼费用是一个天文数字,但是相对于几十个亿的赔偿,一两千万的诉讼费用还是不算什么的。第二个危害就是企业的创新和竞争力是在于卡特尔吗?是在于政府的扶持吗?如果这样,企业的竞争力会变得越来越差。竞争可以有各种各样的方式,一个省内有十几家甚至二十几家企业同时出口同一种原料,这样的方式肯定是不经济的,为什么不采用并购?应采用经济型的并购,而不是政府拉郎式的并购。所以,这两点都是要特别警告企业,不要因为有了国家的支持而不管其他一切的问题。

5. 行业协会

另外,再稍微谈一下行业协会的问题,主要是操作性的问题,大家在提供咨询的时候可以注意一下。其实行业协会在我们反垄断法中是一个枝节问题,但是非常有幸,它在《反垄断法》57 条条文中占了三条,包括总则中的一条,卡特尔协议中的一条,以及法律责任中的一条,当然这也与当年的方便面事件有关。这其中还存在一个操作性问题,我给大家举一个例子。有一次,我给一个大型的行业协会讲课,会后有一个女老板追着我要问几个问题。我问她为什么刚才会上的时候没有当场提问。她回答说因为她们公司是这个行业在欧洲的第一大、第二大公司,公司对她们进行员工教育以及对她们中国区员工进行培训时,强调凡是参与行业协会的,第一,要考虑是不是要参与,第二,非要参与时,你一定要注意几个规则,其中一个规则就是少说话,一定要说话的时候、信息传递涉及敏感的价格、产量等信息的时候,一定要非常警觉,并且在开始讨论的时候,一定要站起来对大家说"No","我不同意",最好让大家都看到我是坚决反对这样做的,然后拂袖而去。我现在看到,不仅这一家公司,其他的一些公司也在这样做。我们可以看到在参加行业协会时应该做什么,但我们的行业协会说什么呢?有好几个行业协会都来问我:"教授,照您这样说,那我们行业协会不交流价格信息,又能交流什么呢?"当然,也不能完全怪他们,因为原来没有这些规定。但是现在坚决不可以这样做,如果在美国这样做,那么就要被捕,要坐牢。此外,对于交流信息要说明一点,交流过去的信息基本没有问题,现在的信息要注意,未来的信息一定不能交流,因为可能涉及间接的串谋,有常识的人都能推算出来。

6. 宽大制度

下面再看一下宽大政策的设置,按照时间的顺序,第一位举报者全免,第二位主动报告者,减轻 50% 的处罚,第三位主动报告者,减轻 30% 的处罚。但是存在一个限制,首恶即组织者是不给予赦免的。欧盟 2006 年的宽大政策中有详细的指令,而我们只有两条规定,这肯定是不够的。比如什么叫做"第一个",我是第一个来的,但是我什么都没有说,或者说了一点,我没有配合,这是不是第一个?美国有一个 Mark 制度,根据举报者的表现,最后通过一套程序来综合判断。我遇到过一个公司,在亚洲的某个国家涉嫌卡特尔,几个大公司在招投标过程中串谋让标。结果,最后听到风声时已经开始被调查,于是这个公司就派他的律师,天没有亮就去排队,想要抢着第一个按铃自首。当初我们在引进自首制度时，有人提出是否合适，美国自从有了自首制度后，案件急剧上升。但我心里明白，在美国有用，在欧洲有用，但在我们国家没用。为什么呢？中国人连死都不怕，还会怕这个吗？再说，我们还没有刑事责任，只有罚款。中国到目前为止，没有查处一起卡特尔的案件，但事实上据我了解，存在很多卡特尔。这都是因为金融危机所引发的，企业之间串通的理由是防止恶性竞争，共同对敌，应对金融危机，保证消费者利益。有些省的旅游局在答记者问时，谈到在赴台旅游如何保证消费者的利益时，就说政府给它限价，不得超过8000元。但凭什么限价？另外，还有中航信的案件，沈阳房地产协会集体承诺不降价等。所以，我们看到最普遍的理由是为了拉动内需，防止过度竞争、恶性竞争。

（二）滥用市场支配地位的适用问题

滥用市场支配地位的问题，由于时间问题不多说。这类案件不好做，比如在欧盟，关于知识产权滥用的问题，只有一个微软的案件，美国的案例稍微多一些。这里有一个特点就是，在滥用市场支配地位中加入了一个基础设施条款，这个在原来的草案中就有，但后来人大审批的时候被拿了下来。外国人反对这个条款，国有企业也反对，实际上这条是我们借鉴德国的做法，但是德国也承认这个条款适用的效果不佳，案件很少。当然这跟德国的国有企业比较少有关，但在我们国家，电信以及铁路等都是垄断经营的，恰恰这个条文就是针对这些问题的。

相关市场是一个很重要的问题。在相关市场的界定中更重要的可能是要用什么方法去界定。现在我们有功能界定方法以及SSNIP方法。外国总是指责我国不用经济学的方法，但我觉得这是一个相对的问题，我们不可能指望能在一年中学会经济学的界定方法，因为我国缺乏熟悉这一领域的经济学家，而且像商务部的竞争处一共才两个人，力量有限，所以我们不可能在一年之内就像美国那么专业。但是有一个问题我要提出来，既然你们国外在相关市场的界定上非常专业，那么当你们作为申报方或者作为原告时，你们有非常专业的团队，你们的申报材料很专业，那么我们的审查官在审查的时候其实也是在提升自己的专业水平，其实这是一个相互促进相互推动的过程。所以，不要说我们只用功能界定和SSNIP方法，我们也有能力去研究其他的方法，只是在刚开始实践的时候不是那么专业。其实这块领域的培育，一方面要靠政府，另一方面就要靠市场的专业人士，一些大的公司都会聘请专业人士。我当仲裁员时就特别喜欢裁决大型律所的案件，他们文书的装订以及内容都非常的专业，仲裁的过程简直就是一种享受。

（三）与知识产权有关的反垄断问题

下面来介绍一下与知识产权有关的反垄断问题。我想现在主要的问题就是工商局主导起草的《知识产权领域反垄断执法指南》，已经出了四稿。这里最主要的问题就是跟其他国家制度的接轨问题，这也是其他国家最关心的问题，因为这涉及他们的政策调整。过去其他国家经常用知识产权的问题来针对我们，甚至影响我们的知识产权立法与修订，现在对于反垄断法中的知识产权问题，情形依然如此。

五、反垄断法发展展望

最后，总结一下，我个人对我国反垄断法的发展既有忧虑又有信心。忧虑主要在于我们肯定需要经历一个阶段，需要调整我们的理念，以及落实我们执政党在很多经济文件中所提到的措施。反垄断法在国家市场化的进程中会慢慢地起作用。现在有很多人都在提，反垄断法是我们国家的经济宪法，但我从来没有这么提过，上次《人民日报》请我写文章一定要让我提这个说法，于是我就将之称为"被西方国家誉为经济宪法的反垄断法"。我国还有很长的路，因为在我国反垄断法充其量只是个部门法。它依赖于制度的建设，竞争文化的培育，经济总量的发展以及这个制度本身机构的建设和专业人士的培养。机构的建设，比如，应有相对独立的、统一的、权威的执法机构，这种机构中的内阁成员应独立于总理的内阁成员，任期应不同步。什么时候能建成这种机构？我们还有很长的一段路要走。我国的市场竞争，社会主义市场经济的发展，其核心在于竞争，同时竞争的配套设施要完善，这种竞争能带来创新，最终能带来消费者整体利益的提高。这就是我们反垄断法未来发展的方向。谢谢大家！

提问一：我有一个问题想要请教您，是关于行政行为的问题。行政机关作出的行政决定属于行政行为，一经作出就具有拘束力，如果不经法定程序是不能随意变更的。那么现在已经经过行政机关批准的并购，为什么商务部可以在事后审查其是否限制、排除竞争？

黄勇：事后审查是指商务部在事前并没有进行过审查或者作出批准决定，你讲的这种情况发生在比如工商局对一项股份转让协议进行了审查并作出同意批准决定，但事后商务部对已经完成的并购觉得存在限制排除竞争，于是进行事后审查，所以不是推翻它自己已经作出的行政行为。但是像这种没有达到反垄断法申报标准的经营者集中却在某一特殊领域非常集中，我始终没有找到实际的例子。不过有商务部的同志跟我举过例子，说比如是生产大头针的企业，现在就我一家企业或者就三家企业生产大头针，其中有两家发生并购，那你想，即使能够生产50个亿的大头针也不可能达到100个亿的营业额，然后这时候商务部就应该进行事后审查了。但是我却认为这个例子不切实际，生产大头针是一个进入很容易的市场领域，不可能会出现只有一家或只有三家的情况。当然，刚刚这个同学提到的行政法的问题，的确是我们现在在研究和讨论的。现在国务院依照《反垄断法》制定了这个事后审查的规定，因为《反垄断法》赋予了国务院有制定申报标准的权力，所以它有制定这个规定的权力。但是后面的问题出来了，如果我不听你的，不按照你的规定去做，罚则是什么？如果没有达到这个标准，商务部依据什么去启动这个调查？依照举报还是依照媒体或是依照一方当事人对合并的不满？作为一个执法机构肯定是高高在上，不会主动出击的，行政资源有限，没有达到标准的并购太多了，怎么去发现？怎么去启动？另一方面，商务部是否有权力进入涉嫌的企业进行调查，这可能涉及对私权利的干预，因为有可能涉及企业的商业秘密，并且对未达到申报标准的企业来说，怎样的并购才算是产生排除限制竞争的经营者集中？排除限制竞争这个说法是比较模糊的，对于大量正常的并购来说，缺乏可预见性。这个问题大家可以好好作一番研究。

提问二：我比较关注外资并购的问题，所以想请教您，在反垄断法下的外资并购应该注意哪几块的内容？

黄勇：反垄断审查的标准应该是一视同仁的，但由于金融危机、国有企业、国家安全等因素的影响，我们至今只有一起国有企业之间的并购刚刚通过反垄断的审查，之前连申报都没有，所以给外资一个很不好的信号，认为中国反垄断法就是打外资的。各国的反垄断法都是一样的，关注的都是自己国内的竞争秩序与竞争效果，所以它的标准也应该是一样的。如果是外资非反垄断的审查，那就是一个外资政策，包括行业准入和其他限制性的条件以及产业政策的问题，比如像钢产业，外资占股只能是49%以下。现在有一个问题，如果一个欧洲的公司去并购新加坡的公司，而这个新加坡公司是中国的企业在新加坡上市的，这样需不需要反垄断法的审批？这同时是不是规避了49%的限制？仅从反垄断法大的原则上看，就应该一视同仁。最后，我们还需要注意到我国传统“和”的精神与反垄断法的关系问题，我个人更加主张法治下的和谐精神，此外反垄断法与我们许多的传统、文化等都会有冲突的地方，但是这条路既然已经定下来了，我们还是希望能继续走下去。谢谢！

中国反垄断法经营者集中控制及其新发展

主讲人：王晓晔　中国社会科学院研究生院教授、博导

主持人：陈岱松　华东政法大学经济法学院副院长、副教授

记录人：夏青　常明(2009级经济法专业研究生)

时　间：2009年10月30日18:30—20:30

地　点：华东政法大学长宁校区交谊楼第三会议室

陈岱松：同学们晚上好，今天我们非常有幸地请到了中国社科院法学研究所的王晓晔教授来做讲座。王晓晔教授1982年获得哲学学士学位，1984年获得中国人民大学法学硕士学位，1993年获得德国汉堡大学的法学博士学位，现在是中国社科院法学研究所的研究员，并且是中国法学会经济法研究会副会长，商务部新一轮多边贸易谈判多哈回合中贸易与竞争政策谈判的专家咨询组组长。王老师有很多学术兼职，是反垄断法领域的资深专家。让我们以热烈的掌声欢迎王老师为我们作精彩的演讲！

王晓晔：感谢陈岱松教授的介绍。我来华政已经很多次了，我对华政比较亲切，好像有一种回家的感觉。华政的经济法研究力量是比较强的，成果也很多。这次顾功耘老师让我讲一下反垄断法的经营者集中问题。经营者集中、禁止滥用市场支配地位、垄断协议，我们一般把它们称为反垄断法的三大支柱，而在中国还有一个重要方面就是禁止行政垄断。经营者集中确实是一个非常重要的问题，我的博士论文写的就是德国法和美国法经营者集中控制的比较研究。经营者集中这个问题很重要，大家可以看一下我国反垄断执法一年以来的成果，我们看到的案件主要集中在经营者集中的方面。大家现在就可以准备一些关于经营者集中的问题，等一下我会和大家一起讨论。

我主要讲经营者集中，从经济学角度分析为什么要控制经营者集中，经营者集中对经济有什么好处，它对市场还有竞争有什么不利的影响。因为它存在不

利影响，所以我们才要通过法律的手段来约束经营者集中这方面的活动，不能让经营者集中规模太大。当一个企业并购的规模太大，肯定会影响市场竞争。接着我们将讨论一下反垄断法关于经营者集中的规定，谈一下执法机关实践中碰到的一些案件和问题。

一、企业并购的原因及并购对经济和竞争的影响

首先简单谈一下企业为什么要并购，大家看媒体报道经营者集中这方面的消息特别多，也出现了很多案件，比如，1998 年美国波音公司和麦道公司的并购，被欧共体竞争执法机关即欧共体委员会提出了挑战，对其进行了审查。还有 2001 年美国通用公司和德尔福公司的合并，这两个企业都在飞机发动机市场上有重要的地位，这个并购遭到了欧共体委员会的反对，最后被禁止了。关于国内的案件，今年 3 月 18 日商务部禁止可口可乐并购汇源的案件。我们看到的很多案件，都是反垄断执法机关对它进行了控制或者禁止。经济生活中经营者集中是一个司空见惯的问题，这样的问题太多了。为什么企业之间要发生并购，其实是一个比较简单的问题，经营者集中或者企业并购主要是因为经济方面的原因，主要是因为市场机制在发挥作用。比如两个企业是竞争对手，发生了并购，是横向并购，那么横向并购的后果是什么？如果是扩大了生产经营规模，有利于企业实现规模经济，这样的并购是有好处的。可是大家再想一下，有些并购是不同生产阶段的企业的并购。今年 9 月 28 日，商务部附条件批准了美国通用汽车公司并购美国德尔福公司。德尔福是一个汽车零配件企业，通用汽车公司是一个汽车生产企业，那么这两个企业的并购，很显然是一个纵向、不同生产阶段的并购。德尔福公司生产的汽车零配件，可以作为通用汽车公司汽车生产的半成品。这样的并购是有好处的，德尔福公司生产的产品得到了一个稳定的销售渠道，通用汽车公司通过并购也可以得到稳定的半成品来源，那么这样的并购有利于实现优势互补。其实企业之间发生并购，往往存在一定的经济学原因，换句话说，是为了扩大自己的规模经济，扩大市场份额，实现优势互补。所以绝大部分并购，对市场经济都是有好处的。

在我国，经营者集中这个口号是 1986 年提出来的。我 1988 年到德国，当时国内就有这种推动经营者集中的趋势。当时国家经贸委提出要推动企业集团，我就写了控制经营者集中的这样一篇论文。我们国内的经营者集中，主要还是市场机制在发生作用，同时还有政府的产业政策。我国国内产业政策在推动某些行业的经营者集中方面发挥了很大的作用，如民航行业，2002 年民航 9 大航空企业发生了合并，最后还剩东航、南航、国航。央企数目从 2003 年的 196 家减

少到了现在的149家,而且根据国资委的计划,2010年央企的数目将减少到80到100家。目前而言,数目能不能减少到那种程度还是个问题,但是国资委有个计划就是减少央企的数目。减少国企数目不是说减少国有经济的总量,而是在国有企业总量不变的情况下减少国有企业的数目,那么减少央企数目的方式当然是国企之间进行并购。

谈到经营者集中,因为是市场机制在发生作用,总体上应该给它一个积极的评价,因为这有利于企业实现规模经济,有利于企业之间实现优势互补。但不要忘记,如果一个行业企业并购规模太大,比如我们的航空公司,国航、南航、东航都并购为一家,那么我从北京到上海,在航空公司只有一家的情况下,我肯定买不到打折的机票。如果并购的规模太大,肯定会影响竞争,出于这个考虑,各国的反垄断法都将经营者集中的控制列为一个非常重要的方面。

二、经营者集中控制的基本问题

我国关于经营者集中的立法,最早的是外经贸部2003年发布的《外资并购境内企业的暂行规定》。2006年,外经贸部改为商务部,商务部出台了外资并购境内企业的规定,其中很重要的一章就是反垄断审查。经营者集中的控制、对企业并购的反垄断审查首先发生在外资并购境内企业这个方面,说明我们的立法者或者决策者对于外资并购可能影响国家安全有一种担忧,所以我国对经营者集中的控制首先反映到了外资并购境内企业的法律规定上。2007年,我国通过了《反垄断法》,其中第四章是关于经营者集中控制比较全面的规定。我们规定了集中的方式、集中的申报、审查程序、实质性审查、集中的豁免、附条件的豁免、救济、违法经营者集中的法律责任。《反垄断法》第31条还对国家安全作了规定。

(一)经营者集中的方式

关于经营者集中的方式,大家都学过公司法,公司法中规定的经营者集中主要是公司合并,主要有两种形式,一种是新设合并,A加B等于C;还有一种是吸收合并,A加B等于A,A企业把B企业吃掉了。公司法上所称经营者集中、并购只有两种,这两种方式使企业的组织结构发生了变化。公司法关注的是企业组织结构的变化,比如说公司董事会的结构、方式的变化,企业的组织结构发生变化。但反垄断法关注的不是企业的组织结构,而是市场竞争结构的变化,反垄断法上经营者集中的概念,主要是指一种控制权。不管企业发生了怎样的变化,如果一个企业能对另一个企业发生支配性的影响,我们就说这两个企业之间发生了并购。反垄断法上经营者集中的概念比公司法上的经营者集中或者企业并购要宽泛得多,要考虑很多方面。只要一个企业能够对另一个企业发生支配性的影响,对它的经营活动有决定权,我们就说这两个企业发生了并购。尽管从法律上来说,这两个企业可能还是独立的企业。因为反垄断法考虑的是控制权,所以反垄断法上的经营者集中除了我们谈到的合并,还有比如一个企业通过取得股份或者取得另外一个企业的资产,能对另外一个企业发生支配权的情况。如果一个企业取得了另外一个企业50%的股份,当然可以对其发生支配性的影响。或者一个企业取得了另一个企业绝大部分的资产,这种情况下,一个企业就可以对另外一个企业发生支配性的影响。还有一种方式,就是通过合同的方式,比如委托经营、租赁,一个企业对另外一个企业的生产经营活动能施加支配性的影响。那么在反垄断法上,我们就可以说这两个企业发生了并购。

除了这些方面,在立法的过程中,我曾经向国务院法制办提出应该把建立合营企业作为经营者集中的一种方式,但是当时国务院法制办没有接受这个建议。其实这个建议非常重要,比如,我们现在讨论的澳大利亚的力拓和必和必拓,这两个公司要组建一个合营企业,如果这个合营企业的建立能够影响市场竞争,这种合营企业的建立就应当被作为经营者集中的一种方式。我相信现在商务部正在考虑这方面的立法,经营者集中在什么样的情况下可以进行申报,什么情况下可以认定为经营者集中。建立合营企业可以看成是经营者集中的方式。当然这里面的问题很复杂,比如两个母公司建立了一个独立的子公司,这个子公司和母公司之间的经营活动完全是脱离的,若子公司的建立会影响市场竞争,则可以把这样的合营企业的建立看成是经营者集中。但是如果两个母公司建立了一个共同销售的子公司,子公司的建立主要是为了给两个母公司销售产品。那么这种情况下,子公司的建立可能会协调两个母公司的价格、生产数量或者销售地域,这个合营企业的建立事实上可以被看成是一个卡特尔。其实卡特尔就是竞争对手之间的一种协议,有很多表现方式,有的时候合营企业的建立也可以看成是一种卡特尔。

(二)经营者集中的申报

要从法律上控制经营者集中,当然就需要达到一定标准的经营者集中向相关的反垄断执法机关进行申报。我国《反垄断法》在这个方面没有具体的规定,但是在《反垄断法》生效后,国务院在2008年8月3日发布了《关于经营者集中申报的规定》。根据这个规定,企业并购需要向反垄断执法机关进行申报,有两个固定标准,第一个标准是参与并购的企业在全球的市场销售额达到100亿人民币,而且参与集中的经营者中至少有两个经营者或者至少有两个企业在中国市场的销售额达到4亿人民币。第二个标准是参与并购的企业在中国市场的销售额达到了20亿人民币，而且参与并购的企业中至少有两家企业在中国市场的销售额达到4亿人民币。除了这两个标准，还规定了有些经营者集中虽然没有达到上述两个标准，但是反垄断执法机关认为这个经营者集中可能会严重影响市场竞争，可能也会要求参与并购的企业向反垄断执法机关申报。这是一个非常灵活的标准。这里面有一个理论问题，为什么经营者集中的申报要依据市场的销售额呢？在计划经济体制下，我们考虑企业是大企业、中型企业还是小企业，往往是考虑企业的职工人数或者固定资产的多少。现在我们国家从计划经济走向了市场经济，考虑一个企业的规模，不再考虑企业的职工人数，而是市场销售额。因为市场销售额反映的是企业和市场之间的关系，销售额越大，市场份额越强，那么市场地位越高。有的时候企业的职工人数是富余的，应该推到市场上去，并不能反映企业的竞争力。另外，有时企业的资产能反映企业的竞争力，有时也可能是不能充分地反映企业与市场的关系，不能充分地反映企业的市场竞争力。所以我国的反垄断法吸收了《欧共体竞争法》、德国《竞争法》的规定，以市场的销售额来作为申报的标准。因为市场的销售额能够反映企业和市场的关系，能够反映企业的市场竞争力。

要控制经营者的集中，需要参与并购的企业向反垄断法执法机关申报。一般来说，两个企业并购成为一个新的企业，参与并购的企业都有义务进行申报。如果一个企业把另外一个企业“吃掉”了，一般来说并购的企业进行申报，被并购的企业不需要进行申报。如果需要申报，那要求参与并购的企业在什么样的时间内进行申报呢？我国的反垄断法在这个方面完全没有规定。为什么没有这方面的规定呢？道理也是很简单的，一般来说，两个企业之间要发生并购或者订立并购的协议，从订立协议到反垄断执法机关批准这个时间段，对企业来说，肯定是希望越短越好。因为并购会导致企业的组织结构，如企业的管理层、税收方面的制度、财务制度都发生变化，所以《反垄断法》不规定这方面的时间。对企业来说，如果定了这方面的协议或有这方面的意向性协议，一般都会很快向反垄断执法机关申报。过去有这方面的规定，现在没有这方面时间的要求，是因为企业本身会主动积极及时地进行申报。除了申报，在实践中，参与并购的企业往往都会在申报前和反垄断执法机关进行磋商，探听反垄断执法机关对经营者集中的看法。有些经营者在和反垄断执法机关磋商的过程中，反垄断执法机关可能会直接告诉他这个并购不需要申报，可能说这个问题比较严重，使参与并购的企业主动放弃了经营者集中的计划。所以反垄断执法有些成果是看不见的，比如，经营者集中事前的磋商。如果反垄断执法机关担忧经营者集中可能会影响市场竞争，当事人可能就放弃了这样的合并计划，所以事前的磋商也是非常重要的。

关于经营者集中的申报内容，可以看下《反垄断法》的规定，比如，要求填写申报书、要求当事人说明经营者集中对市场竞争的影响、集中的协议、上一年度的财务报告，还有其他的文件或者是资料。在这里比较重要的是经营者集中对市场竞争的影响，反垄断执法机关要求当事人报告是在什么样的市场上开展经营活动，在这个市场上还有哪些经营者在开展竞争，即这个集中对市场竞争存在怎样的影响。报告中这方面的内容对反垄断执法机关了解经营者集中之于市场竞争的影响很重要，但这些内容绝不是反垄断执法机关作出判决的完全依据。因为经营者的申报有时是不完整的，有时可能存在一些虚假的信息，反垄断执法机关会考虑他们的问题，但是不可能完全依据他们的申报内容作出决定。关于经营者集中申报的问题也是蛮多的，像可口可乐并购汇源案，2008 年 9 月份就已经提出了申报，但商务部的立案是在 2008 年的 11 月。也就是说，从当事人提出申报的第一天到反垄断执法机关最后立案的那一天，此期间其实经历两个多月。反垄断执法机关对当事人申报的内容可能不满意，其实这方面的问题也非常多，反垄断执法机关到底需要什么样的材料，我觉得对不同的申报有不同的要求。对一些明显不存在限制竞争问题的申报，反垄断执法机关可能要求的内容就比较少。如果反垄断执法机关认为合并的问题比较多，情况非常复杂，极有可能会限制竞争，要求的内容可能比较多一点。一般来说，第一步申报，反垄断执法机关不必要求得面面俱到。如果要求的太多，对申报人是很大的负担。申报的内容既不能要求当事人提供的太详细，太详细对企业来说可能是一个很大的负担；也不能太简单，因为过分简单的内容对反垄断执法机关的审查是不利的。如何要求申报恰当的内容，也有很多问题需要思考，现在商务部也在进行这方面的立法活动。

刚才谈到经营者集中需要进行申报，但是《反垄断法》还规定了免除申报的情形。第一种情形，如果参与集中的一个经营者拥有其他每个经营者 50% 以上有表决权的股份或者资产，这句话比较拗口，简单来说，一个母公司拥有子公司 50% 以上的资产，大家觉得这个并购是否需要申报？当然不需要申报。为什么不需要申报呢？反垄断法上的经营者或者企业是指市场上竞争的实体。以企业集团或者康采恩为例，母公司对子公司往往具有一个控制权，作为康采恩的企业，在法律上是相互独立的，在经济上却不是相互独立的，即母公司能够控制子公司。这种情况下，母公司并购子公司不需要申报，因为他们本来就是一个企业集团，子公司没有经营自主权，经营自主权在母公司手中。同样，两个子公司之间如果发生了并购，本来两者在康采恩的情况下就没有独立的经营管理的权利，两者之间的并购不会影响市场竞争，不需要申报。反垄断法上讲的企业指的是市场竞争中的主体，这个主体也可能是一个集团，当然这个集团里母公司应该对子公司有经营管理权。如果在一个集团中，大家都有独立经营管理的权利，那么这就不是反垄断法意义上的康采恩或企业集团。

（三）经营者集中的审查

对经营者集中进行审查需要一定的时间，反垄断法中规定了两个审查期限，一个是30天的审查期，一个是90天的审查期，我们称第一个审查期为初步审查阶段，将第二个审查期称为进一步审查阶段。法律还规定，第二个审查阶段中，如果案件比较复杂，当事人申报的材料不完善，则在当事人同意的情况下，反垄断执法机构可以将进一步审查阶段最长延长60天。这里有一个重要的问题，就是这里的30天或90天，是working-days工作日呢，还是自然天或自然日？对此，我国的反垄断法没有作出规定。但是商务部作出的关于禁止可口可乐并购汇源的公告里面，提到的是几日到几日，使用的是自然日，与欧盟的working-days不同。很多国家的反垄断法都是working-days，即周六周日和节假日不计算在内。但是在我国，法律没有明确规定，我国反垄断执法机构采用的则是自然日。

对经营者集中需要进行实质性审查，《反垄断法》第27条规定了反垄断执法机关进行实质性审查应当考虑的因素。首先是市场份额，这个比较容易理解，两个企业并购后市场份额发生很大变化，就会对竞争产生不利的影响。比如，商务部9月29日在关于美国辉瑞并购惠氏一案中提到，在种猪疫苗市场上，美国辉瑞占到市场份额的38%，惠氏占到11.4%，若两个企业并购后，市场份额会增加到49.4%。很显然，此处考虑的就是两个制药企业并购后市场份额会发生何种变化。在商务部关于该经营者集中的公告中，美国辉瑞和惠氏并购后市场份额达到49.4%，而第三家疫苗的制造商仅为15%或18%，则该并购对市场竞争的影响比较大。所以，市场份额对于考虑经营者集中对市场竞争的影响，其意义非常大，是商务部所考虑的一个重要因素。

除了市场份额，还有一个比较重要的方面就是市场集中度。其实，市场集中度里面也有很多经济学的分析。过去我们考虑市场竞争度，主要是考虑最大四家或八家的市场份额，比如在美国的反托拉斯法中，如果四家最大企业的市场份额达到了75%，一般会说市场的集中度比较高。当然，现在世界上的很多国家已不适用这个标准，现在多采用赫芬达尔—赫尔希曼指数（HHI）。我的《企业并购中的反垄断问题》一书中对赫芬达尔—赫尔希曼指数（HHI）讲得比较清楚，如果大家有兴趣研究这方面的问题，可以看看这本书中关于赫芬达尔—赫尔希曼指数（HHI）的描述。另外，我们还要考虑市场进入的问题，以及考虑对技术进步的影响。如果这个经营者集中对市场进入的影响过大，肯定对市场竞争有影响。经营者集中的规模比较大的话，其他企业想要进入这个市场竞争的机会就会大大减少。另外,我们还要考虑对消费者和其他有关经营者的影响,即经营者集中后,消费者还有没有选择的权利。还要考虑对其他企业的影响,如商务部在可口可乐并购汇源一案中提到,该并购会对果汁饮料市场上中小企业的发展产生不利影响。这是否是保护中小企业呢?不是,其实该决定考虑的是,并购后该市场上中小企业是否能够生存,竞争是否会继续存在的问题。还有就是对国民经济发展的影响。那么,何为对国民经济发展产生不利影响呢?这个规定非常灵活,目前尚无相关案例。

上述因素大致可以分为三类:一是集中在市场份额和集中度方面的横向效果,二是集中在上下游市场上产生的纵向效果,如美国的通用汽车和德尔福公司的并购就是同一行业上下游的并购,三是集中获得的竞争优势产生的综合效果。

根据《反垄断法》第28条,如果该经营者集中具有或可能具有排除、限制竞争效果,就应当被禁止。就是说当一个并购对市场的竞争产生严重不利影响时,就应当被禁止。此处需要强调的是,我国的《反垄断法》规定的是,"该经营者集中具有或可能具有排除、限制竞争效果"。如果该集中具有排除、限制竞争效果,则该集中对市场竞争的影响肯定是非常大的。若经营者集中可能具有排除、限制竞争效果,则需要进一步考虑。因为具有限制竞争效果的经营者集中肯定会对市场上的竞争产生影响。如法国的SEB公司并购中国苏泊尔,当时苏泊尔的其他竞争对手要求商务部对此并购进行调查,因为此并购已经对厨卫电器的竞争产生不利影响。我认为,反垄断执法机构对一个可能具有排除、限制竞争效果的并购作出禁止决定时,该并购对市场竞争产生的影响应界定为"严重影响竞争"。因为一般的经营者集中作为一个合同,肯定会对其他的相关当事人发生影响。如市场上的买卖双方订立了买卖合同,肯定会对第三方发生影响。如果只要是对竞争产生影响就禁止,这是不正确的。除非该并购对第三方参与市场竞争产生严重的不利影响,我们才能限制或控制这个并购合同。

(四)经营者集中的豁免

关于经营者集中还有一个非常重要的方面就是对集中的豁免。《反垄断法》第28条规定:"经营者集中具有或者可能具有排除、限制竞争效果的,国务院反垄断执法机构应当作出禁止经营者集中的决定。但是,经营者能够证明该集中对竞争产生的有利影响明显大于不利影响,或者符合社会公共利益的,国务院反垄断执法机构可以作出对经营者集中不予禁止的决定。"对竞争的有利影响明显大于不利影响,或者具有社会公共利益尽管当前无案例,但是特别值得思考。

今天在华政举行的竞争法论坛中,有的学者专门探讨了何种经营者集中具有社会公共利益。如2007年12月南方航空公司的总裁曾撰文,希望南航、东航、国航在国资委的主导下合并成一家企业,与国外的大的航空公司进行竞争,该文章的观点认为是基于公共利益的目的。但该并购如果执行,将存在很多问题,当前折扣比较大的机票亦将不复存在。那么,此时作为消费者的我们会同意此并购具有社会公共利益的观点吗?何时可以承认并购利于社会公共利益?有的企业认为,并购可以提高经济效益,增加国家税收。其实,此处的经济效益也要考虑很多因素,如让消费者得到相应的份额。若并购之后,企业可以肆无忌惮地提高价格,则不利于消费者。我的观点是,考虑公共利益时,也应当让消费者同时受益。

《反垄断法》第29条规定,对不予禁止的经营者集中,执法机构可决定附加减少集中对竞争产生不利影响的限制性条件。该规定非常重要,因为商务部关于经营者集中作出的五个公告中,除禁止了可口可乐并购汇源外,其他都是附条件的批准。之所以这样,是因为该集中有严重不利影响,故附条件;但其与执法机构进行协商,采取措施减少限制竞争的影响,降低市场份额,如减少取得拟收购的股份,从30%减到15%等,故予以批准。《反垄断法》第29条与反垄断法中的承诺有非常重要的关系。当事人承诺减少并购或协议对市场竞争的影响,如果执法机构认为影响竞争的担忧减小或者消失,则会在有所限制的同时作出批准的决定。现在大多数批准并购的公告书中都附有限制性条件。

(五)违法经营者集中的法律责任

经营者集中该申报而未申报的后果是什么呢?答案是责令停止实施集中;限期恢复原状;50万元以下罚款。其中,恢复原状存在的问题较多,因为并购后企业的结构、财务税收、组织管理都已发生变化。尽管没有相关案例,但是从理论上来说,就是恢复原状。50万元的罚款数额,其规定的标准太低,如果联通和网通并购时没有申报,罚款对两家企业的影响并不会太大。

(六)经营者集中的国家安全审查

下一个问题是经营者集中的国家安全审查。外资并购境内企业或者以其他方式参与经营者集中,涉及国家安全的,除依照《反垄断法》规定进行经营者集中审查外,还应当按照国家有关规定进行国家安全审查。此种规定需要明确国家安全审查的机构、审查的程序以及何为国家安全等问题。可口可乐并购汇源时,有人给我打电话,认为应当禁止,他说涉及了国家安全问题,因为饮料关系到了个人生命安全问题。如果这样,那么两家面包公司并购也就涉及了国家安全问题。我认为,国家安全多涉及国防以及高科技方面。国家安全是一个非常灵活的概念,这是为了适用时的方便。反垄断法中规定了国家安全,但是没有相关法律对此作出界定,外资企业非常关注这一点。目前我国对国家安全的审查是由商务部和发改委进行的。

三、对经营者集中进行控制的执法机构

对经营者集中的审查需要执法机构进行,我国经营者集中的申报和审查机构是商务部。由于商务部是一个部级机构,不可能实质上作为一个反垄断执法机构,具体工作由反垄断局承担。反垄断执法局下设的机构有综合处、竞争政策处、调查一处、调查二处、监察执法处、经济分析处。其中,监察执法处的职能是主动要求可能对市场竞争产生较大影响的经营者集中进行申报。这些机构的职能还包括:起草相关法规、配套规章及规范性文件;受理经营者集中的反垄断磋商和申报,听证、调查和审查;受理并调查被举报的经营者集中,查处违法行为;调查对外贸易中的垄断行为,采取措施消除危害;指导企业进行国外反垄断应诉;牵头组织多双边协定中的竞争条款磋商和谈;负责多双边竞争政策国际交流与合作;承担国务院反垄断委员会的具体工作。由于工作人员不足,几乎所有的处室都在具体办案。关于各机构的具体职能,可以参见商务部及反垄断局的网站。

我们来看一下商务部反垄断局自反垄断法生效以来的执法成果。2008 年 8 月 1 日至 2009 年 7 月,共有一百多起经营者集中的申报,立案约七十起,审结五十多起,跨国公司参与的占 69%。现在向商务部申报的经营者集中大多有跨国公司的参与。其中附条件批准的有:2008 年 11 月 18 日,比利时英博啤酒公司并购美国 AB 啤酒公司;2009 年 4 月 24 日,日本三菱丽阳并购英国璐彩特国际公司,这是化工原材料市场的并购;2009 年 9 月 28 日,美国通用汽车收购德尔福,为减少该纵向并购对竞争产生的影响,商务部要求其他汽车公司仍可以从德尔福获得汽车零配件;最早的一起是 2009 年 9 月 29 日的美国辉瑞收购惠氏案。

2009 年 3 月 18 日,商务部禁止了可口可乐并购汇源。社会上对商务部的批评意见较多,我个人支持商务部的决定。《反垄断法》生效一年多了,都没有禁止一例,如果对这么大的果汁市场份额的并购都不去禁止,那么会减弱《反垄断法》的效力,影响《反垄断法》的公信力。尽管这项决定中也存在一些问题,但是我个人支持商务部的这项决定。

四、经营者集中控制的几个疑难问题

（一）相关市场的界定

首先是相关市场的界定问题。在调查并购是否反竞争的问题上，先界定相关市场是非常重要的，界定相关市场是反垄断执法一个非常重要的方面，是反垄断执法的第一步。我经常举的一个案例是：1958 年美国司法部指控美国杜邦公司违反美国反垄断法，其中一个理由就是杜邦公司生产的玻璃纸在玻璃纸市场上占据了 80% 以上的份额，其是一个占据市场支配地位的企业，但是此案中美国司法部最终败诉。法院认为，杜邦公司生产的玻璃纸是一种包装材料，但是从消费者的眼光看，考虑到玻璃纸的价格、性能和用途，还有其他很多包装材料都可以和玻璃纸材料进行竞争，很多材料具有可替代性，在整个包装产品市场上，杜邦公司只占 15% 的份额，不具有 market power，因此美国司法部败诉。

从本案中，我们可以看出，在反垄断执法中界定相关市场是非常重要的。如果两个企业并购后，市场份额不大，那么对市场竞争的影响就不大，但是判定市场份额的前提条件是界定相关市场。国务院反垄断委员会在今年 5 月 24 日发布了《关于界定相关市场的指南》，于 7 月 7 日在商务部的网站上公布。

界定相关市场至关重要，现在外国媒体和律所对我国商务部禁止可口可乐并购汇源案提出了很多批评意见，他们认为商务部发布禁令时对相关市场界定的透明度不够，没有说明相关市场是一个怎么样的市场，并购企业在相关市场上占据多少的份额，并购后市场份额会发生什么样的变化等。但据我了解，商务部考虑到了相关市场的问题，只是公布得不是很全面。官方认为公布的内容越简单越不会招致质疑，但事实上公布内容过于简单不利于消费者了解商务部是怎样作出禁止决定的，怎样执行法律，怎样对经营者集中进行审查。我相信反垄断执法机构将来在这方面发布的信息会越来越多，只是可口可乐并购汇源案的信息量不够，特别是相关市场方面的信息量是非常小的。欧盟和美国一个案件公告的内容达到几百页甚至几千页，连证据都列得一清二楚，而我们的公告内容只有 1400 字，太简单，特别是对相关市场界定的内容比较少，这是经营者集中审查中的一个难题。

（二）安全港的介绍和展望

关于经营者集中还有一个重要问题，就是安全港的问题。何为“安全港”？我刚才在分析市场集中度的时候提到了 HHI 指数的概念，HHI 是一种平方的计算法。它把所有企业的市场份额平方后相加,得出的就是衡量市场集中度的HHI。例如,市场上只有一家企业,这家企业的市场份额100%,100的平方是10000,最大的HHI就是10000。例如,市场上有10家企业,这10家企业的市场份额都是10%,HHI就是10个10的平方,就是1000。根据美国1982年《反垄断法》中经营者集中的指南,美国司法部认为,当一个市场的HHI没有超过1000,这个市场就是一个低度集中的市场,如果发生经营者集中后,HHI还没有达到1000,那么这个经营者集中对市场的影响就很小,可以得到批准;如果HHI高于1000但没有超过1800,那么这就是一个中度集中的市场,经营者集中以后,指数高于1000却低于1800,集中度的变化没有超过100,可以说经营者集中对市场的影响很小,也可以批准;如果指数超过1800,那就是高度集中的市场,但经营者集中引起HHI的变动没有超过50,根据美国司法部的观点,这样的集中都可以看做安全港之内的集中,是安全的,不会受到反垄断执法机关的反对。这个观点在1982年经营者集中的指南和1997年的横向并购指南中都没有发生变化

我国在这方面没有相关规定,但在商务部今年9月29日关于美国辉瑞公司并购惠氏公司的公告里谈到,这两家企业并购后HHI将达到2600,而且HHI变动的幅度达到600多,这个经营者集中远远超过安全港标准,这样的并购存在较大的问题。因此我们可以看出,虽然我国没有这方面的规定,但商务部在研究经营者集中对市场竞争影响的时候,考虑到了安全港和HHI,这些问题的理论性和实践性都是很强的,大家应该关注,我国也应该有安全港方面的规定。

不同的国家对安全港有不同规定,比方说日本反垄断法的安全港的规定就与美国不同。低度集中市场指数美国为HHI 1000,日本则是HHI不足1500,可以看出日本的门槛较高,对经营者集中的管制要比美国宽松;中度集中市场指数日本为HHI 1500—2500,美国是1000—1800;高度集中市场,日本的标准是HHI达到2500以上,美国的标准是1800以上。各国的标准不一样,我国要如何设立自己的标准,要考虑国内市场集中度的具体情况,综合多方面的因素来制定安全港规则,安全港问题是我国反垄断立法即将考虑的问题。

可口可乐并购汇源案中,我们其实也考虑到了市场集中度和HHI的问题。当时果汁饮料市场上主要有四家企业:统一、可乐、汇源、顶新,它们的市场份额分别为21%、20%、15%和16%。合并后果汁饮料市场的HHI将达到2182,比合并前提高338。不但超过了美国反托拉斯法安全港的标准,也超过了日本的安全港指数,因此可口可乐收购案的问题是很大的,从这个角度看,我认为商务部禁止并购的决定也是正确的。辉瑞并购惠氏案件中,商务部的通告中也是考虑到了市场集中度问题。可见我国在反垄断法的实施中也考虑到了安全港的问

题。怎样确定我国反垄断法经营者集中的安全港,这当然是一个经济学的问题,但是研究法律的人也必须关注这个问题。

(三)产业政策——经营者集中审查中的挑战

有人说南航、东航、国航并购是一个产业政策的问题,那我们该如何处理产业政策和竞争政策的关系,这也是一个很重要的问题,不论是研究法律还是研究经济,都必须了解这个问题。产业政策很重要,但是执行产业政策应该是其他的机构,反垄断执法机构如果同时考虑很多因素,则不能认真执行竞争政策。美国反垄断执法机构就只考虑竞争政策,德国的反垄断机关可以同时考虑产业政策和竞争政策。德国的经济部长有权利批准一些联邦卡特尔局禁止的一些经营者集中,虽然反垄断机关可以考虑两方面的政策,但是执法机构是不同的,考虑产业政策的是联邦经济部长,实行竞争政策的是联邦卡特尔局。

推动竞争政策的原因是,市场上有竞争,消费者就有选择,产品的价格就公平合理。倘若我们面对的是一个垄断者,我国的通信市场上只有中国移动,对于漫游费和双向收费我们只能束手无策。如果电信服务市场有很多选择,漫游费、双向收费、通信收费的价格也会下降,为了保护消费者的选择权,国家才会推动竞争政策,制定《反垄断法》。因此《反垄断法》其实是保护消费者权益的一种非常重要的法律措施和法律武器,如果没有反垄断法律制度,如果消费者没有选择,其权益是得不到保障的。因此在进行经营者集中分析时,我们判定经营者集中是不是具有反竞争性,是不是排除或限制竞争,都必须从消费者有没有选择权的角度进行考虑。这方面的问题既是宏观的又是微观的,我们分析具体案例时都要结合消费者的选择权进行考虑。

这方面内容比较多,我讲的也比较快,欢迎大家提问,谢谢大家。

陈岱松:我对王老师讲座的内容简单地归纳一下,王老师讲的内容比较丰富,主要有六个方面:一是从企业并购的原因、方式包括纵向并购及横向并购的角度分析经营者集中对市场的影响;二是经营者集中的方式,包括市场竞争的结构,典型的案例的介绍;三是经营者集中申报,包括申报时间、标准、内容等方面;四是有关审查的内容,包括实质审查、集中审查,也通过典型案例进行了深入的解析;五是法律的后果或是法律救济,执法机关执法的成果,包括五个具体的公告,典型的案例如可口可乐并购汇源公司案;六是关于安全港的介绍和展望;最后从消费者权益保护方面对该问题进行了分析。王老师在竞争法研究中是资深研究员,也是该领域的泰斗级专家。从理论到实践,从国内到国外,从宏观到微观,从立法到执法,从经营者、消费者、社会公共利益,多角度地从一般到特殊,以丰富的内容,典型的案例,精确细致地为我们对经营者集中的法律问题作了深入分析,也对我国安全港问题作了展望,我们再次以热烈的掌声对王老师表示感谢。接下来,大家有什么问题可以进行提问。

提问一:我有两个问题。第一个问题,经营者集中申报及审查过程中,商务部是执法机构,它对经营者集中的申报者市场份额的确定及是否对竞争有影响及审查的权力,它的权力是不是太大了?前段时间也查出来执法机构中有些人员出现了问题,我想问一下怎么平衡这个执法的权力。

第二个问题是反垄断的救济问题。因为反垄断法是通过反垄断保护竞争、保护公平的。在可口可乐并购汇源时,在商务部决定禁止并购行为时,汇源果汁的股价大幅下跌,还有一些央企并购山西小煤矿,煤矿主的利益受到了损害,他们的利益该如何保护呢?

王晓晔:我试着回答你的问题。刚才你提到的商务部工作人员滥用权力的问题是存在的,虽然我不知道他们具体出现了什么问题,但肯定有违法的行为。当反垄断执法机构的执法人员滥用权力损害申报者的权益,或经营者认为执法人员作出的决定不恰当,不公平或不正确,当事人如何救济?对这个问题反垄断法有两种救济方式,首先当事人可以申请行政复议,因为执法机构是商务部执法局,据我所知商务部条法司是行政救济机构。如果当事人对救济机构的决定不服,可以向法院提起行政诉讼,反垄断法没有规定是向哪级法院,不过根据其他法律可以知道应向行政机关所在地中级法院提起,由于商务部在北京的东城区,所以应向二中院提起。我个人认为,如果对该判决不服,应该向高院上诉。反垄断法没有具体规定,不过从理论上看应该是这样的。关于行政复议,有同学说为什么经营者集中里面有,而垄断协议和滥用支配地位可以直接向法院起诉。关于这个我有自己的看法,比如欧盟对于该问题,首先初审在欧盟初审法院,不服的可向欧盟法院起诉,初审法院注重事实审,欧盟法院注重法律审。我们把一审交给行政复议,因为有时法院在这个问题上并不是很专业,所以设置了行政复议程序。当事人对执法机构的决定不服有行政复议和行政诉讼两种方式。

关于第二个问题,我觉得跟第一个问题的答案相似,也是关于权利救济的问题。第三个问题,由于产业政策,国家提倡规模效应,所以产生了你刚刚提到的央企并购山西小煤矿的情况,煤矿主的利益肯定受到了损害。但据我所知,当初煤矿主买到这个煤矿时是 50 万,现在已经涨到了 4 亿,这是资源价值增值决定的,这些煤矿是国家资源,如果我们只是考虑到煤矿主的利益,那国家的利益怎么办呢?这里存在利益平衡问题。国家利益和私人利益之间的平衡问题很多,不只是反垄断法的问题。我觉得国家在山西煤矿上主张经营者集中是合理的。

因为现在山西小煤矿数量的确是太多，当然在整顿过程中如何保护煤矿主的正当利益还是应该进一步研究的，但保护煤矿主利益的同时不要忘记煤矿是国家的资源。

提问二：我对两拓合并这个问题比较感兴趣，所以想围绕这方面提一些问题。力拓开始时要提高60%的铁矿石价格，当时我国很多企业是不承认的，首先承认的是日本的一家公司，该日本公司提高价格在所持有力拓的股份价格中可以得到补偿，我想知道它和力拓是不是在合伙炒高铁矿石价格，这属不属于反垄断法的规制范畴？

王晓晔：力拓和必和必拓在2008年时就想要合并，因为力拓一直在亏损经营，所以接受了必和必拓的并购请求，但是由于金融危机的出现，必和必拓放弃了这个计划，现在两家想成立一家合营企业，该合营只是在开采生产阶段，销售阶段还是分开的。我觉得就算成立合营企业也应该向商务部申报，我不知道它们有没有申报。对于两者要合并的问题我觉得商务部应该说不，为什么呢？因为其合并对我国市场肯定是不利的，本来全世界铁矿石生产企业只有三家，澳大利亚的两拓和巴西的一家。如果并购，三家就变为了两家，大家知道如果企业数目过少，很容易发生价格共谋，对消费者不利，现在取消了这个计划，要成立合营企业，建立合营企业也是应该向反垄断执法机构申报的，反垄断执法机构应该可以对该合营企业的建立产生一定影响。虽然我们有反垄断法，但是商务部不可能要求企业把价格降下来，这只是一种交易的力量。如果市场上存在的企业较多，它为了争取交易机会，可能会降价。所以我们才要去控制它。

提问三：如果力拓和必和必拓真的合并的话，商务部该怎么处罚它可能是一个难题，因为这两家是国外的公司，如果商务部真的作出了处罚决定，两拓提高价格，最终还是由我国的企业来承担责任。您这么看这个问题？

王晓晔：的确如此，两拓是澳大利亚的两个公司，我们商务部对其作出的处罚决定存在一个执行难问题，它们在中国没有子公司，即使我们让它恢复原状或罚款50万元，数目也是很少的。因为是我们去澳洲买铁矿石，不是它们把铁矿石运到我国来。我国在国际社会中有重要的地位，如果我们不批准两拓合并，它们是不敢合并的。我想欧盟、日本、韩国也不会批准，欧盟对澳大利亚的铁矿石也是非常需要的。如果它们合并了的话，我们可能会对其产品进行查封、扣押等。好像我们上次扣押了它们的一个工作人员，它们在我国还是设有代表处的。

提问四：我有两个问题想请教一下王老师。第一个问题是现在市场上出现了原叶茶，据我所知这是雀巢和可口可乐合作的一个产品，使用了两者的共同销售渠道，这是不是事实上的经营者集中？这让我想到，如果可口可乐和汇源也以这种方式共同生产产品,是不是事实上规避了反垄断法?第二个问题是有关两拓的问题,在两拓问题之前欧洲有两个最大的钢铁企业合并,最后欧盟通过了该并购,反过来关于两拓欧盟也是反对的,您如何看待这两个事件?

王晓晔:我觉得这个产品应该是由一个他们合作创立的子公司生产的,这个产品肯定是由一个公司生产出来的。这两家企业所占市场份额是比较大的,肯定超出了商务部规定的标准。他们合作生产某种产品时应该向商务部申请,同不同意由商务部决定。

关于第二个问题,这两个企业我没听说过,但我觉得应是有条件的批准,就像 1998 年美国麦道和波音公司合并,麦道公司是军用企业,美国不希望它破产,它同时也生产民用飞机,美国之所以同意是想减轻政府的负担。欧盟开始不同意,后来附条件地同意了。我记得很清楚的一点是,欧盟让波音公司放弃与一些公司的为期 20 年的独家供货协议。我不知道这两个企业的具体情况,但是我觉得肯定是附条件的同意其并购。

提问五:我们知道央企在资源性行业和支柱性行业实施大规模的并购,是打着国家安全国家利益的旗号进行的,而反垄断法没有对其进行规制。刚才王老师也说过,竞争政策应该以消费者利益为重,而不应该以国家利益为口号,以剥夺消费者的利益和话语权为代价,我想问一下王老师,今后的法律中应该怎样对该问题进行规制?

王晓晔:今天在亚洲竞争法论坛中我作了一个发言,题目是“权力对反垄断法的挑战或妨碍”,我国这方面的问题很严重,比如联通网通的并购,就没有向商务部申报,有人说这是央企,是通过国资委同意的,不需要申报,难道我们的反垄断法只是针对可口可乐这些外国企业吗?并非如此。我们之所以要制定反垄断法,制定竞争政策,因为我们坚信市场是配置资源的基本方式。通过这样做,我们可以让消费者得到利益。有的人说了,我们要为了国家安全,国家利益,把国有垄断企业做大做强是国家利益的体现。我个人觉得只要不是必须垄断的企业就不要垄断,像大飞机制造厂,应该是国家垄断的,否则一个省一个竞争力肯定不行,因为我们面对的是波音公司,而有的企业如石油行业应该引入竞争,它不会对国家安全造成影响,在德国,石油行业竞争很充分,不像我们国家在开采、经营、销售、进口等环节是完全垄断的。石油是必需品,销售又是垄断,价格能不高吗?所以我觉得除非是必须需要垄断的行业,否则不要垄断。谢谢大家。

我国《反垄断法》在知识产权领域实施的若干问题

主讲人：王先林　上海交通大学法学院教授、博士生导师
主持人：沈贵明　华东政法大学经济法学院副院长、教授
记录人：叶晓红　李翰杰（2009级经济法专业研究生）
时　间：2009年12月1日18:30—20:30
地　点：华东政法大学长宁校区交谊楼第三会议室

沈贵明：同学们晚上好！今天晚上，我们非常高兴地请到了王先林教授来给我们做讲座。王先林教授是上海交通大学法学院教授，2000年获得了安徽省十大杰出青年称号，近两年又获得上海市优秀中青年法学家称号。王教授在竞争法方面有非常深的造诣，硕果累累。请大家以热烈的掌声欢迎王教授。

王先林：尊敬的沈老师、胡老师、各位同学，大家晚上好。首先，我非常高兴来到华政，和各位就知识产权领域反垄断法问题进行交流。虽然，我不是第一次来华政，平时参加学术交流的机会也很多。但是今天我既激动，又诚惶诚恐，因为有学术造诣很深的沈教授在，还有其他老师，还有在座的各位，不是博士生就是硕士生，而且基本上都是经济法专业，稍微有点纰漏的话马上就会被发现。我今天讲座的题目是"我国《反垄断法》在知识产权领域实施的若干问题"。

在讲座之前，胡老师和我联系时，我就在考虑到底要讲什么。因为竞争法是我主要的研究方向，华政也有非常著名的经济法教授，特别是徐士英教授，对反垄断法的研究是比较深入的。据我所知，最近北京那边的好几位教授，包括王晓晔教授、黄勇教授，史际春教授都来讲过。我担心是不是会和他们讲的内容重复，后来我想了一个和我研究方向联系紧密的点，和他们的重合可能性更小的题目。这个问题在反垄断法里比较边缘化，同时也是目前的热点和前沿性的问题。所以我想就这个问题和各位作一个交流，主要从以下四个方面展开，如果时间来得及，还会就案例进行讨论。

一、我国反垄断法制定和实施的基本情况

在讲知识产权在反垄断法领域的实施问题之前,我想就反垄断法制定和实施的大致情况作一个背景性的介绍。虽然有部分同学对反垄断法比较关注,但还有同学研究的不是这个方向,在讲专业的问题前,就反垄断法作一个简单的介绍。

反垄断法是经济法非常重要的基本组成部分,但如何对它进行定位,学界有不同的看法。胡老师知道,周日在南京大学开经济法年会的时候,与会的著名专家学者对这个问题有不同的看法,还在大会上形成了争论。通常说法就是反垄断法是经济宪法,是市场机制的基石。但是有的老师,特别是人民大学的史际春教授提出来,应该以财政法作为经济法的龙头法。这个命题出来之后,在大会上形成了热烈的争论,当然这个争论没有最终结果。但是大家达成一个共识,财政法也好,竞争法也好,都是市场经济条件下重要的法律,是经济法的基本组成部分。我们先不去评论其他法律,也不就其他法律讨论它的重要性。

单看反垄断法,它肯定是市场经济条件下一个重要的法律,这个对我们学经济法的同学来说应该不成问题。反垄断法具有经济法的一些基本特点,也有一些自己的特点,其中有些特点是经济法所共有的,但是在反垄断法中体现得更明显。通常说经济法具有经济性、政策性、行政主导性和综合性。这里特别强调政策性。因为反垄断法在很多国家被称为反垄断政策,是竞争政策。反垄断法和国家特殊时期的经济政策密不可分。我们大家知道,反垄断法基本的政策框架是越来越趋同,但执行上差别很大。同一个国家,不同时期,执行的宽严差别非常大。在美国,50 年代到 70 年代期间,非常严厉;80 年代以后,非常宽松。近期,民主党政府上台之后又有趋于严格的趋势。这个和不同时期不同国家执政党和当权者政策有密切的关系。从世界各国的情况看,尽管各国的背景不一样,历史传统不一样,具体内容可能也有差异,但是通过反垄断法维护公平自由的竞争秩序这一点,各国是持相同态度的。所以目前来讲,已经有超过一百个国家和地区有形式不同的反垄断法。就我国来说,《反垄断法》在 2007 年 8 月 30 日通过,去年 8 月 1 日正式实施。但是《反垄断法》的起草过程相当漫长,从 1993 年下半年《反不正当竞争法》通过起算,将近 14 年。但在实际上,有些人将起算推得更早,即在 1987 年时,当时随着改革深入,认识到计划经济发展是离不开竞争法的。当时试图制定反不正当竞争和反垄断在一起的法律,但是后来考虑到反垄断法制定的条件还不大成熟,而反不正当竞争的任务显得特别迫切,这种情况下,《反不正当竞争法》就先出台了。直接算是 14 年,更长的话是 20 年,我们以

前说千呼万唤出不来，现在差不多是千呼万唤始出来，说20年磨一剑也不夸张。这样一个立法的确立过程在我国的立法上是不多见的。前年我看到的一份英文资料中提到，英国《证券法》历经6年才出台，但是和我国《反垄断法》比较，时间相差还是很大的。

为什么《反垄断法》经历过这么多的争论才出台？原因可能是多方面的，我觉得至少可以从以下四个方面来考虑。第一是体制上的原因。反垄断法是典型的市场经济的法，我们原来搞计划经济，后来向有计划的商品经济发展，一直都缺少市场经济的基本土壤。缺少以市场调节作为资源配置方式的基本经济条件，反垄断法就无从谈起。当时，高度集中的计划经济，从生产、销售到分配，各个方面基本上都是国家计划说了算，都是行政机关按照指令性计划进行调拨。这本身就不是市场调节下的常态。没有严格的竞争，也就不存在和竞争相对应的垄断问题，反垄断法就没有产生的基础。如果说当时反垄断就是反国家，这样讲一点也不夸张。因为在那种计划经济体制下，有人提出整个国家就是一个大托拉斯，每个企业是大托拉斯的一个车间，没有真正独立的主体地位，竞争谈不上，反垄断也无从谈起。第二是观念上的障碍。这与相当长的一段时间内，很多人认为反垄断法就是反大企业、反规模经济有关。反观现在的情况，我们国家企业的规模不是大了，而是小了。拿汽车行业来说，全国有两三百家汽车厂，有的省就有很多家生产汽车的厂，有的是生产成品车，有的是生产配套的配件。但是整个加在一起还没有一家通用的年产量大。企业的规模小了，我们得出的结论就是，反垄断法是不需要的，至少现在不需要。这里面有一个误区，因为反垄断法不等于反大企业、反规模经济。反垄断法不反对市场支配地位或垄断地位本身，只是反对支配地位的滥用。规模经济当然需要一定的规模，但不是越大越好，存在一个界限。规模大到一定程度以后，管理成本或者其他方面的因素反而会使企业的效率更低。第三是利益的影响。既得利益行业或企业单位，尤其是垄断行业，特别是像公用企业、国有大企业，它们具有垄断地位，认为反垄断法出台必然对其不利。他们利用各方面的话语权影响政府反垄断法的立法活动。同时，执法权限也是重要的障碍。立法过程中，至少涉及三家或者更多的政府部门都声称和反垄断法有关系，要承担反垄断执法的职能。反垄断执法的权利是非常大的，我们知道《反不正当竞争法》最高的罚款数额是20万，而《反垄断法》规定的罚款限额是上一年度销售额的1%—10%。反垄断法尽管不是反大企业本身，但是一般来讲，处罚的对象都是大企业，比如像微软、英特尔这样的企业。所以我们毫不奇怪，在欧盟，微软和英特尔都分别被罚款几亿美元、欧元，甚至是十几亿美元。在我们国家如果逮着一个案例进行处置的话，罚款数额也会达到上亿。这是非常大的权力，任何部门都不愿意轻易地放弃。作为国务院反垄断立法专家组的成员，在参与决策咨询的过程中，我发现很多政府部门都提供很多材料，从历史沿革、现有机构的设置、优势来论证由他们执法更合理、更有效。对学者是这样，对直接的决策者来说，宣传和争取的工作肯定不会少做，这些影响非常之大。第四，从学界看，学者的观点也不一致。无论是经济学界还是法学界，对反垄断法的认识存在很多不一致，甚至有很大争论。其中，经济学家科斯有一段很有代表性的话："烦透了反垄断法，当你提高价格的时候，法院说你垄断高价；当你维持价格不变的时候，说你是固定价格；当你降低价格的时候，说你是掠夺性定价或低价倾销，这让企业无所适从。"当然这个讲得比较极端和绝对，没有深入进行分析。其实反垄断法并非如此，无论是反垄断高价、反价格维持还是反低价倾销，都有非常严格的构成要件。其中也反映出，一些经济学家和法学家的看法不一样。美国的一些经济学家以专家证人身份参加法院案件审理，尤其是在 1998 年开始的微软垄断案审理过程中，无论是被告微软还是原告司法部都请了大量的专家证人。对微软在 Windows 里捆绑销售浏览器，有的专家证人说是有利于竞争的，另外一方说是不利于竞争的。本来一方经济学家支持对微软的起诉，在被微软以高报酬聘请为专家证人之后，观点就变了，反过来站在微软的立场上提供咨询意见。这让很多人嘲笑经济学家的评论无法令人信服，所站角度不同，其论证就不同。

但不管怎么说，《反垄断法》终于还是出台了，其意义是非常巨大的。第一，有利于规范经营者的市场行为，维护自由公平的竞争秩序。第二，有利于促进经济效益的提高和技术的进步。这方面有学者可能也有不同看法，传统上我们认为垄断是有碍技术进步的。自从 19 世纪 50 年代以后，特别是熊彼特的创新经济理念出现之后，人们在这个问题的认识上发生了分歧，而且各自都能找出有关的实证材料。这个问题目前在理论界没有明确的说法，但是从最基本的理论推导和相关的实践看，反垄断法通过维护公平自由竞争来提高效率和促进技术进步这一点应该是不容置疑的。第三，有利于维护消费者的利益和社会公共利益。消费者是竞争的直接受益者，也成为反垄断法直接的受益者。凡是竞争比较充分的行业或领域，消费者有比较多的选择自由，能得到比较多的尊重。凡是在竞争不充分的领域，特别是在独家经营的领域，消费者利益很难得到保护，要忍受高价格、低劣质量、低劣服务。这一点我们有切身体会，比如在移动通信领域里，原来只有一家的时候，我们要付多高的费用？我们接受什么样的服务？现在通信领域竞争还不充分，只有三家企业，电信的介入是最近的事情，原来还有联通，但联通和移动没办法比，移动是一家独大。现在出现了竞争者，尤其当电信加入后，局面就慢慢开始变化了。尤其是在今年 10 月 1 日以后，电信实行单项收费，在外地不收漫游费，这对竞争格局有影响。但这个领域的竞争还不够充分，到过美国或欧洲的老师或同学感受更充分,在当地打国际长途比在国内打电话还要便宜。导致这种状况有多种因素,其中,竞争的充分无疑是非常重要的原因。在当地更换一个电信服务商是很简单的事情,在竞争的动力和压力之下,经营者千方百计地降低价格、提高服务质量来增加客户,争取消费者的选票。第四,有利于我国进一步参与国际竞争,即有一个公平的竞争环境。随着对外开放的进一步深入,尤其是加入 WTO 以后,不但有越来越多的国外企业进入国内市场,同时,国内的企业也越来越多地进入国际市场。这个过程中,双方都面临着市场竞争和垄断,或正当权益的保护问题。在我们的市场上,外资大规模的并购,通过垄断协议或滥用支配地位搞垄断高价或拒绝交易、搭售等现象是存在的。微软、英特尔在欧洲和美国都遭到了起诉,这种情况在我国是有过之而无不及。另一方面,随着企业进入国际市场,企业面临越来越多竞争法方面的难题或困扰。以前,企业靠低价占领国际市场,价格低了以后,被诉倾销。目前我国是被诉倾销和贸易保护最多的国家。最近几个月美国商务部对我国的起诉就有多起,其中无论是涉及的金额还是反倾销税的比例都非常高。现在很多企业为避免反倾销,会抬高价格,但同样面临着被指控垄断的问题。2005 年来,我国多个企业在美国因涉嫌固定价格或搞垄断协议被起诉到法院。其中,最典型的是 4 家维生素企业,还有 17 家煤矿产品企业。这当中,行业协会应扮演何种角色,值得探讨。本来受到反倾销的困扰,行业协会做一些协调,但是协调手段不高明,为外国提供了以行业协会搞垄断的证据,则会进退两难。科斯说的有一定道理,低了是倾销,广义上说也是一种垄断;高了是垄断。国内出台《反垄断法》,有利于对外资的规制,有利于企业在国际市场上和其他国家的企业处于平等的地位。第五,有利于促进我国竞争文化的形成。我国传统的儒家文化中缺少竞争文化,整个东亚文化强调和谐,不强调竞争,和西方的商业文化大不相同。社会的和谐需要依靠竞争,因为竞争是经济和整个社会发展的动力。竞争是自然界人类社会的普遍现象,通过优胜劣汰的竞争机制才能推动自然界不断进化,达尔文的物竞天择、适者生存对这个道理阐述得十分透彻。人类就是在和其他物种的竞争中胜出,成为地球之花。人类社会之间的竞争就更不用说了。我们现在发展市场经济,竞争文化的繁荣很重要。由于长期没有反垄断法,企业竞争文化十分不足。美国有句话说,谢尔曼参议员的幽灵经常游荡在美国各大公司董事长的办公室里。谢尔曼实际上代表反垄断法,老总们在作出决策时要非常谨慎慎重,同行的老总们不敢轻易在一起聚会,否则会让人抓住把柄。微软本来是非常典型的垄断企业,在 Windows 操作系统市场上占有 95% 以上的份额,但是无论在美国国内的还是欧盟的反垄断诉讼中,它都坚称自己不是垄断企业,市场份额只有 4%。这里涉及反垄断法的一个基本问题,即相关市场界定问题。95% 是把市场界定为操作系统市场，4%是将市场界定为整个软件市场。这至少表明微软不愿意把自己说成是行业第一。我们很多企业不是真正老大，往往贴上老大的标签。广告中除了对产品的宣传外，都宣称市场占有率是全国第一。例如，前几天长虹在一本非常有影响的财经杂志上，公开宣布说要进行金融垄断，这在有竞争法传统的西方国家是不可想象的。《反垄断法》实施后，这种情况就会慢慢减少，至少有的企业在这方面不敢公开吹牛。上个月，北京的一家网络公司在上海市一中院起诉盛大网络公司，涉及相关市场的界定。盛大也好，北京的网络公司也好，在广告中都宣称自己是行业第一，盛大宣称自己占有80%的市场份额，被对方当作证据提交，最后法院没有认可。这也给有关企业提了个醒，如果宣称自己是行业龙头老大，可能在被竞争对手告上法院时，为对方提供证据。但是法院是否认可还存在探讨的余地。

关于反垄断法基本制度框架，我简单的提一下，一般是由实体制度和实施制度两个基本方面组成。虽然各国的具体制度不一样，但大致框架都是由这两个基本方面组成。其中实体制度部分有三大支柱，即垄断协议的规制制度、滥用市场支配地位的规制制度和经营者集中的规制制度。还有一些特别的制度，比如在日本还有垄断状态规制制度。尽管垄断状态规制制度30年来还从来没有实施过，但在反垄断法上是存在的。包括我国在内的一些国家还有行政垄断规制制度。实施制度主要涉及执法机构、执法程序和法律责任，在很多国家还会涉及域外适用的问题。我国《反垄断法》的大致框架由8章共57条组成。其中第二章到第五章分别从四大基本实体制度来进行规定，第六章涉及调查执法程序问题，第七章涉及法律责任问题，附则第55条规定了知识产权滥用的反垄断法规制问题。

其中涉及的一个重要问题，就是附则第55条规定的知识产权滥用的反垄断法规制。《反垄断法》实施才一年多时间，在实施过程中，碰到很多问题，我们说它的立法过程历时漫长，经历了各种各样的争论，命运多舛；从实施的情况看，生不逢时，它从去年8月1日开始实施，正好赶上金融危机。《反垄断法》的实施可能会受到一定的影响，政府的主要精力可能还是放在如何振兴经济，怎样去避免企业倒闭等问题上。《反垄断法》刚开始实施的时候，人们对它抱有很大的期待，但一年多来，人们还是有些失望的。商务部审查经营者集中做了不少工作，另外两家执法机构——工商总局和发改委还没有公开地处理一起比较典型的反垄断法的案件。

《反垄断法》的实施之所以面临不少挑战，一方面是因为面临这样一个特殊的背景，另一方面是立法本身的合理性和规则的细化问题。立法本身是否完善是反垄断法执法效果好坏的一个重要前提，我们深入研究会发现，其中存在很多问题。当然,《反垄断法》肯定还要逐步完善,尤其是从现有情况看,它本身的原则性或概括性非常强,到处充满了“公平的”、“合理的”规定,那么如何界定“公平”、“合理”呢? 实施时存在相当大的自由裁量,这其中必然存在很多问题。

还有一个是执法体制,在立法过程中围绕着由谁来执法充斥着很多争论。直到反垄断法通过时还未解决,在实施过程中由国务院来决定。我们可以看到,在《反垄断法》实施过程中,是由国务院通过商议,决定分别由商务部、发改委、工商总局来承担相应工作。商务部负责的主要就是审查经营者集中,发改委主要是审查价格垄断,其他的由工商总局来承担。发改委和工商总局在价格垄断和非垄断问题上有时候是很难截然分开的。垄断协议里,直接的价格限制是价格垄断没问题,但是能说产量限制和价格垄断没有关系吗? 现实中,OPEC 就是一个典型的卡特尔组织,但它是一个政府组织,不属于我们反垄断法规制的对象。它就是通过产量的限制,来控制价格,防止价格下跌。产量限制和价格垄断无法截然分开,那么在执行过程中必然有问题。一方面设立了反垄断执法委员会,它发挥协调作用,下面有三家机构,实际上不止三家,而是 3 + x。证监会、银监会、保监会、电监会,按照有关规定,它们对自己所监管的行业所涉及的垄断问题,也会进行监管,它们之间如何协调也是个问题。反垄断执法和司法中涉及复杂的经济分析,反垄断法调整的是经济关系,很多问题是经济问题,市场上发生的经济事件,要衡量它的经济绩效则离不开相应的经济分析。以今年 3 月商务部否决可口可乐并购汇源的案件来说,商务部基于什么理由来否决它的并购,理由是否充足,各方面看法不一致。从前一段时间媒体的评论看,有支持的,也有反对的,任何一起反垄断执法案件都会招致不同的观点。除了经济利益这个问题,从其本身看,也会招致各方面不同的观点。这里涉及的经济分析是必要的,但是经济分析也是靠不住的。同样是经济分析,有些人得出结论要禁止,有些人说要允许。基于怎样的考虑才是相对合理和必要的,这也是对我们的执法者的一种考验。在我们讨论反垄断法与知识产权之间的关系之前,以上我先把反垄断法的一些背景介绍了一下。

二、我国反垄断法在知识产权领域实施的复杂性和敏感性

《反垄断法》实施本身是很敏感很复杂的问题,在知识产权领域的实施就更复杂更敏感。为什么这么说呢? 因为它把两个复杂的问题牵扯在一起。在我国,很长一段时间以来,对于反垄断法和知识产权保护是一种什么关系,尤其是反垄断法如何对待知识产权的问题,存在不同看法。这种分歧表现在立法过程中,即对反垄断法如何处理知识产权问题有不同认识。一种观点认为,知识产权

是合法的垄断权，所以在反垄断法中不应涉及知识产权问题，或者将知识产权规定为反垄断法实施的除外领域。另一相反的观点认为，反垄断法不仅要规定知识产权，还要对知识产权作出专章规定，作出规制和约束。特别是在前几年，微软在美国和欧盟的诉讼引起普遍关注时，微软在中国的总经理曾经声称，国外的裁决对微软在中国的行为没有任何影响。据此，IT 企业家公开在《光明日报》上发表文章，提出反思：为什么微软可以拉起知识产权保护的大旗，但是国内的消费者和竞争者却没有相应的抗争武器？这样的争论使这个问题相对变得敏感。《反垄断法》第 55 条一方面规定，“经营者依照有关知识产权的法律、行政法规的规定行使知识产权的行为，不适用本法”；而其后又规定“经营者滥用知识产权、排除限制竞争的问题，适用本法”。这样就确立了我国《反垄断法》在知识产权领域适用的基本原则。相对于日本和我国台湾地区的规定，我国《反垄断法》的规定更为明确。日本《反垄断法》第 21 条只是规定反垄断法不适用于商业秘密、专利法的一些正当行使行为，台湾“公平交易法”也是这么规定的。但是这并不影响他们从反面理解，按照他们学界和执法部门的理解，规定正当行使行为不受反垄断法规制，也就是说，不正当行使知识产权或者说滥用知识产权就要受约束。他们进行了一个反面的推理，我们的规定则相对比较明确，不需要推理。

我们刚才说，反垄断法在知识产权领域的实施更为复杂和敏感，原因在于它涉及保护知识产权，鼓励技术创新和执行反垄断法以维护公平竞争这两者之间的平衡协调问题。保护知识产权有它的必要性、合理性及正当性，其中最基本的就是要达到一个鼓励创新的目标。因为，知识产品可以在不影响别人使用的情况下自己进行使用，而且从其本身来说，使用的人越多，其价值发挥得越充分，但是如果大家都可以免费无偿地使用，还有谁会继续进行开发创新？以软件为例，它的开发是有很大风险的，需要花费很多资源，但是开发出来以后，复制成本很低，甚至是零成本，原来复制还需要一张光盘或者网盘，现在可以非常方便地从网上传输下载。如果没有任何保护措施，开发者的利益便无法得到补偿，这样更不能达到奖励、鼓励创新的目的。所以保护知识产权是必要且必须的，但同时还存在对公平竞争的维护问题，如果偏重某一方面，忽略另一方面，那就会对社会公共利益、消费者利益产生不利影响。

实际上，随着国际公约尤其是 WTO 知识产权保护公约的颁布，各国对知识产权的保护越来越严格，而且把它纳入了 WTO 特有的争端解决机制中，实施力度大大增强。另外，这些知识产权的拥有者——跨国公司，在其他国家，尤其是在发展中国家，它们的行为很少受到约束。这样使得我们在国与国之间，国内不同群体之间，个体权利人和公众之间，利益处于失衡的状态。这里涉及在知识产权保护和反垄断之间的合理的平衡及界限,偏向任何一个方面都会产生消极后果。在不同国家、不同地区、不同时期,对知识产权保护所采取的态度和具体措施都是不同的。就美国来说,曾经在一段时间里,知识产权保护占上风,认为反垄断法在知识产权领域不应适用。另外一个时期反垄断占上风,特别是在70年代,美国司法部曾经出台了9部实施细则,从9个方面对知识产权的反垄断行为进行制裁。现在看来,美国司法部很多行为本身有合理性。但这对知识产权的行使造成过多的约束,对知识产权造成了不利影响。基于此,很多国家在理论上和实践中进行了探索。从目前看,越来越多的国家都有一个共识,这两者本身有一致性,无论是保护知识产权还是反垄断,都是要保护消费者,鼓励竞争,鼓励创新。但是不同国家,经济社会发展背景不同,尤其是发达国家和发展中国家,前者属于技术输出国,更多是作为技术受让国,在知识产权保护方面,利益问题导致他们的立场不同。去年联合国贸易发展组织发布了一份文件,把不同国家在这个问题上的立场进行了分类,可以供我们参考。总的来说,在知识产权领域实施反垄断法,涉及在保护知识产权和鼓励竞争之间如何进行平衡和协调。

三、反垄断法在知识产权领域实施需明确的两个基本问题

总体来说,反垄断法在知识产权领域的实施包括方方面面的问题,既有反垄断法中普遍性的问题,也有知识产权领域比较特殊的问题。对这两个方面的关系在理论上的理解、认识及在实践中的把握,直接关系到反垄断法在这个领域的实施原则和方向。我提出一些基本的思考,有什么不恰当的地方,大家再一起讨论。

(一)滥用知识产权和排除、限制竞争之间的关系

第一个方面,滥用知识产权和排除、限制竞争之间是何种关系?《反垄断法》第55条后半段规定,如果经营者滥用知识产权,排除限制竞争,那么就要适用《反垄断法》。那么这两者之间是什么关系?有些人提出知识产权的实施适用《反垄断法》的两个要件,一个是滥用知识产权,一个是排除限制竞争。有些人对它进行了狭隘的理解,尤其是以英美法判例法的理论来进行比较狭隘的理解。首先认定它是滥用知识产权,然后看它是否排除限制竞争,最后再看它是否适用反垄断法。我认为这种理解是不符合立法原意的,至少在我们参与反垄断立法过程中,并没有把它限定在这样狭隘的范围内。滥用知识产权本身没有一个统一的概念,不同国家对它的界定不一样,甚至有些国家根本就没有这个概念。有这个概念的国家和地区,具体概念也不一样。在英国,专利权期满后还要

去行使专利权，这属于滥用知识产权；在美国，可能范围要更广泛一点，不仅仅包括专利权，还包括商标权、版权、商业秘密等。从法院判例看，它的含义、范围还是比较狭窄的。

关于滥用知识产权，我国法律没有任何解释，《反垄断法》第55条是第一次规定知识产权的滥用问题。我们不能拿少数国家或者判例国家狭隘的概念来理解知识产权滥用，进而将其作为一个要件来把握。我们应该从广泛意义上来理解，即将滥用知识产权看成是与正当行使知识产权相对应的一个概念，即不正当行使知识产权。凡是知识产权权利人在行使知识产权时，超出了法律允许的范围和界限，导致损害了他人利益和社会公共利益，我们都可以把它概括成为滥用知识产权，而不应仅仅拿美国或者英国在判例法上形成的狭隘的概念来界定滥用知识产权行为。我们要注意，虽然滥用知识产权涉及反垄断法，但它不限于或者首先不是一个反垄断法上的问题。对滥用知识产权进行规制时，它涉及公共政策等很多方面，包括竞争政策、创新政策，甚至包括言论自由等政策。竞争政策只是其中一个方面，只有在涉及竞争政策时才和反垄断法有联系。实际上和竞争法相联系时，也不仅是反垄断法的问题，也还涉及反不正当竞争法的问题。比如近几年，可能有这种现象，有些企业知识产权没有受到侵犯，但是以此为手段作为打击竞争对手的策略，向对方发出警告函，在媒体上进行公开炒作，向法院起诉，给竞争对手造成困扰。在我们原有的法律框架下，即使原告败诉，法院最多只是不支持其法律主张或请求，原告最多只是损失诉讼费用而已。但是对对方来说，则使他丧失了宝贵的竞争机会。我们国内企业在涉外领域中，遭遇这种情形的比较多。前几年，美国通用汽车指控奇瑞汽车侵犯其知识产权。一开始主张奇瑞侵犯其外观专利权，但事实表明，通用没有在中国注册。包括通用收购的韩国汽车公司，在中国都没有申请专利权，谈何专利权保护？后来又涉及版权保护，涉及汽车外形。汽车形状本身是实用品，虽然著作权法的保护扩大到实用艺术品这个范畴，但是实用品本身有艺术性才行，虽然汽车也有艺术性，但它首先是实用品。汽车主要还是用于驾驶，而不是拿来欣赏，如果为了欣赏，可能买个汽车模型或者画册就够了。通用的指控中还有一项涉及商业秘密，国家相关机构曾经组织我们进行初步调研，我们最终得出的结论是，这里面可能涉及反向工程。反向工程在专利权上不能作为抗辩理由，但在商业秘密上可以作为合法抗辩理由。通用的指控没有依据，但是却大做文章，尤其是当时，上海准备开APEC会议，组委会本来指定要用奇瑞的东方之子型号的轿车，奇瑞被视为是我们国内民族汽车产业的一面旗帜。但经过通用这样大做文章之后，就导致组委会不敢指定用这款车，对它的销售影响很大。这里可能主要涉及的不是反垄断法的问题，而是反不正当竞争法的问题。《反垄断法》对知识产权滥用进行了最基本的规制。

基于对滥用知识产权和违反反垄断法之间关系的这种认识,我们得出一个基本结论,在认定知识产权的行使行为是否构成滥用知识产权和是否违反反垄断法时,滥用知识产权和违反反垄断法——对这两者的认定是可以分开独立进行的,其中一个的认定不一定要以另一个为前提。只不过行使知识产权的行为若违反了反垄断法或者构成反垄断法违法行为后,也就同时构成了滥用知识产权。但此处逆推理是不成立的,滥用了知识产权未必违反反垄断法。

基于这样的认识,我们在理解《反垄断法》第 55 条时,不需要首先认定它是知识产权滥用行为,再去分析它是否排除限制了竞争,而是基于行使知识产权行为是否对竞争存在某种形式的不正当排除或限制,若存在这种不正当排除或限制,就可以认定它违反《反垄断法》。我们强调不正当的排除、限制竞争违反反垄断法,知识产权正当行使本身也会限制竞争,也会有某些负面影响,但这是合法的,是法律权衡利弊的结果。我们通常说,两害相衡取其轻,两利相衡取其重,那么此处法律权衡利弊的结果不是说它本身没有任何的负面影响,只是法律会承认这种负面影响。可以将之视为我国实行知识产权制度的一个必要代价,所以我们能够容忍或者是保护这种对竞争的限制。以上是我们对滥用知识产权和排除、限制竞争两者之间关系的理解。

(二)知识产权与市场支配地位之间的关系

第二个方面涉及对知识产权与市场支配地位之间关系的理解。直接涉及在反垄断法上应如何看待知识产权的特殊性,进而涉及对知识产权相关行为是从严还是从宽适用反垄断法的问题。不同国家、不同时期对该问题有不同的分析和处理原则。在执行反垄断政策比较严厉的时期和国家,人们往往强调知识产权本身的特殊性,常常将拥有知识产权本身等同于拥有市场地位,从而对其实行更多更严格的规制。占有市场支配地位是构成反垄断法上滥用市场支配地位的前提条件,这样就使得同样的行为因为不同主体来实施,后果迥异。反垄断法体现经济法中实质正义,进行具体调整,不同于民法,把各种主体抽象为自然人、法人、其他组织。那么在反垄断法中,同样是经营者,同样是企业或者法人,存在大企业、中小企业;有支配地位的企业和没有支配地位的企业之分,它们在法律上受到约束和规制的情况是不一样的,涉及知识产权的行为必然要受到更多的约束和限制。

1995 年美国司法部和联邦贸易委员会联合发布了《知识产权许可的反托拉斯指南》,自此之后,美国和其他相关国家和地区,包括欧盟和日本以及我国台湾地区,在这个问题上都逐步地形成了一种共识,即不能将拥有知识产权和拥有支配地位等同起来，两者没有必然的联系。该《指南》确立了三个核心原则：一是反托拉斯部门在确认是否触犯反托拉斯法时，反托拉斯部门将知识产权与其他财产同样对待。但并不是说两者完全等同，没有差别，其实还是将它们视为有差别的。比如，在财产的表现形式上，在独占性的程度方面。有些财产在发生纠纷时就是确定的，很多知识产权在发生纠纷的时候还需要法院认定其是否存在，其范围有多大。因为知识产权生产成本很大，但复制成本很低，所以与其他财产的差异还是很大的，但这还不足以在《反垄断法》上对它给予特殊对待，只是遇到具体案件时具体分析。与这个原则相关的另一个原则就是，反托拉斯部门不假定仅有产权就会产生反托拉斯意义上的垄断，即知识产权所有人并不导致自己被认定为垄断行为人。这是美国反托拉斯委员会确定的原则，这个原则得到了很多国家的支持。虽然知识产权并不必然导致市场支配力，但是在认定市场支配地位的时候知识产权往往是一个关键的因素。尤其是在缺少替代产品和替代技术的时候，知识产权是个关键因素。拥有了知识产权可能就拥有了进入市场的障碍，特别是对知识产权依赖程度比较高的领域，比如软件行业、网络产业、生物技术产业，这一点表现得就非常突出。所以总体上说，大部分国家在涉及知识产权领域的反垄断问题时，会把它纳入《反垄断法》通常的框架下进行考虑。既不因为知识产权产生固有的垄断性而进行特殊的约束，也不因为法律保护知识产权而对知识产权行为网开一面。所以知识产权本身不属于支配地位，与其他财产一样，《反垄断法》既不对其进行特别的豁免，也不进行特别的规制。

四、我国《知识产权领域反垄断执法指南》的制定

我们谈一下知识产权领域反垄断执法的两个问题。知识产权领域的反垄断问题非常复杂，尤其是在我们国家，《反垄断法》执法事件特别多，目前才一年多，基本上没有多少经验可言，涉及知识产权领域就更加难以操作。这就使得我们在进一步有效进行反垄断执法时，包括对相关的知识产权的权利人经营者理解自己的行为是否符合《反垄断法》，要有更加细化的规则。借鉴相关国家的做法制定反垄断执法的指南，这是反垄断委员会的职责。其制定的指南对反垄断法执法机关之间能进行一个很好的协调。知识产权领域的《反垄断法执法指南》是由国家工商总局负责起草的。工商总局设立了课题组，由工商总局具体部门及专家组成，从今年三月份开始就在各地进行调研，先后起草了四稿，在今年9月12日的时候我们正式完成了第四稿。10月29日我们开了一个研讨会，征求专家的意见。在该《指南》制定过程中，要相对明确或者细化其中的规则，那么在确立一些原则和框架过程中，该如何去理解经营者滥用知识产权的行为？

《反垄断法》出台后，很多人认为，这种行为是有别于限制竞争、滥用市场支配地位之外的一种新的垄断行为。但我们认为这不是一种独立的形态，它要么依附于限制竞争协议、要么依附于滥用市场支配地位，并不是一种新的形态。其他滥用知识产权行为也不能全部纳入《反垄断法》的范围内，而是要根据其他法律，比如根据《商标法》、《专利法》或者《反不正当竞争法》来处理。对知识产权领域具体行为进行规制时，知识产权垄断行为不是一个独立的行为。按照知识产权的分类，如专利、商标；或按照不同阶段，如申请阶段、实行阶段；或是按照违法性的程度，类似《反垄断法》中本身违法程度、合理程度，从不同的思路出发来对知识产权垄断行为进行规制，《反垄断法》中所依据的分类还是比较可行的。

最后我们利用一点时间讲一个案例，《反垄断法》实施过程中有很多《反垄断法》第一案，但是我认为下面这个案例是真正的《反垄断法》第一案，即上海一中院审理的四川德先公司诉上海索广有限责任公司及索尼株式会社案。这个案件早在 2004 年 11 月份就提出诉讼，在 2007 年《反垄断法》出台之前进行了判决。虽然案件的案由是反垄断纠纷，但是当时只能按照《反不正当竞争法》来审理。案情是这样的，四川德先公司生产的电池在其他数码相机上用都没问题，但是在索尼的相机、摄像机上都无法使用。索尼的相机上有一个智能密钥识别系统，它只认索尼牌的电池，如果你买了索尼产品，以后就只能用它的电池，而索尼电池的价格比较高，这样就剥夺了消费者的选择权。作为经营者德先公司的市场受到了限制，要解决这个问题要付出很大的成本。后来德先公司以《反不正当竞争法》第 2 条和第 12 条向法院起诉，实际上无论是起诉还是受理都应以反垄断为案由。被告索广提出四项抗辩理由，一是这个技术是知识产权，本身就具有独占性，而原告则有侵权的嫌疑；二是索尼电池是专用电池，没有国家标准；三是这种电池是有特殊性的，与相机是有交换信息的，能够显示时间和电量，这也是为了保护消费者的权利；四是认为起诉没有依据，我国当时还没有《反垄断法》，即使它的行为构成垄断也没有依据对其进行规制。索尼公司还增加了一条抗辩理由，认为索尼公司授权索广公司生产电池，而德先公司本身就是一种侵权。后来上海一中院认为两被告确实在相机上加了智能密钥识别系统，此技术有信息交换功能，该种机器和电池之间通讯的需要具有合理性，原告提供的证据不能证明被告是搭售行为，法院没有支持原告的诉求。

现在《反垄断法》出台之后，我们可以看出这个案例中存在很多问题。留给我们的思考有以下几点：

第一，原告败诉的一个非常重要的原因是举证不充分，虽然原告有举证，证明被告当时在数码相机市场占到了 50% 的份额。但是证据是来自媒体的报道和原告委托的中介公司进行的调查，法院认为这个证据不充分。《反垄断法》规定可以进行私人诉讼，但是私人在举证方面存在困难，执法机关在这方面拥有足够的资源。即使作为一个企业，它进行举证也很困难，法院很难认可，这就意味着《反垄断法》第 50 条实行起来比较困难，

第二点是相关市场的界定及市场上支配地位的认定。通常我们对搭售的理解是，在买 A 产品的时候搭售 B 产品，但是在卖相机的同时卖配件耗材是不是一种搭售？厂家支配地位是在数码相机摄像机的市场上吗？如果所占市场份额确实是 50%，被告也可以反驳，如证明市场竞争激烈，份额不很稳定等。李建副教授认为这时不能认定在数码相机市场上有支配地位，但可否认定在电池、耗材市场上具有支配地位？如果只有它生产的电池可以匹配该相机，那么它就占有 100% 的份额，可否这样认定？

第三点是知识产权的反垄断问题。如果认定是支配地位的话就进入第二阶段，看是否存在滥用，如果今后《反垄断法执行指南》对该问题有规定，那么可以依从以后的规定，但是现在在这方面，我们的观点很不统一。

这个问题很复杂也很不好解决，同学们的博士硕士论文可以从这方面进行探讨。今天我就讲这么几个问题，如果大家有不同意见可以提出来，谢谢大家！

沈贵明：刚刚王教授做了一个非常精彩的讲座，后面还分析了一个案例。如果大家对这个案例想表达一下自己的观点，或者对王教授前面讲的内容需要请教的，请抓紧时间提问。

提问一：您讲的案例中，相关产品的相关市场界定是一个很难的问题。从可分性上讲，如果是相机核心的东西，能否按相机的市场份额算？如果可分的话，能否从可分物的市场上算，这个是否有一定的合理性？电池是相机可分的部分还是密不可分的部分，怎么去界定可分与不可分的问题？

王先林：相关市场的界定在反垄断法中是一个非常复杂的问题。因为这是决定市场支配地位能否构成，进而决定案件胜败的因素。美国司法部起诉杜邦案中，杜邦首先是生产玻璃的，司法部说杜邦有百分之百的市场份额，杜邦不同意，抗辩理由是相关市场是包装材料市场，所占份额不到 30%，是不具有市场支配地位的。实际上就像商务部否决的汇源与可口可乐的并购案，是把碳酸饮料作为相关市场进行界定还是把所有的饮料作为相关市场来进行界定，碳酸饮料和果汁饮料是否有可替代性？具体要看强调的是哪个方面，刚举的案例中，如果说其在数码相机和摄像机市场有支配地位的话，那么就在这一类产品市场上进行界定，若在该领域无支配地位，则在另一市场上进行界定。按李老师的观点，在数码相机或摄像机市场上很难认定其有支配地位。我们不把相关市场扩大到

所有的照相材料这个市场，即使在数码相机这个小的领域索尼也不具有支配地位，但是索尼的行为却又有不正当的地方。索尼的电池作为一种配件或者耗材，在整个耗材市场上不具有支配地位，但它利用密钥来限制其他电池的竞争，相关市场就只能限定为这个电池市场，则为百分之百的份额。这只是相关市场界定的一种方法，相关市场的界定是一个复杂的问题，涉及地域市场、技术市场、创新市场，以及时间市场。判断相关市场的最基本的因素就是看其是否能够相互替代，如果能够相互替代就是相关市场，不能相互替代就作为两个市场。

沈贵明：关于相机和电池市场的替代市场的问题，刚听到您讲，在售后服务领域若只能用这个电池，则其市场份额为百分之百。如果我用你的相机，则使用配套电池；如果电池不能替代，可能我就不买你的相机，我可以选择其他的相机。电池的百分之百的市场可能导致相机的销量也受到影响，消费者可能就不买你的相机了。我可以买佳能或者其他的。所以相关市场的界定，也要把销售量考虑在内。

王先林：沈老师讲得很有道理，这也是经济学界在讨论的过程中，不支持原告的一个很重要的理由，即使购买了产品后可能绑定消费者，但是对相机的销量也是有影响的。但是如果从特定或者相关市场看的话，购买了相机之后，不能因为电池而将相机弃之不用。这里还是回到了比较复杂的经济学分析的问题上。所以产品搭售的行为，现在在美国《反托拉斯法》的执法过程中，将其认定为违法越来越困难，门槛越来越高，这反映了从多个角度进行的考虑和权衡。

提问二：案件中，法院判决德先科技败诉的理由是因为其未能证明原告行为构成垄断行为。在反垄断执法过程中，存在很多经济分析的问题，如果按照现在民诉的举证规则，谁主张谁举证，这给原告造成很重的举证负担。如果消费者想起诉大企业的话，如何搜集证据，如何进行经济学的分析？如果按照民诉的规定，对反垄断法的执行会是个很大的障碍。如何解决这个问题？

王先林：从去年开始，最高法院开了好几次研讨会，欲制定这方面的司法解释，试图为这方面的举证制定一些原则。作为原告，不论消费者还是企业，当然，消费者是否有起诉权，这个在美国等国家都有不同规定。我国反垄断法的司法解释试图解决这个问题。按照谁主张谁举证的原则，原告举证到什么程度才算比较充分，法院才会认可，目前没有统一的说法。与此相关的，这个问题在日本、新加坡为何不突出呢？这些国家和美国不一样，它们规定私人起诉的前提是，专门的反垄断机构已经认定这个行为违法。有了执法机构的认定后，法院可以将其作为表面证据。作为专门执法机构，肯定搜集了很多证据，法院就可依此来认定。所以我们国家《反垄断法》只是笼统规定，垄断行为对他人造成伤害的，可以依法提起民事诉讼。谁可以提起，范围多大，是否有前置条件，谁来管辖，举证等问题都没有明确，司法解释想解决这个问题。目前，司法解释未出台前，没有统一的标准，只能由各级法院自行把握。

提问三：我国《反垄断法》具有域外适用效力，之前澳大利亚的两拓合并对国内钢铁公司进口铁矿石具有很大影响，也提出了要求商务部审查。如果商务部作出了裁决，那么对两个公司合并的规制有多大的效力？是否能限制或降低合并的程度，减少合并造成的损害？

王先林：这个涉及域外管辖，还有反垄断执法的国际合作问题。两拓作为澳大利亚，及全球第二大、第三大产量的铁矿石生产商的合并，对我国这个矿石消费国会产生重大影响。其虽为澳大利亚的公司，我们利用《反垄断法》域外适用的效力对其进行管辖是没有问题的。它们的合并还要向美国、欧盟等国家进行申报。我们知道，澳大利亚的ACC批准了其合并，但欧盟在2008年对其进行了否决。它们同时向好几个法域进行申报，只要有一个国家对其进行否决的话，合并就没办法完成。就像美国通用的一起合并，美国批准，而欧盟否决了，该起合并就无法完成，因为其在欧盟有很多的业务。两拓也向商务部进行了申报，但是后来欧盟已经明确禁止它们合并了，它们也就放弃了合并。今年，情况有些变化，力拓与中铝公司之前入股了，后来违约，这两家企业又通过其他方式进行资产重组。如果这里面涉及同样的问题，那么也需要进行申报。否则的话，我们也可以对其进行禁止。力拓在中国的份额占其业务的50%。这里存在一个问题，如果商务部作出禁止决定，该如何执行？毕竟其为澳大利亚企业，不在中国境内。本来的域外适用规则，是美国法院在1945年美洲铝业公司案中确立起来的。刚开始遭到了很多国家的抵制和反对，特别是英国和澳大利亚在立法和司法上对这个规则进行抵制。但是后来，越来越多的国家相继效仿。我们国家在制定《反垄断法》过程中，也采取了影响原则和效果原则。执行的问题，要靠主权国家，只能在本国执行，可以进行判决，但是若其在国内没有财产，该如何执行？经济全球化的背景下，各国反垄断法执法机构的合作是非常必要的。目前没有统一的国际反垄断法，也没有统一的国际协调机制。WTO成立后，曾在这方面试图协调，但在2004年宣布失败。发达国家和发展中国家无法达成一致。发展中国家认为，多一份协议，多一份约束，担心一旦有协议，将会有更多的限制。

提问四：反垄断法是国家调节市场的法律，我国《反垄断法》中最有特色的是关于行政垄断的部分。自然垄断是反垄断法适用除外的。随着经济发展，自然垄断是否会被纳入到行政垄断的范围？比如电信行业，以前是自然垄断的范围，排除使用反垄断法。但是，随着竞争的激烈，也被纳入反垄断法规制范围。

政府既身处垄断法的规制中，又需要决定何种为行政垄断，这是否存在实质性的矛盾呢？

王先林：不能笼统地说自然垄断是反垄断法的适用除外。严格来说，反垄断法的适用除外是对农业经济组织的行为。其他所有的领域，比如《反垄断法》第15条不适用，严格来讲只能是豁免；第7条，国有企业或关系到国计民生的问题则有争议。按照反垄断法的基本原则和制度框架，反垄断法不反对垄断状态或者垄断地位，哪怕是百分之百的份额，如铁路行业或烟草专卖的行业，只要是依法取得独占的地位。依照现在的反垄断法，独占地位也是合法的。但若滥用独占地位，同样应受约束，哪怕是自然垄断领域。比如，公用企业或者其他依法具有独占地位的经营者，如果搞搭售，指定交易或者强制交易。自然垄断是一个很复杂的问题，并且随着技术的进步或者经济的发展，授予自然垄断的情况是有变化的。比如电信，原先认为自然垄断的，现在不再是垄断了。有些领域需要进一步细分，如电力行业在传输、配送方面具有自然垄断性，但是生产、发电不是垄断性的，而是竞价上网的。关于行业垄断、自然垄断和行政垄断概念划分的问题，通常，行政垄断是一种约定俗成的说法。按照反垄断法来解释就是，滥用行政权力，排除限制竞争，这个主体限定为政府或政府部门，或者依法经过授权行使公共管理职能的组织。我们现有行业的主体，很多是企业，即使是公有企业。所以大多行业垄断还是企业垄断。行业垄断也涉及行政垄断，我们很多行业政企不分。如铁路行业，铁道部就是主管部门，也是经营者，我们的烟草专卖局和烟草公司是两块牌子一班人马，行政权和经营权是不分的。这属于经济性垄断和行政垄断的交叉。涉及行业的垄断是需要划分的，有的属于行政垄断，有的属于经济垄断。有些问题还是特别受到关注的，自来水、电力、煤气，它们的很多行为消费者是不满意的，尤其是价格问题，也涉及国家的行业管制和反垄断法的执行协调问题。在自然垄断行业或者供应行业中，政府进行专门的行业管制，还有专门的监管机构，如电监会，涉及国家定价，当然其价格行为不受反垄断法的约束。即使有不当也是政府的行为不当。在其他的领域中，搭售或强制交易的问题，完全构成反垄断违法。由于其和政府行政的职能交织在一起，比较复杂，可能受到行政的庇护，这样就把行政权力和市场的因素结合在一起，反垄断法的适用就会面临挑战。谢谢！

沈贵明：时间过得非常快。通过王教授的演讲，我们不仅了解到反垄断法在知识产权领域的实施问题，王教授对某些问题的回答也超出了这个范围。今天我们至少有四个方面的收获。第一，我们通过讲座，看到王教授的敬业态度。他对我们学校举办的讲座了如指掌，这说明他的敬业精神。我们学习研究一定要信息灵通。第二，对前沿的问题，从立法到执法等方面都把握的非常好。我们在学习中必须关注前沿性的问题。今天的讲座提出了非常关键的问题，如执法中的两个关系的问题及执法中的困难问题。还有另外一方面的收获，整个法学的研究总有几个阶段的过程，从理论的研究到立法的逐步发展完善，然后过渡到司法，我们要关注整个的学科发展趋势。尽管时间很短暂，我们的收获还是很多的。特别是案例的分析，将抽象的原理具体化了。这些都是王教授给我们带来的。让我们再次以热烈的掌声向王教授表示感谢。

《反垄断法》实施后的若干问题

主讲人:时建中　中国政法大学教授、博导
主持人:顾功耘　华东政法大学副校长、教授、博导
记录人:栾芳　黄思奇　黎琳　陆顺祥(2011级经济法专业研究生)
时　间:2011年10月17日18:00—20:00
地　点:华东政法大学长宁校区交谊楼第三会议室

顾功耘:各位老师同学们晚上好。今天我们很荣幸地请到中国政法大学时建中教授来华政演讲。时建中教授长期以来对经济法、反垄断法有很深入的研究,取得了许多成果。他今天讲的题目是反垄断法实施的现状和问题,我相信大家对这个题目一定是很有兴趣的。接下来,以热烈的掌声欢迎时教授作精彩的报告。

时建中:谢谢顾老师,也谢谢各位同学和老师。非常高兴有机会来华政和大家交流反垄断法。我国的《反垄断法》已经实施了三年多,那么三年之后实施状况如何,通过三年的实施又面对怎样的问题?这些问题对反垄断的教学、研究都有哪些启发?这些是我主要想交流的问题。

一、回顾反垄断法的立法历程

我国《反垄断法》是2007年8月30日全国人大常委会通过的,2008年8月1日正式开始实施。追溯反垄断法的立法历史,可以看到学者和媒体所用的数字是不一样的。有些媒体说我国反垄断法13年磨一剑,也就是说它经过了13年的立法;也有媒体说经历了20年的立法过程。尽管说法不一致,但其实都正确。

第一种说法(13年),是因为1994年反垄断立法开始正式列入全国人大的

立法规划，从此启动了我国反垄断立法的进程。第二种说法提到20年的历程，是因为早在1987年国务院法制局成立了反垄断法的起草小组。即使按照13年的说法，反垄断立法历程也算很漫长。为什么会经历如此长期的立法历程？我们首先要对反垄断法的大背景进行分析。

概括来说，影响反垄断立法，甚至到目前为止仍旧影响着反垄断执法的原因主要有：

第一，体制原因。可以用一句话概括，计划经济体制下不需要反垄断法，市场经济体制下离不开反垄断法。1987年当国务院法制局成立反垄断法起草小组时，我国刚刚经历过了十多年的改革，属于摸着石头过河的阶段。我们只是知道河这边过不下去了，一定要过河，但河对岸是什么我们并不清晰，河水有多急多深，石头多不多，石头稳不稳，这一切我们都不知道，只能摸着石头过河。但是1987年过后，几个重大事件发生。1989年之后，人们对我国的政治制度、经济改革、对外开放有了另外的想法，紧接着就有了小平同志针对这样的状态进行的1992年的南方讲话。邓小平正确表达了计划与市场的关系。于是，1993年中央出台了非常重要的文件，建立社会主义市场经济体制的文件。"建立"二字，说明还未建成，换句话说，在这个文件发布之前，我国毫无疑问还不是市场经济体制。为了配合这个文件，反垄断立法转向反不正当竞争的立法。1993年，出台了《反不正当竞争法》。市场经济体制尚未建立时，市场资源配置不是靠竞争，而是靠计划。计划实际上指的就是行政权力。计划经济体制下的计划分为指导性计划和指令性计划。指令性计划就是行政命令，它是有足够约束力的，它是配置资源最有效最主要的机制。在这样的机制下，竞争法是起不到作用的，所以反垄断法也提不到议事日程。但是经过20多年的改革开放，市场上充斥着大量假冒伪劣产品，表明了一个问题——竞争过度。最典型的例子，温州康奈皮鞋在80年代中期都是用牛皮纸做的，刚买的皮鞋也许才走到店门口就坏了。温州产品在当时是假冒伪劣产品的代言。所以当时迫切需要解决的是不正当竞争问题，由此，奠定了我国竞争法的立法模式选择的是分立式的立法。这不是一种有意识的选择，而是一种不自觉的选择，甚至是一种无奈的选择。因为计划是配置资源的主要模式，所以反垄断立法的紧迫性必要性都不强。

随着时间的推移，到了上个世纪末期，为了巩固改革开放成果，进一步加大对外开放的力度，我国政府提出复关，申请加入WTO。经过十几年谈判，我国在本世纪初加入了WTO。一旦加入，这就意味着我国经济体制的改革不再是国内本身的事情，一定要符合国际规则，承担国际义务，因此进一步加大了市场经济体制改革的步伐和力度。到了2003年，中共中央出台了《关于进一步完善社会主义市场经济体制的若干决定》。十年前是关于建立，十年之后是关于完善，这意味着市场经济体制已初步形成,改革向纵深发展。在此背景下,2004 年,反垄断立法步伐加快。2004 年底,反垄断立法起草的牵头部委商务部,向国务院报送了反垄断法的送审稿。国务院批复了送审稿,提议全国人大常委会讨论审议,最终,在 2007 年《反垄断法》出台。大家要明白,法律的出台一定是受制于特定的社会经济背景。所以,我的主要观点是,计划经济体制下不需要反垄断法,市场经济体制下离不开反垄断法。

第二,影响反垄断立法和实施,还有一个观念上的障碍——误认为反垄断就是反规模经济。尤其是 2008 年受美国引发的全球金融危机和现在的欧洲主权债务危机等因素的影响,使得我国大企业的竞争对手处于衰落状态,随着我国经济的发展,在世界 500 强已有几十家我国企业。但是在 2004 年以前,我国没有几家企业进入世界 500 强名单。所以在当时,我们希望能够做大做强中国企业。可是企业规模尚未做大,就开始反垄断法的立法。因此许多人认为企业做大将面临法律上的障碍。这个思路、观点是错误的,错误地将反垄断等同于反规模。反垄断并不是反规模经济,规模经济并不一定就是垄断,关键要看其是否滥用了经济地位。垄断地位是行为主义而不是结构主义,在这一点上我国的立法是和国际潮流一致的。但许多人的观点仍停留在过去,所以对立法造成了影响。目前,这种影响仍存在,当反垄断法在适用央企,甚至包括国资委时,许多人认为反央企就是反规模,甚至认为是反经济体制,大帽子一个个加上,这是一种错误的观点。

第三,影响机制就是执法权之争。我们知道,反垄断执法权配置给三个部委。商务部负责企业合并的反垄断审查;发改委负责与价格垄断相关的反垄断执法;其他一般的垄断行为,比如垄断协议、行政垄断等由工商总局执法。

其实在立法过程中,从学者角度希望能够通过反垄断法塑造一个独立的、单一的、专业的、权威的执法机构。但最后妥协的结果是,出现《反垄断法》第 10 条:“国务院规定的承担反垄断执法职责的机构(以下统称国务院反垄断执法机构)依照本法规定,负责反垄断执法工作。”这样的执法模式在全世界也是独一无二的。美国是由两个部门进行反垄断执法,即司法部和美国联邦贸易委员会。全世界第一部反垄断法是《谢尔曼法》,保障该法实施的最重要机制是刑事责任,启动刑事责任需要由公诉机关向法院提起诉讼,因此在美国《谢尔曼法》的执法由司法部执行。正是这个历史原因,使得美国司法部有反垄断执法权。1914 年,美国出台另一部重要法律——《联邦贸易委员会法》。这部法律塑造了一个执法机构——联邦贸易委员会。世界上其他国家,比如德国,其反垄断执法由隶属经济部下属的反垄断二局执法。如果从我国官本位思想来看,德国该机构级别不够高,但这不影响德国反垄断法的权威性。第三个常见模式,周边国家比如日本、印度、英国以及我国台湾地区，都采取委员会制度，如公平交易委员会、公正交易委员会、竞争交易委员会。不久之前，我刚去了一次日本，被邀请到日本公平交易委员会演讲。接待人员向我介绍公平交易委员会，特别强调公平交易委员会是一个独立的，执行反垄断法的机构。"Independent"是他们一再强调的关键词。之后向我提出问题，中国有好几家反垄断执法机构，能否独立？

再回头看我国独有的执法模式，是由三个机构执法。这样格局的产生有历史的原因，来自于认识的不同。对于反垄断的认识，全世界并不是一致的，各个学科的认识也存在差异。比如美国著名经济学家科斯提出交易成本理论。他最著名的文章就是"The nature of the firm"，这是他的博士论文，当时并未得到足够的重视。直到70多岁，他才因为这篇论文获得了诺贝尔经济学奖。这篇文章里有这样的表达，"He had gotten tired of anti-trust. Because when the prices went up, the judges said it was monopoly; when the prices went down. They said it was predatory monopoly, and when they stayed the same, they said it was tacit collusion"。价格的走势在逻辑上无非有三种可能，上涨、下跌、保持不变。无论哪一种可能都构成了对反垄断法的违反，因此这样的反垄断法是有问题的。这段话反映了一个著名经济学家对反垄断法的担忧，但科斯的讲话也存在逻辑上的问题。在我国，这种观点反映了经济界对反垄断立法的担忧。许多人认为我国不需要设立反垄断法，或者应该设立宽松的反垄断法。比如，对于经营者集中的申报标准，不同的人希望有不同的标准；再比如，过去对所有垄断协议进行分类，分为纵向垄断协议和横向垄断协议。一般认为横向垄断协议对于竞争的损害要大于纵向垄断协议。纵向协议又可以分类为限制价格、限制数量、分割市场等垄断协议。世界潮流普遍对于纵向垄断协议的管制力度在逐渐减弱。这一趋势实际上是在考量效率。销售要维持品牌内有竞争。比如，不同的电脑品牌存在竞争，同样的电脑不同经销商也要有竞争。如果不分类型，一概予以否定的话，对品牌的保护和经销是不利的，所有这一切都会成为反垄断立法的障碍。这是我所说的关于反垄断立法上的障碍。

还有一点要注意，我们不能说我国的反垄断法是始于2007年8月1日。在此之前反垄断法规范其实已散见于其他法律当中，比如价格法、招投标法、反不正当竞争法等。所以大家在写论文的时候，要注意表述的严谨性。到了2007年，我国的竞争法的框架、体系已经建立。全世界的竞争法立法模式有分立和合并，以及美国的特殊模式。美国有成文法判例法，有时候表现为综合性的，有时候为专门性的，因此较为复杂特殊。教材停留在这一层面，这样的表述给我们错误的认识。分立与合并的立法模式差不多，因为理论上都有这两种情形。实证考察，全世界一百多个国家的反垄断立法，真正采取分立的是少数，其他多为合并式的立法。设想一下,我国若采取合并立法,执法上问题就更少,难度更小。竞争法的立法模式,对于其实施是有重要影响作用的。

经过不懈努力,最后出台的《反垄断法》一共有 8 章共 57 条。2007 年 8 月 30 日《反垄断法》出台后,媒体开始采访我,让我作一个总体的评价,我说我国的《反垄断法》是全世界最短的反垄断法,也是全世界法律责任最轻的一部法律,因为《反垄断法》法典本身:第一,并没有对垄断行为设定相对的刑事责任;第二,民事、行政责任不需要追究个人责任,处罚针对的主体为企业,企业的高管人员不需要承担个人责任,因此当责任落实到对个人时其威慑力是不够的。这是反垄断法的一个总体情况。

由于反垄断法粗线型的立法方式,注定实施要面对大量问题,因此需要和其他法律一样,必须有相应的细化规定。第一,中国立法通常为三合一体制,一为法律,二为国务院实施意见,三为最高人民法院司法解释。反垄断法也不例外,在反垄断法实施后的第三天,国务院公布了关于经营者集中申报标准的规定。第二,双层次、多机构的执法体制,《反垄断法》第 9 条规定了国务院反垄断委员会,它是一个议事机构,不是执行机构。除此之外还有反垄断法执法机构,以商务部、发改委、国家工商总局为代表,但不限于这三家。国务院反垄断委员会有几项重要职能,其中一项为发布反垄断指南,在 2009 年 5 月 24 日,国务院反垄断委员会发布了《关于相关市场界定的指南》,这也是非常重要的一个文件。因为实施反垄断法第一个工作就是要界定相关市场,确定竞争范围,竞争主体,竞争涉及的领域。有这样一句名言,“The definition of relevant market is the start of analysis of any kind competition”。任何类型的竞争分析的开始都是对相关市场的分析。这句名言同时也是一种观点,一种方法。一提到相关市场,就要考虑竞争的范围、主体。在反垄断法实施之后,商务部迄今为止已经发布了 6 个与经营者集中有关的文件;国家工商总局也发布了 5 个与履行反垄断法相关的文件;发改委发布了 2 个相关文件;最高人民法院也公布了《关于审理垄断民事案件适用法律若干问题的规定》。

到此为止,我介绍了目前为止我国反垄断法立法层面的背景、反垄断法实施之后相关制度建设的状况。

二、反垄断法实施本身的问题

反垄断法的实施分为两大类,公力实施和私力实施。

公力实施,实施机构有三家。第一,商务部负责经营者集中的执法。在反垄断法实施后不久,商务部组建了商务部反垄断局,设 6 个处。目前为止,商务部审查的经营者集中的案件接近400起。今年到2011年8月收到的申报已达到412件，其中禁止的只有1件，那就是可口可乐收购汇源，其他7件是附条件批准的。禁止的可口可乐案中，可口可乐本身也想放弃收购，因为市场发生变化，收购汇源可能不太有利，因此在磋商的过程中放弃了收购行为。在已经禁止的7件中，对于产品的类型、所处的行业、造成的损害，包括商务部采取的救济措施，有的是行为救济，有的是结构救济，都是值得深入研究的。还有一个是案件中有特殊现象，如日本反垄断局的官员问为什么禁止的案件中有两个案件是日本的，一个是松下收购三洋，还有一个是日本三菱丽阳公司收购璐彩特。我认为这只能反映日本全球并购行为的活跃，除此之外没有其他原因，因为从民间至官方弥漫着不信任的情绪。一个日本有影响的学者问我，能否真实地告诉他对于松下收购三洋附条件收购的决定，我国政府是否有企图。我简单答复他，中国政府没有特别企图，只是体现中国政府反垄断的信心。因为据说三洋有一项全世界最尖端的技术，但这项技术对我国的核心利益并没有影响，若中央政府有利益，那将会有政治考量，但此事并不影响我国政府的核心利益，因此政府没必要插手这件事情，如果政府插手，那我国企业、民众也会有负面评价，很重要的原因还是在于中日双方的不信任。如果对这8个案件进行深入研究、分析，还是能得出很有意思的结论，不论对一般学习还是对论文的选择都能得出有益的观点。

商务部目前正在制定三个配套的规章，一个是《关于经营者集中附加限制性条件的规定》；一个是《未依法申报的经营者集中的调查处理》，在向商务部申报的案件当中，申报量远大于立案量，因为有些不需要申报，这主要是企业对法律的尊重或者自身不确定是否应该申报，导致不该申报的申报，这就意味着还有一种情况，即应该申报而没有申报，对于这种情况我们可能尚未发现、或者发现了而相关责任追究不够，因此要对这种情形做出相应规定。还有一种情况，有的时候有些垄断行为可能没有达到国务院规定的申报标准，但在特定行业，比如，它进入难度大、进入成本高或者它是新兴的行业或者对于某种技术依赖性比较强，或者对某种关键性事务、设备依赖性比较强，这个时候虽然未达申报标准，但这种合并行为仍然会造成垄断，即《未达申报标准而涉嫌垄断经营者集中的调查处理办法》。

国家工商总局在《反垄断法》出台后，把过去的公平交易局改组为反垄断与反不正当竞争管理局。过去发改委的职责是由发改委价格司完成的，现在改为价格监督检查与反垄断局，执法人数增加，编制扩大到近50人。

三家机构执法人员总的大概是150人左右，日本执法机构所有工作人员有799人。显然我们的构成较少，和日本、英国、美国相比，数量较弱。从国家工商总局执法数量看，已经有400多个案件，但非常遗憾没有公布案件，由此可以看出我国依法行政还有很长的路要走,事实上公开案件无论对普及教育还是对研究都是好事。但是,我国都比较喜欢坐而论道,没有行动。最近,清华大学有个法律硕士起诉教育部,要求公布副部长的工作分工。事实上,包括工商总局如果说申报的有400件,批准200件,附条件批准7件,禁止1件,除了禁止和附条件的8件之外,对于批准的我们并不知道。即使A公司和B公司合并商务部批准了,但仍有可能存在瑕疵,有可能损害C公司竞争的利益,根据诉讼法司法解释的规定,行政诉讼并不限于相对人,也可能是利益相关人,因此可能出现这种情况,即利益相关人有可能因为未公布,所以不知情,而利益受到损害,此时商务部当然应当公布,恐怕起诉对政府依法行政的进步是有帮助的,不要只有抱怨没有行动。

现在几乎没有能够成为典型的垄断诉讼案件,行政案件没有,民事案件有一些,但好多案件立案未被受理,或者受理没有作出判决或法院以调解形式结案。我们非常希望有以判决形式结案的垄断案件,这对我们的研究是有所帮助的。如中国青年政治学院周泽老师起诉中国移动收取漫游费,结果案件当庭和解并达成和解协议,中国移动也不向周泽个人收取漫游费了。但这并不是反垄断法追求的效果。这个效果说明这个机制是有问题的,结果是证明规则最好的证据。如中国移动公司,我们每个人都可能收到垃圾短信,但在中国移动有一个红色名单,列入该名单的手机号码就是不受骚扰的。现在反垄断的民事诉讼缺少机制,即一个司法解释。在《反垄断法》实施后,未来的全球反垄断法分为三级,美国为代表的一级,欧盟为代表的一级,我国为代表的一级。这是我国经济体量决定的这一点,因为我国在前年成为全球第二大经济体,第一大贸易进出口国。在全球经济低迷时,我国还在高速发展,虽然有代价,但在全球的影响还是非常大,每一个执法对全球都有很大的影响,所以这就意味着其他国家要积极和我国寻求反垄断法的合作,这也是反垄断法的国际合作问题。目前,我们已经和俄罗斯、英国等国家进行了反垄断的合作,签订了条约,或者备忘录。

三、我国反垄断法实施的问题

现状给大家介绍完了,接下来我就反垄断法在我国实施过程中存在的问题和对这些问题一些我个人的点评以及一些建议与大家讲一讲。目前存在的问题有些还是在立法的过程当中的,也有在规则层面的一些问题。

第一,还是要进一步强化反垄断法的责任体制。因为我国目前的反垄断法,整体上来看,处于违法成本不高,守法成本不低的状态,无论法律多么好,如果违法成本不高,法律的实施效果一定不会很好,反过来讲,如果守法成本高,那么实施效果也不会很好，至于执法成本我们就可以不去考虑，更何况，我们目前的执法力量和执法能力还有待进一步提升。我们该努力的方向第一个就是要推动严重垄断行为入罪，像价格卡特尔，这个英文有一个说法叫"hard core cartel"，有的把它称为"硬核卡特尔"，这是直译过来的，如果意译过来可以称为"恶性卡特尔"，这种卡特尔在全世界几乎所有的国家都认为是犯罪行为。

第二个问题是反垄断法和知识产权的关系，越来越应该引起我们的注意了。立法层面而言应该是加快制定和公布反垄断在知识产权领域适用的指南，这个应该是国务院反垄断委员会一个很重要的职责。据我了解，他们这方面的工作好像是处于一个启动的状态，进展很缓慢，为什么这样说呢？因为毫无疑问，衡量一个国家的长期的可持续的竞争力，一定是和知识产权相关的。我们现在在观点上及在理论上把反垄断法和知识产权的关系已经做了一个处理，在立法层面也处理了。合法的知识产权行为是不需要受反垄断法调整的，但是如果是滥用知识产权的行为是要受到反垄断法控制的，也就是说知识产权不是一个 use，而是一个 abuse，滥用那就要受到反垄断法的控制，所以这里面就面临着要对是否构成知识产权的滥用或者滥用的样态进行构成化的分析，那就是要列举滥用知识产权的行为都有哪些，而且他们的构成是一个什么样的状态。我们套用刑法理论看，可通过判断其客观行为来鉴定是否构成滥用。关于知识产权和反垄断法的关系，在欧盟的一个文件中有这样一句话，这应该是全球的一个共识："Competition rules apply not to the existence，but to the exercise of IPRS"。这句话就表明了知识产权和竞争法的关系，竞争法不适用于知识产权的存在也就是说你的拥有和你的占有，但要适用于知识产权的应用和使用，也就是说合法的占有知识产权并不构成对法律的违反，如果依法使用或者自己使用或者许可他人使用，也不构成对反垄断法的违反，但是有可能会滥用。凭借知识产权来排除限制竞争，那可能就要构成对反垄断法的违反，当然了，在理论上还有一些问题，比如有些专家会认为，知识产权是一种私权，所有的权利都有可能滥用，那知识产权也有可能滥用，那为什么其他私权滥用反垄断法不规定，而知识产权滥用反垄断法要规定呢？因为我国在立法过程当中，无论是立法执法还是司法，一旦遇到与知识产权相关的问题就有可能会成为社会热点问题，这时候就要正确去认识和处理反垄断法和知识产权的关系。比如，我们现在有这样一些观点，一种观点认为知识产权是一种私权，所以不应当涉及垄断的问题；第二个观点认为知识产权是一种创新机制，本身是鼓励创新的，如果通过反垄断法对知识产权的应用行为施加影响甚至不当影响会削弱创新，而江泽民说过"创新是一个民族的灵魂"，损害了创新就损害了国家的灵魂了。知识产权法和竞争法真的是对立的吗？我个人认为不是这样的，知识产权法是要去保护创新，但是它应该有一个边界，这个边界就是不能损害竞争,那么竞争法本身也有保护创新的功能,竞争法本身的目的是要鼓励竞争,限制排除竞争的行为,从而为创新开辟一个更好的空间,所以这两者绝对不能对立看。与知识产权相关的问题很多,我们学法律的人有一个特点,就是概括能力太强,但是如果我们不去观察现实生活中发生的具体问题,而只关注抽象出来的法理层面的问题,恐怕就成了一个缺陷了。知识产权问题很多,特别是到 21 世纪,过去都是在传统经济下,包括工业化时代,但是现在已经到信息化时代,反垄断法执法就面临新的问题。比如,与技术有关的相关市场该如何界定,一般来讲有三个维度来考察相关市场,即产品市场、地域市场、时间市场,这种模式要应用到技术市场怎么用呢?对于一般产品来讲,第一是看产品,第二是看地域,最后看时间,而且对于绝大多数产品来讲,是不需要看时间的,特别随着社会的进步,交通技术的发达,时间可能就不再成为一个影响的因素了。还有一些消费的状态或者消费的心理,过去我们在物资紧缺的时候,夏天买夏天的衣服,冬天买冬天的衣服,现在可以反季销售,夏天卖羽绒服比冬天要便宜,冬天可能买西装或者衬衫,分析的时候必须要考虑这样一些因素。但是技术之间也有一些问题,首先技术之间是否有相互替代性,当 a 产品价格上涨 b 产品销量是否会增加?如果是,他们之间是有替代性的,因此我们分析 a 产品的市场占有率的时候就是 $a/(a+b)$,也就是把它的替代的东西综合考虑进来,才能确定 a 产品的市场占有率。专利技术和非专利技术在技术层面是一样的,但是专利技术是要收费的,这就成为怀疑它的一个理由,但这种怀疑是否成立,就要看专利费收取的高低了。如果某项技术专利费收取的非常高的话,那么这项技术就不是一般的技术了,比如买汽车,价格从 3 万涨到 3.5 万,不会转而买奔驰,价格不具有替代性。技术功能上能实现,但是老的技术对环境污染比较大,技术之间的替代性也有问题了,一旦涉及知识产权问题,我们就要考虑技术本身的特殊性。再举个例子,一些自然产品或者人工加工产品,地域是一个因素。水泥是个典型,上海工程多会导致周边水泥价格上涨,会不会导致新疆的水泥价格上涨呢?不会,因为运输成本太高。但技术的物理空间转移有没有成本呢?没有。特别是在现代互联网下,如杀毒技术,都是在全球任何地方可以使用,没有地域问题。

第三,国际合作有待进一步加强。反垄断法的国际合作在 WTO 建立之后的 1998 年,在新加坡部长会议宣言中曾提到成员在其框架下对竞争法国家合作开展谈判,但是这个提议无果而终,因为遭到美国人的反对。因为美国人认为这样会降低竞争法的标准,因为谈判就要妥协,妥协就要让步,国际标准可能比美国的标准要低,这是美国人不愿意看到的;对于发展中国家来讲也不愿意,因为这是一个公约,主体是政府,一旦在 WTO 规则下达成规则,这些规则管的不是政府而是企业,这样的话就是一个国家因为参加谈判要让渡自己对于企业竞争行为处理的主权,这个发达国家也不愿意了,所以最后无果而终。对于要不要在WTO框架内谈,商务部曾成立了一个中国多边会谈竞争法议题的一个小组,如果在WTO框架下不采取谈判的话,就意味着不能达成有关协议。在欧盟有特殊的合作模式,就是地区性的合作。欧盟成员国在竞争法的合作方面是非常密切的,甚至成员国必须让渡一部分主权给欧盟,这也符合欧盟的目标,就是推进欧盟的一体化。除此之外,一定是双边谈判,其实双边谈判非常重要,这些问题有的时候我们可能是熟视无睹。比如,我国在利比亚投资那么多,居然没有跟利比亚定投资保护协定,所以利比亚在战后恢复重建的过程中,我国的利益也难以得到有效的保障。

第四是诉讼机制的问题。反垄断的诉讼机制,特别是民事诉讼的问题主要是在《反垄断法》的第50条,作为一个制度基础,主要是说经营者的垄断行为凡是给他人造成损失的依法承担法律责任。如果把这句话解构一下就会发现问题很多,这就是司法解释需要解决的问题。比如第一个问题,原告资格。被告已经很清楚,就是实施了垄断行为并且给他人造成损失的经营者,原告也应该很清楚,但是"他人"的范围是怎样的呢?作为一个律师或法官,在审理一个案件的时候,首先要解决当事人的适格性,如果不是一个适格的原告,这个案子就不存在了。还有一个,损失怎么理解呢?财产损失,包不包括精神损失,还有这个损失是指的实际损失吗?举个例子,关于大陆居民到台湾自由旅行两岸达成一个共识,想去的人多,但是考虑到旅行社的资质,并不是所有的旅行社都有从事这项业务的资质,因为群体少,非常容易造成共谋。这里有一个问题,就是没去台湾的时候没损失,就不能启动《反垄断法》第50条。但是民事诉讼和民事实施有差距,民事实施就是一个私立救济,而反垄断的民事诉讼是一个诉讼机制,所以就引发一个问题,即对反垄断法的处理,是不是我国所有的法院都有这个能力,还有哪些法院有管辖权的问题。另外,刚才提到的消费者,消费者受到垄断行为的侵害,有的时候有直接的权利义务关系,如果是直接购买者,有一个债的相对性,可以直接起诉对方,但是如果不是一个直接购买者,比如使用电脑,电脑里预装了微软的系统,但是我们跟微软之间不是直接购买者,而是间接购买者,按照传统的起诉构成要件,我们没有起诉资格,没有合同关系,这就出现抗辩转嫁的问题。还有证据问题,在什么情况下才能举证责任倒置?消费者证明垄断行为是有难度的,普通消费者难以完成这样的举证义务。还有,反垄断民事诉讼和反垄断行政执法之间是一个怎么样的关系?这里有一系列问题需要去解决。还有一个问题,就是反垄断执法机构之间的关系问题。面对冲突的时候怎么协调,商务部负责经营者经营审查,发改委负责价格垄断,其他的交给国家工商总局,大家看到这个规定之后反而很困惑:什么叫价格垄断?垄断中能否找到与价格无关的垄断行为?垄断追求垄断利润,垄断利润最终的表现一定是在价格上,我们知道影响利润的是价格,而影响价格的是数量,因为有供求关系,当供大于求时,价格要下跌,当供小于求的时候,价格要上涨。如果是价格的话就是发改委,如果是数量的话就是工商局,那么讨论数量的时候能不能考虑价格,考虑价格的时候能不能考虑数量?关键对于我们普通的老百姓来讲,我们去投诉都不知道该找谁,首先还得去咨询一下这是不是一个价格的垄断,如果确实是价格垄断,我们再找到发改委,如果不是的话再到工商局,所以这里面就涉及机构之间配合的一个问题。还有一个重要问题,就是反垄断法执法机构和管制性产业监管机构的关系问题。管制性产业像邮政、铁路、银行、证券、保险、电力、民航、煤气管道输送等,这些领域都有相应的监管法律,同时这个监管法律还塑造了一个监管机构,如银行业有银行法还有银监会,证券业有证券法还有证监会,保险业有保险法还有保监会。这些法律把相应的执法权交给相应的执法机构,那么这个时候被监管行业内部一旦发生了限制竞争行为的时候,这个执法权应该是由他自己的监管机构来执行还是由一般的反垄断执法机构来执行?比如,保险公司之间达成了垄断协议,那是应该由保监会来执法,还是由发改委来执法?假设所有的机构都是为人民服务,这就好办。关键是不一样,因为在理论上我们知道这些机构作为管制者有可能被监管者给俘获,经济学中有一个管制者被俘获的理论,管制者还有寻租的可能。还有我们可以看一下我国的现实,我国的电信行业,今天这个人可能是中国移动的董事长,可能过段时间就到信息与文化产业部的电信监管局做局长,可能过两天又到联通做董事长去了。监管者的位置和被监管者的位置轮流坐,而监管者和被监管者易形成利益整体,关系密切且非常熟悉,人性的一些弱点可能这个时候会发挥一些作用。还是以电信的改革为例,上一次比较重大的改革是把中国电信和中国网通划江而治,中国电信在南方,中国网通在北方,这个划分本身就是很愚民的一个划分,典型的分割市场的协议,把这样一个垄断行为交给电信管理部门处理确实是难以令人放心的。但是交给一般的反垄断执法机构会有一个问题,这些产业具有高度的专业性和技术性,一般的反垄断执法机构的工作人员不具有相应的背景知识,所以矛盾就出现了。从全世界看,有三种模式,一种是一体的,专门成立一个机构,既解决监管问题也解决反垄断问题,这种模式全世界只有一家,就是在新西兰,但是新西兰的实践告诉我们效果不是很好;第二种模式就是排他的,或者交给反垄断当局,或者交给竞争当局,这种模式下刚才的担忧没有办法解决。所以我们就想到第三条路,就是这两个机构有一个主导,一个合作。其实这个问题现在已经暴露出来了,最近发改委在试图处理一些在全国有重大影响的案件,但是在处理过程中已经感到困惑,因为专业性很强,涉及特殊技术领域。与这个问题相关的还有一个问题,那就是竞争政策和财政政策的关系,特别是在金融危机的背景下,面对危机政府考虑的是尽快从危急中解脱出来,这是一个非常态的情况。目前,我国仍处在一个生产力发展不均衡的状态,地区之间差异大。日本战后发展大量实施财政政策,当财政政策和竞争政策发生冲突的时候,现在毫无疑问是竞争政策优先,那么在中国是不是也是竞争政策优先呢?如果竞争政策优先的话,我们有那么多战略,这又怎么去解决,而且这些政策一定对我们的反垄断法在那些地区的实施会造成一些政策上的冲突或障碍。

第五,关于民事责任和宽恕制度或者经营者承诺制度之间的关系。宽恕制度和经营者承诺制度是反垄断法里的两种特殊制度,所谓宽恕制度就是指,因为一旦反垄断法出台以后(过去的那种垄断协议都是赤裸裸的,如行业协会主导控制价格等等行为都是赤裸裸的),将来的垄断协议就不会这样赤裸裸了,因为这是违法行为了,所以将来的垄断协议一定会转入地下。但是这时就面临一个问题,我们知道价格有波动,也知道价格会出现不正常,但是我们找不到是谁干的。所以宽恕制度来源于美国,在欧盟、日本,包括很多国家,当然也包括我国都引入这个制度,叫 leniency program。当实施垄断协议之后,如果在反垄断执法机关启动调查程序之前,你第一个来调查机关自首坦白,就不予处罚;第二个来的不同国家的规定就不一样了,在我国可能是免除70%的责任,在日本是50%;我国没有规定对第三个减免多少,欧盟规定可以免30%,日本也是30%。也就是在违法者之间展开一场竞争,谁坦白的快,谁得到的豁免就多。但这里有个问题,豁免的处罚是不是应当仅限于行政处罚,因为它毕竟以前实施过垄断行为,那么垄断行为可能会给消费者或者竞争对手带来损害,那么能不能因为主动向政府自首自己的垄断行为而由政府免除其行政责任,又能不能连民事责任也一并免除?因为这里有这样一个担忧,免除了民事责任的话对受害者肯定是不公平的,但是如果不免除的话又会影响自首坦白的积极性。经营者坦白制度也类似,同样存在这样一个问题。那么怎么去构建这样的制度,这些问题都是我国《反垄断法》的粗线条立法没有解决的。

以上就是我今天演讲的一个主要内容,谢谢大家!

提问一:刚才在您的演讲中提到反垄断执法机构与管制型产业的关系,并举了电信铁通划江而治的例子说明其垄断是有行政支持的。我们的《反垄断法》第51条有规定,如果有行政垄断行为,反垄断执法机构可以建议其上级机关提出依法处理的建议,但是如果其上级机关不处理的话,是不是就任由这种垄断发展,在这种行政垄断的处理中有什么具体可行的办法,以及我国反行政垄断的前景如何？

时建中：关于行政性垄断法律是否要作规定开始是有争议的，但是后来还是放进来了。从我们目前的认识看，以前我们一致认为，行政性垄断是非常具有中国特色的一个制度，后来慢慢发现不是，我在德国弗赖堡大学进行交流的时候，介绍了中国的行政垄断，后来欧洲的学者提出，这个问题在欧洲也有。欧洲2000年进行竞争法修改的时候，一个很重要的目标就是通过竞争法的修改来推动欧盟市场一体化，因为欧盟市场是被各个成员国所分割的，所以希望通过改革减少欧洲市场一体化的过程中的阻碍。对于处理措施，坦率地讲，从行政性垄断的存在及目前的现状来看，还是跟行政权力的行使有关，是跟我们的体制相关的。从长远看，只有通过体制的改革才能尽可能地减少行政性垄断。从目前的策略看，行政性垄断不处罚是行政不作为的问题，行政性垄断还得依靠行政相应的法律机制来制约。这里要注意，刚才你也提到的《反垄断法》第51条，反垄断执法机构对行政垄断的处理具有建议权，建议权规定确实比较弱，但毕竟从一定程度上已经把行政性垄断纳入了反垄断的框架了。现在我们希望反垄断执法机构通过提升自己的反垄断执法能力，把建议提的更好一点。尽管很艰难，但是毕竟已经开始了。谢谢！

提问二：反垄断法适用于央企时会遇到一些阻碍，但事实上，在绝大部分的国企身上也会出现这种情况，那您认为在我国的反垄断立法和执法上应该向哪个方向发展，才能充分实现反垄断法的目的？

时建中：说到国企有点太大，其实这个问题主要表现在央企这个层面上，一般的国企表现的比较少，因为现在一般的国企也比较少了，典型性不够。对央企来讲有这么几个问题：第一，央企规模比较大，而且涉及的行业都是利润比较高的，它享受到的政策是特别优惠的。第二，就央企目前的主要的行为看，如果它真的有垄断协议的话，一方面这样的垄断协议会相对比较少，所以反映的不够明显；另一方面，在经营者集中方面，对它的审查，就目前的商务部的反垄断审查是不分什么所有制的，几乎所有的审查只要符合标准就必须去申报；至于滥用市场支配地位的情况，恐怕我们不能仅仅指望反垄断执法机构的执法行为，我们民众依照《反垄断法》第50条针对他们提起一些诉讼，会是一个非常大的促动。所以从未来执法的方向看，要整个反垄断法的执法状态走向更好的话，还是需要两种形式即公力实施和私力实施，如果没有私力实施这个机制仅仅靠公力实施，除非我们对政府足够的信任，而且被我们信任的政府确实不折不扣地百折不挠地在执行反垄断法，但这个假定事实上是不存在的，所以必须考虑到民事诉讼机制，把这个机制发挥起来，我相信我们的反垄断情况肯定比现在会好很多。

提问三：面对国内一家独大的垄断性企业，很多时候是由于外国竞争者无法进入或者进入市场以后发现无法获得国民待遇，所以向 WTO 提出申诉。举例来说，现在我国的支付清算系统必须走银联的通道，外国信用卡组织要进来的话，如果用人民币消费就必须走银联的通道，所以外国的竞争者就认为这是不公平的，说是违反我国加入了 WTO 的那些承诺。虽然目前结果还没出来，但这势必会对目前银联的做法产生一定的影响，不知道您怎样看待这个问题？以后在面对外国竞争者或者外国组织质疑我国的垄断性企业并告到 WTO 或者上升到国际层面上去解决这个问题，不知道您怎么看待这个问题的发展？

时建中：你实际上在谈银联跟 Master 和 Visa 等竞争关系的问题。这里面有这么几点：第一，坦率地讲，中国银联在开拓业务的时候，特别是面对国内持卡用户来提供服务的时候，确实有一些跟竞争法并不一致的行为，这里具体的细节我就不再描述了。因为银行卡的市场是一个典型的双边市场，我们一般分析反垄断的问题都是单边市场的情况，而银行卡市场是双边市场。最典型的双边市场就是网络，就比如搜索引擎，用户越多它提供的服务会越好，因为使用的人越多，相互传递的信息就越多，获取的信息就越多，就能实现双赢，这就是双边市场的特点。银行卡就是一个比较典型的双边市场，正因为这样，银联在竞争上所采取的一些措施，并不是能够完全符合包括我国法律的一些规定，从这个意义上来讲，它可能会涉嫌一些竞争法方面的一些障碍，但是具体地说银联违反了竞争法，恐怕还不好说，因为它不具有非典型性，还得进一步去解构它的行为。第二，对于 WTO 争端解决机制，我并不是特别乐观，因为银联所实施的行为毕竟只是一个企业行为而不是一个政府的行为，所以这跟 WTO 所要处理的具体问题还有一些差别，银联的行为里即使有一些非公平竞争的行为的话，因为银联只是一个组织体，它的行为能不能视为政府行为从而能在 WTO 争端解决机制中得到解决，这还是一个值得争议的问题。我觉得你如果感兴趣的话可以进一步查找一些资料，分析和解构一下银联与竞争法不太符合的一些行为，恐怕这一块更有意义。

顾功耘：很感谢时教授给我们在反垄断法方面上了一堂很生动的课，给我们很多启发。让我们再一次对他的精彩的讲座表示感谢！我们也希望时教授以后有机会能够再次来跟我们交流！今天的讲座到此结束，谢谢！

反垄断法执法理念及其实践

主讲人：盛杰民　北京大学法学院教授、博导

主持人：顾功耘　华东政法大学副校长，教授、博导

记录人：张存美　黄思奇　王璐　毛胜弟（2011级经济法专业研究生）

时　间：2012年4月10日18:00—20:00

地　点：华东政法大学长宁校区交谊楼第三会议室

顾功耘：各位同学，今天我们在这里举行一场讲座。今天我们邀请了北京大学的盛杰民教授，盛教授是我的老师，是我国反垄断法领域的著名专家，对反垄断法有很深的造诣，今天能请到盛教授，我们真的非常荣幸！让我们热烈欢迎盛教授！

盛杰民：谢谢顾校长！其实我只是一个退休的学者，我已经很久没有做过反垄断法的讲座了。今天来到华政很有感触，我大学毕业后整整十年都在华政。今天实在不是什么讲座，就是漫谈。我今天主要跟大家探讨三个内容，第一是关于反垄断法背后的理念和环境，第二个介绍一些我去年参与过的反垄断重大案件的论证过程，最后发表一下我的个人感言。

一、反垄断法背后的理念

任何法律行为，它的指导思想都是它背后的法律理念，反垄断法更是如此，我国反垄断法出台的经历非常艰难，历经了十三年的磨砺才出台的。我经常说，出台很难，但是意义很重大，未来的实施道路可能更艰难，而且意义更重大，因为立法主要是为了实施。反垄断法的背后总归是贯彻了一些理念。反垄断法背后的理念，无外乎是大家一致讨论不休的平等和效率的问题。应该说反垄断法很长一段时间就是秉承传统的平等理念，追求公平的竞争，中小企业自由竞争的权

利等。它追求的是一种多元的价值理念。另一个是效率,效率就是讲经济法的发展,经济发展的效率,资源的合理配置,促进经济法发展,造福消费者福祉。关于平等的理念我不多讲,我重点谈谈效率理念的发展历程,它特别体现了反垄断法理念的深化过程。美国在20世纪70年代之前秉承的是哈佛学派的理念,关注的是企业的结构和市场占有额,采用的是很严厉的企业分割的理念。但是非常严酷的反垄断理念在一定程度上影响了美国的反垄断法的发展,尤其是影响了它的竞争力。过于严厉的分拆垄断企业的竞争理念,阻碍了大企业规模效益的实现,尤其是战后面临日本和德国的崛起,美国面临很大压力。芝加哥学派是在这样的背景下产生的。它提出,平等理念下的多元价值很难实现,多元价值中既有垄断企业和非垄断企业的冲突,也存在公平和效率的冲突,存在经营者和消费者冲突,这样的冲突很难平衡。只有追求效率才是量化的标准,能够在多元的目标当中,以经济发展、资源配置和消费者福祉作为一个量化的标准。它提出,原来的严厉的反垄断理论不一定要遵守,除了那些不能饶恕的垄断协议、严重破坏竞争效果的经营者集中要加以严厉规制以外,其他都应该放松。所以,芝加哥学派特别突出了效率理念,反垄断法由宽到松,由关注企业的结构到关注企业行为。随后出现了新自由主义经济学派,又由它引出来新制度经济学、产业组织经济学等学派,总的趋势都是对垄断比较宽容,由宽到松的一种执法理念。美国由于贯彻了这样的理念,在信息技术革命后,重新站到全球经济排头兵的位置。这样的结果,应该说是与这样的理念有密切的关系。总的来说是一种多关注行为,对垄断企业比较宽松的执法理念。应该说美国的反托拉斯法理念是全球反托拉斯法的最经典的理念,对全世界的影响也是非常大的。

回顾欧盟的反垄断法,欧盟在经营者集中、对待垄断协议的执法理念上与美国有趋同的趋向。但是在对待滥用市场支配地位上,目前还是比较紧的执法理念。我们可以看到欧盟对待微软、利乐等案件的处理上,比美国要严格。

下面我们看一下大陆法系的日本,回顾其反垄断执法理念。可以看到,在20世纪70年代之前,日本往往受到西方国家的诟病,在外贸政策上实行的是壁垒主义,在产业政策中强烈体现了对中小企业保护。在美国和其他西方国家的压力下,日本开始强化禁止独占法,在产业政策还是竞争政策为先的争论中,得出的结论是竞争政策优先于产业政策。由于美国等西方国家的压力,日本也是在禁止垄断法中对以往豁免的适用除外的条款做了删减。我们在这里回顾主要国家理念的发展,得出一些结论:

第一,世界各国的反垄断理念发展,虽然不同步,但是有一个共同的标志,就是和本国经济、全球经济的发展相同步,是与本国经济竞争、整体国际的经济竞争相一致。由紧到松,由结构到行为,以行为为主,是全球经济竞争本身的要求。

任何一种竞争理念的产生、竞争政策的实施,其背后的理念,并不是立法学者拍脑袋想出来的,都是和经济的发展、社会的发展,甚是与本国的经济学、哲学、风俗习惯等联系起来的,都有本国的特点。经济决定政治,比如,里根政府上台时,推行新自由主义政策,他的幕僚、法官都是芝加哥学派、新经济学派的人物,这都与这段时间的竞争法实施密切相关,与经济的整体发展有密切联系。全世界的反垄断法执法理念,都是与其特定的经济发展、社会发展、经济学、哲学、风俗理念、政治制度等密切联系的。

第二,趋同中又有区别,每个国家在不同的历史时期、不同的竞争状况下,理念有松有紧,有紧有松。同样的经济体制国家,在不同历史时期,又有不同的方式。一种行为,在美国可能是这样一种处理方法,在欧盟可能就是另外一种处理方法,在日本、在韩国、在我国台湾地区可能又是另一种。总体来说,都是考虑本国经济的增长。基本上来说,都是严于律人,宽于律己,目的都是培育本国的国际竞争力。我看到现在青年学者写的论文都很好,介绍国外的竞争法,借鉴别人的经验,指出我国竞争法的不足,这些都是很有益的,比较研究的方法都是很好的,很有必要。但是,我始终坚持,比较研究不是比优比劣,关键是分析背后的经济和社会竞争状况,去分析历史、宗教、习俗等等,这样写出来的法律,不是用笔写出来的,而是用一个民族的历史、一个民族的血写出来的,它的背后凝聚了很多不能改变的东西。

现在,回顾看我们中国的理念。我们中国的反垄断理念,一方面融合了国际精华,另一方面有我国的特点。首先,是吸收了精华。我们的反垄断法是水到渠成,酝酿了很长,受到的阻力也是很大的,但是它是势不可挡的,在必要的客观历史时期,终于产生了。既有国内经济发展的客观要求,又有全球经济发展的要求;既有外来力量的促进,又有内在力量的要求。反垄断法作为中国走市场经济道路的一种行为规则,弥补反不正当竞争法的不足和其他法律的不足。它的出现是必然的,虽然起步晚,但是起点是很高的。反垄断法刚出台时候,我经常被韩国、日本、美国邀请去介绍中国的反垄断法。我当时讲中国的反垄断法完全可以媲美其他国家,因为它吸收了世界各国的精华。比如,对垄断行为的关注,在反垄断法的第一条就体现出来了,把从结构的关注,转移到行为关注为主。还体现了反垄断法的最大的宗旨,一句很不容易被人理解,但是我们在立法中坚持写进去的,那就是反垄断法保护的不是竞争者,而是竞争和竞争格局。另外,经营者集中申报的标准、实现等,都和国际接轨。宽恕制度、承诺制度等内容都是吸取了国际精华。反垄断法凝聚了中国立法者的智慧,尤其是经过了四五年的实施、操作,我们可以毫不含糊的说,我们可以与其他先进的反垄断法国家的学者平起平坐讨论反垄断法,在以前我们是很谦卑的。但是也应看到,中国的反垄断法也存在先天不足的特点。当美国学者问我是否认为我国的反垄断法是一部好的法律的时候,我说谈不上好还是坏,最适合本国的就是好的。这是不能与其他国家比较的。在他们看来,我们保留了一些他们最初始的反垄断法的条文。在他们看来,他们已经走过了这样的弯路,我们没有必要再走了。但是我认为,有些错误还是要犯,不走过这些错误的道路,是跨越不过去的。我形容中国的反垄断法是“灿烂下的无奈”。学习法律不能光理性,也要有感性。合法同时也应当合情合理。比如美国法院判决的陪审团,就是有情理成分在。

我们应当了解反垄断法立法背景。首先,中国的市场是慢慢建立起来的,我们不能跨越市场,跨越竞争。因此,要走市场经济道路,我国的市场经济缺乏坚实的基础和肥沃的养分。其次,我们的市场经济转轨道路不是由下而上,而是由上而下,政府在当中起到很大的作用。而且中国政府是一个强势的政府,这个政府长期以来习惯使用宏观调控手段来管理经济。再加上,中国竞争文化的缺失,企业习惯用计划经济来发展企业,政府习惯用命令的方法来发展经济。中国的文化中把竞争看作弱肉强食,主张和为贵。但其实,和谐与竞争并不相违背,我们只是强调和谐这一面。和谐与竞争不可分割,生活之中充满竞争,有竞争才有和谐,竞争打破旧的和谐产生新的和谐。此外,中国的大国有经济文化。国有企业垄断是中国经济改革的大课题。反垄断与国有经济之间的讨论,不应当说反垄断法打破国有经济。

目前我国的反垄断法还说不上是西方国家所说的经济法上的宪法,充其量是一种经济规范法律。产业政策仍是我国的经济重点。产业政策与竞争政策谁先谁后,还没有得出结论。产业政策在中国的反垄断中顽强地体现出来,这既表现在反垄断法第 15 条的除外适用,对中小企业、对外贸易、经济不景气都适用除外。之前更明显,条文规范为“出口”不适用,因为中国已加入 WTO,所以改为“对外贸易”,无论进口出口都不适用。从平等交易考虑,适用除外。产业政策最突出体现在反垄断法第 7 条,对大国有企业的保护。

中国反垄断法没有摆脱计划经济的烙印。但是罗马不是一天建成的。我们应当对中国的反垄断法的条文、细则、实施的环境有所了解,对其产生的必然进行客观评价。不能是理想化的、完美主义的评价。同时还应当注意,我国阶段性的宏观调控手段,特别是用财政、金融等政策的实施,都是为了使中国经济能够平稳地软着陆。不能特别强调宏观调控的政策性、产业政策的重要性,而忽略竞争的重要性。打破大国有企业垄断,引入竞争机制。这都体现出中国的竞争执法水平正在不断提高。去年年底,社会对反垄断法的实施提出了质疑,有人认为垄断法 3 年实施,没有做出具有影响力的案子,反垄断法没有发挥作用。依我看来,美国的反垄断法实施的最初 30 年,平均每年 4 起反垄断法案子,因此我们需要宽容地看待反垄断法的实施,但反垄断法的实施还是应当加快脚步。

二、2011年执法实施、司法回顾

反垄断法的司法实践去年进步较大,最高人民法院公布关于审理垄断民事纠纷案件适用法律若干问题的规定。坦白说,我一开始对于该民事诉讼意见持保留态度,2008年底召开会议讨论反垄断民事诉讼行为,我认为不适宜在法院系统展开反垄断诉讼,反垄断是保护竞争不是竞争者,反垄断法是公法,在法院系统展开反垄断法诉讼容易造成滥诉,经营者可能利用反垄断诉讼作为打击竞争对手的手段。现在要把反垄断法设在知识产权庭,我认为发改委、商务部、工商行政部门十多年跟进反垄断立法,最高法院没有参与其中。执法是需要立法理念,知识产权庭能否有效司法,我保有怀疑。现在看来,当时我的想法有些偏颇。实践证明,民事诉讼基本被驳回,原告没有弄清案由。但随着反垄断法实施,最高法院专业化提高。去年,提起诉讼的案由是反垄断的法律功底比较深。经营者受垄断起诉的越来越多。以往还未有一起反垄断法案件原告胜诉,去年出现一起。

民事诉讼提高了权威性,并逐步成熟。

(一)商务部

到去年为止,经营者集中申报二百多起。去年无一起禁止,有四起附条件批准。但是商务部对案情的分析越来越缜密、精确。理论水平越来越高,越来越专业化,赢得了国际社会的好评。但是由于工作人员较少,工作量很大,效率不高。

(二)工商行政管理部门

一般说来,工商的反垄断任务特别重,除了价格垄断以外,其他属于工商部门管理。去年年底,工商制定反垄断法部门执行细则,而且在不断加强培训。反垄断工作箭在弦上,但是主管滥用市场支配地位这支剑始终没有发出来。滥用市场支配地位的案子,审理期限较长,美国一个案子平均需要6年,欧盟需要4年,而我国工商管理部门负责反垄断工作只有10个人左右,因此工作量大,任务繁重。

但在去年,处理了两个颇具影响力的经典案子,是有关行政性垄断案子。第一起是连云港,有关混凝土搅拌运输的案子,对政府做出处罚;第二起发生在广东省,GPS导航指定某家公司生产。最终,工商总局向广东省政府提出建议权。广东省政府听取建议,纠正了市政府的行为。这个案子经典且意义重大。当时,制定反垄断法时，对于反对行政垄断这一章是否保留有很大的争议。最终的妥协是加上第7条。当时人们说反垄断在有关行政垄断方面并没有突破，其中最重要突破是多了建议权。有人担心，建议权仅仅是建议。但广东省政府听取建议，纠正了行为，这一点意义非凡。随着反垄断不断实施，不断深入人心，以后这些案子处理会得到更多的关注。

（三）发改委

发改委年初的时候对绿豆、大蒜的涨价，以及联合利华的涨价，适用的都是价格法。如果适用反垄断法中反对价格垄断法的话，会更好。中国电信和联通的案子受到大家的关注，我多次参加过论证会。我六月份的时候参加了一次论证会，我当时很震惊，也很兴奋，发现反垄断法指向了大的国企。但是当时的材料对相关市场的界定、对垄断行为的认定等都是比较幼稚。我十月份又参加一次会议，这次对相关市场的界定有了非常详细的分析，认定中国电信和联通占有市场支配地位。对其垄断行为的分析，其中排除交易、价格歧视、对竞争的影响，都有很好的分析。当时参加论证的专家都担心，发改委真的敢对电信和联通开刀吗？可以说当时发改委反垄断处是下了决心的，当时可以让专家对其行为的支持程度进行打分，我都打了最高分。发改委可以说一定程度上是大国有企业的支持者，但是他们此次对联通和电信进行反垄断调查，我对他们特别敬佩。十二月份，发改委就行动，是用接受电视台采访的方式，当时引起了全国的一片震惊。信息产业部不置可否，电信和联通根本不接受采访。在媒体中间出现了可笑论、阴谋论等等，认为“大老虎”很多，发改委不去管。我认为可以先易后难。我认为反垄断法是非常人性化的，可以提出抗辩理由，也可以不提。电信和联通也提出了一些抗辩理由，比如不具有市场支配地位等，我们都予以驳回了。但是没过几天，媒体上基本没有任何报道了。是因为来自高层领导向发改委命令叫停。

这是为什么呢？因为我们的政府高层领导在大力推动反垄断法的实施过程中也有他们的难处。他们提出一个理由就是，不要再大肆宣传了。如果拿中国电信开刀了，那么后天中石油，大后天中石化，再向电力、水、气，那就乱了。刚开始我很气愤，但我想这可能就是中国的现实。所以当时我提出，作为被指控的这两家大国有企业，你可以做出一个承诺。应该说这两家国有企业也算是有社会责任感的企业，的确做出了一个承诺，上个月又做出了一个承诺。但我觉得发改委很了不起，在这样的压力下直到现在，也没有接受他们的承诺。因为他们还没有针对自己的反竞争行为作出承诺，关键在于互联互通，关键在于你要给任何竞争对手以平等竞争的机会。另外价格上不能有歧视待遇。这个案子的意义太重大了。也许它现在的情况还不太令人满意,包括咱们反垄断领域的专家王晓晔就对我指责,说她不赞成承诺。承诺在一定程度上就不了了之了。我认为在中国很多时候办事不能图痛快的。作出承诺前提条件是承认它犯有垄断行为,这是不言而喻的。另外,如果刀下去能够收到这样的效果,那么罚多少就不是最重要的。所以我认为这是对于中国反垄断法第七条很好的注解,因为反垄断法第七条出来以后社会一片哗然。发改委的一位副主任甚至还讲过,反垄断法对于大国有企业是不适用的。那么我想发改委的这一刀在很大程度上应该是做了一个解释。国企垄断行为反垄断法照样是要予以规制的。发改委的价格垄断处应该是顶住了很大的压力,坚持把这个案子做好。

三、个 人 感 想

我想有了这个案子的先例以后,应该对于反垄断法的推行,对于打破大国有企业的垄断开了一个很好的先例。现在很多学者对很多问题的批评,这种胆量我是非常钦佩的。但是我觉得在中国做事大概还要有点中庸之道。中国的现实就是这样的。我对于反垄断法的实施的评价是很高的,对它充满了信心。我觉得总体来说是很灿烂的,当然中间有一些无奈。这个无奈是由中国的客观现实状况决定的。今天我给大家透露的这些信息,以后大家在学习的过程中就可能会以一种新的目光来考察。我是少有的一个参加反垄断法的制定和实施全过程的,从来没有间断过,一直到现在。我在好几次会议上都说过,我自己从事教学研究最有收获的,就是这十几年。为什么呢?参加了立法、司法、执法的实践。江平老师讲过,法学家最突出实现自己的价值是什么?无外乎就是参加立法。我在这里呼吁同学们多关注实践。理论如果能和实践联系在一起,那就更有意义了。包括你们写论文的时候,多关注一些案件,研究这些案件的背后到底是什么,虽然不尽合理,但它也许存在就是必然。这是我总结自己的学术之路,请大家予以借鉴。

还有一点就是,我认为反垄断法的研究真的是其乐无穷。为什么呢?它和别的学科不一样的地方就在于它的不确定性。这是它真正的魅力。法律最主要的特点就是确定,法律是黑色的,它是硬邦邦的。而反垄断法是有弹性的。另外,反垄断法的原则——本身违法原则和合理原则,这两个原则怎样结合怎样适用,本身就是魅力的体现。外国的法官学者常常会说本身违法原则在我们那里基本是不用的,除了十恶不赦的价格卡特尔,其他都用合理分析原则。在对工商局的培训当中,我认为这种经验值得借鉴。但是合理原则的缺点也是客观存在的了。在中国如果马上以合理分析原则为主,恐怕也不符合中国的实际。第一,本身违法原则的执法成本是最低的。中国的企业家在一起谈价格是很常见的，可是在外国，他们聚在一起谈价格是最最忌讳的。去年有一个台湾的企业现身说法，说是和韩国日本的企业在平板电脑上有过一些价格协议，结果被美国处罚几亿美元，对负责人还判处了八个月的监禁。我们的企业都觉得不可思议，包括执法部门，也会觉得这也太过分了。垄断协议在西方经济发达国家就是如此严厉。大家在今后的论文中也可以研究一些案例。合理分析原则固然有它的优点，可是它的缺点是主观裁量权过大，主观意识的作用非常大。在中国的反垄断执法水平还不是很高的情况下，大力推广合理分析原则的条件也不是非常成熟。执法者需要有很丰富的知识，需要很多知识的综合。我认为商务部的反垄断局是整个商务部里水平最高的。工商行政管理部门也许过去形象不怎么样，和城管差不多，它的反垄断局专业化水平也是非常高的，包括发改委也是。外国对反垄断法是很重视的，外国的反垄断法律事务所的业务能力也是非常强的。下面大家有什么问题和要求都可以提出来，我可以回答或转达。

提问一：盛老师您好，我有三个问题想问您。第一，用民事诉讼来处理反垄断法的问题，容易造成滥诉的问题，但是，用行政方法来处理垄断似乎也不妥当。那么能否有更好的方法？第二，对国有企业进行反垄断是否可行？比如联通和移动。第三，如何制约国有企业的垄断？如果对国有企业罚款，无非是从左口袋拿到右口袋，所以罚款是没有意义的。那么是否可以通过引进美国对主要负责人的惩罚制度来规制国内垄断？

盛杰民：第一个问题，关于民事诉讼，我不是坚决反对用民事诉讼来规制垄断的。但是，我认为，反垄断法的最终目的不是对受损主体的单独赔偿，而是为了形成良好的竞争格局。虽然受损的利益还是存在的，但反垄断法的立足点是规制竞争，调整竞争格局，保护消费者利益。这里的保护消费者利益，不像消费者权益保护法那样直接保护，而是通过规制垄断来保护。第二个问题，我不反对民事诉讼，不过它只是辅助手段，尤其是对于大国有企业。这样做的目的是为了表明敢于向国有企业垄断挑战，罚不罚款只是其次。所以，抑制垄断的关键是引进竞争机制，通过竞争提高企业技术水平和管理水平，这样消费者才能得到真正的好处。另外，用行政措施来处理行政垄断，这也是迫不得已。行政性垄断是全世界独有的，但我国打破行政性垄断的决心还是很坚决的，不过碰到很多难处，所以还得一步一步走。当然，对大国有企业的指责是客观存在的，但我们不能否定大国有企业在经济危机中的作用，我们不能因噎废食。我们通过宏观调控使经济软着陆，但不能忽视国情。国有企业还是必不可少的。总的来说，中国的反垄断法的进程还得一步一步来，这和中国的实情相符合。还有一个问题，国有企业涉及的很多行业不是竞争越多越好，比如自然垄断行业、涉及国有经济命脉、国家安全的行业等。国家需要对这些行业的进入门槛、价格等设定标准。而且，以后还需要对国有企业的行业进行分类管制，不是所有的行业都是要引入大量的竞争的。

顾功耘：首先，感谢盛老师前来讲座，盛老师通过自己的分析、实践给我们来讲解这个问题，让我受益匪浅。中国目前的法治的问题，从实际情况来看，尤其是反垄断法，我们不能希望它一蹴而就，一下子建立起来，它必须有个过程，得循序渐进。目前，国企大量存在，如果要强力推行、实施反垄断法，必然导致其中牵涉的利益冲突。欲速反而不达。所以，我们可以通过典型的案例来逐步推进法治的改革，而不仅仅是靠处罚国有企业。如今，关于国企未来的发展方向，如何进一步改革，争议非常之大。两方的观点冲突形成了强烈的反差，一方说要毫不动摇、理直气壮做大做强国有企业，另一方说要坚决走市场道路，国有企业要私有化。这里涉及政治层面的问题了。当然可能最终还是走折中路线。我们不可能一味私有化，也不可能全部国有化。要实现这样的目标，还是要和反垄断法的实施密切联系起来。最后，还是非常感谢盛老师前来讲座。

涉外经济管制法

《外商投资企业法》理论与实践的新发展

主讲人：沈四宝　上海大学法学院院长、对外经贸大学教授、博导
主持人：顾功耘　华东政法大学副校长、教授、博导
记录人：孙逊敏　玄志弘（2010级经济法专业研究生）
时　间：2011年6月7日18:30—20:30
地　点：华东政法大学长宁校区交谊楼第三会议室

顾功耘：入世以来，外资企业面临理论和实践方面的法律问题。沈四宝教授是国际经济法方面很有造诣的专家，今天晚上我们荣幸地邀请他来到我校，让我们以热烈的掌声欢迎沈教授开始今天的报告。

沈四宝：很高兴来到这里。我很赞同顾教授把所研究的专业——经济法，扩展到为整个市场经济服务的一个综合专业，扩展为与市场经济有关的法律，包括经济法、民商法、国际法，以及诉讼法。这一点他一直坚持着。之前我们也专门讨论过这些法律应如何打破界限，融会贯通，为整个市场经济服务。另外，顾老师建立了一个经济法律研究院，这个布局很好，利用了华东政法大学身处大上海的这个区域优势——地处改革开放的前沿，市场经济发展充分，社会发展成熟。这个出发点非常好。我在对外经贸大学任教很多年，也是坚持借着天时地利人和，坚持为市场经济培养三会人才，做的还是比较成功。

我今天想和大家讨论的问题是加入 WTO 十年以来,外商投资企业法律制度一些新的特征。两个题目:其一,入世十年,外经贸发展的非常迅速;其二,外商投资企业法律制度的建立,从宏观的角度讲它应该是公司法律制度的组成部分。我把二者结合起来谈谈我的体会。

一、入世十年我国外经贸发展迅速

我从 1978 年开始对公司法感兴趣,从公司法出发,然后发展到对外贸易法、国际经济法等的研究,当时对 WTO 还不是十分熟悉。1998 年出国当访问学者期间专门补课 WTO,由此产生兴趣。其实我自己的学术发展路程也都是和市场经济连在一起,很难分经济法、民商法、国际法。事实上我认为,尤其在我国加入 WTO 之后,加之入世十年深度参加经济全球化之后,国内国外市场很难分。我们研究问题应该国内国外一并研究。我最近在想,世贸的精粹是什么?一个是规则,一个是开放。我认为其精神主要就是推动各国经济全球化。推动经济全球化要有两个推手,一个是推动各国对外开放,一个是通过规则的统一及外贸外经等一系列规制的统一来实现统一市场、贸易自由、投资自由。实际上最核心的就是推动经济全球化。坦率说,贸易自由发展是非常快的,但是投资自由是非常缓慢的。目前为止,世界上包括 WTO 的 34 个协议,只有《TRIMs 协议》,即《与贸易有关的投资措施协议》一个与投资相关。1981 年的时候外贸部一直在讨论一个有关国际投资方面的规定,就是跨国公司行动准则,讨论了十多年,达不成协议,主要是因为投资是要到东道国定居的一种长期的商业行为,不像贸易是“一锤子”买卖,尽管投资是贸易的延续和发展,但是还是有质的区别。WTO 有几大原则,其中最核心原则是打破关税壁垒,减税;关税壁垒还包括许可证、配额。经过十年的努力,我国税率从 15.3% 降低到 10% 以下,大约为 9.8%,基本上我国的商品进出口都取消了许可证制度,配额也原则上取消,关税壁垒基本上解决了。第二个非常重要的原则是非歧视原则,包括国民待遇原则和最惠国待遇原则。内外相等是国民待遇,外外相等是最惠国待遇。如果不实施非歧视原则,自由贸易也是做不到的。这个原则促进了投资的发展和投资自由化。第三个是市场准入原则。我们十年内开放了一百多个服务贸易的部门。外国关注的国民待遇的核心不是税收,而是市场准入原则。如果允许外资进来,外资就有信心和你竞争。外资准入原则是 WTO 一个重要的原则,也是入世十年以来执行比较好的原则。第四个是透明度原则。透明度原则原来是一个商业上的活动。商人希望政策及时公布,大家能够判断形势,预见稳定性。现在这个原则发展了,我们的立法、执法包括政治生活、社会生活都提出了这个原则。WTO 的经济管理方面的原则已经变成了社会改革提高人权的重要方面并发展成了人民的知情权，入世十年，对我们政治经济社会发展都有很大好处。

我国入世的时候政府的承诺，可以用十一个字来概括“保持一致、统一实施、立改废”。外经贸管理的法律法规政策和WTO的原则及34个协议保持一致，破除地方保护主义。全国上下都要统一实施和WTO保持一致的法律政策，如何做到这些，就是立改废，对三千多个法规进行修改。

我国入世十年进出口的规模增长的非常快，2001年进出口额5000亿，2010年2万9000亿，增长了五倍多，这是任何一个国家外贸史上都不可能发生的奇迹，在我国实现了。我国目前出口世界排名第一，进口排名第二。外汇储备现在3万亿，事实上2001年没有得到统计数据，但是据我估计按这个比例2001年时也是有2000亿美金左右。2001年我国对外投资不足10亿美元，去年海外投资接近600亿，发展迅速。2001年人均收入800美元，2010年为2500美元，这个数字也是非常了不起的。在这当中，外商投资企业贡献功不可没，贡献在55%到60%，外汇储备中占42%。到2010年底吸引外资超过1万亿元，位于世界第二，长期以来吸引外国投资的绝对数值占发展中国家的首位。现在应当更加关注法律服务市场。世界500强公司中，428家有在华投资，成立了80万家三资企业，十年的发展非常好。

三资企业对我国经济发展的推动作用，表现为推动GDP，对外贸的拉动，对税收的贡献。还有就是就业问题，民生的质量和水平问题。有了三资企业，我们国家的生活水平有很大的提高。同时他们带来的市场观念商品意识都是非常好的。三资企业在促进人才流动方面作出了很大的贡献，打响人才流动的第一枪。为了给三资企业支持，我国颁布了很多政策。此外，还有工资制度。之前国内都是死工资，工资是固定的，国企的工资和事业单位、政府、大学的一样，都是按照级别，不能动的。三资企业提出要自行决定工资，按贡献决定报酬。当时争论很大，后决定三资企业可以自行决定工资，但是不能超过当地平均工资的20%。这个制度使得大量的外企挣到了很多钱。后来慢慢松动，使得外企可以自行定工资。当时的毕业生比较喜欢去外企，因为工资高。30年过去了，现在大学生首选的都是政府部门和央企。

开头总的介绍一下入世十年我国的外经贸，尤其是外商投资企业起到的作用。但是一讲入世，一讲外商投资企业，讲到贡献也要注意到其存在的问题。有人提出一个问题，入世十年我们对国际市场的依存度越来越高，这会对国家安全带来一定的危险。我们外贸大概3万亿元，我们的GDP可能是6万亿元到7万亿元，外商投资企业的净投资有1万多亿美元，现在我们国民经济中除了军工等最敏感的产业之外，外资都介入了。我国石油的进口占整个石油的60%，而粮食加工几乎都被外资控制。大豆当初没有当成粮食，现在大豆50%靠进口，也多是控制在外商手里。还有好多轻工业，现在对外资和国际市场的依赖是比较高的，这个确实会影响国家安全。2008年金融危机，促使我国很多合资企业的外商非法撤离，工人工资没人发，银行欠债也不还了，导致很多人失业。我国2亿多人的生存都和外资外贸联系在一起。非常重要的一点，目前我国的社会保障制度还没有很好的建立起来。对外资的依存比例过高，容易影响社会的稳定，影响经济安全。还有就是环境污染的问题。我国的污染是“立体式”、“全方位”的，空气水质土壤等各个方面都有不同程度的污染存在。西方把有污染的产业都放在我国。这个问题要怎么看？日本70年代河里的鱼都死了，现在好多了，美国也经历过，但是都没有我国引进外资造成的污染这么严重。另一个，就是贫富差距、地区差异问题，这个问题也不能忽视。问题是不是由于外资引起的？我觉得外资也起了很大的作用，以前我国的社会贫富比较平均，当然平均并不是就好。这个局面如何分析，是不是社会发展必须要经过的阶段，还是这些是我们无法克服的，我觉得只要政策好，这些问题都可以通过发展来解决。以上是我总体上谈谈外商投资的优缺点。

二、关于实行国民待遇的问题

我国入世十年，能够严格履行《TRIMs协议》，取消外资在华的限制性投资措施，在对三资企业实行国民待遇的同时促进了我国经济体制的进一步改革，这是个积极的方面。WTO的34个协定中，涉及投资的就只有《TRIMs协议》。这个不仅是WTO当中唯一一个涉及投资的，也是迄今为止世界上第一个直接关系到直接投资措施方面的协议，是很难得的。我们入世的时候也说过要保持一致，有问题的通过“立改废”方式来解决。这个协议就是禁止各国政府采取各种限制外国投资的行为的措施，防止扭曲了贸易方向。当时查下来我国还是有不少问题存在，例如“当地成分要求”、“贸易平衡要求”、“进口替代要求”、“进口用汇要求”、“国内销售要求”。这些全部都是涉及外汇的。我国入市前有这些投资措施，是有其原因的。我国缺外汇，所以投资必须拿外汇来，不能用国内的外汇，如“当地成分要求”，要求外国投资者尽可能利用我国原材料和半成品进行生产，而限制三资企业自主从国外市场进行选择。还有就是“贸易平衡要求”，一个三资企业进口的产品价值和出口的产品价值要基本一致。再有一个是“进口替代”，要进口的时候用国内的产品替代，和当地成分要求差不多。另外就是进口产品报批要有限制。国内销售要求，有些产品要求必须返销，返销一部分之后，才能在我国国内销售。当年很多合资企业纠纷就是违反了承担的返销义务，把返销产品在国内销售了，就成了违约甚至违法，入世三年后这些措施都被取消了。现在鼓励用汇，出口进口相平衡，当然外汇对一个国家而言还是非常重要的。按照《TRIMs 协议》，取消人为的措施，从而逐步对外商投资企业实行国民待遇，使东道国国民和外国的投资者在市场上享有相同的国民权利。在当时我国的计划经济背景下，这一点是不易做到的，如果完全内外相等一开始外资都会撤资的。在条件许可的时候，慢慢要给其国民待遇。西方国家投资者要求国民待遇，首先就是市场准入，标准是国有企业；其次是对其知识产权的保护，他们认为我们对其保护不够；最后就是政府采购。他们基本上都是大处着眼的。我们当时对外资的国民待遇，主要还是从税收、能源供应、土地使用权着眼的。当时对国民待遇，民间的意见也很大，认为这是超国民待遇，比如税收，同样产业外资的税收低，我们自己的高。能源供应优先给外资，还能有更便宜的价格。土地供应不用招投标，通过政府的关系就能拿到好地。当时国民待遇确实是放开了，但是根据国民的呼声，超国民的待遇都取消了，最明显的就是税收统一了。另外在能源供应、土地的使用权方面也规定统统实行招投标。这十年，基本上把外商投资企业在经营活动方面当成了国内企业对待，外商投资企业也没有什么太与众不同了。国民待遇问题基本解决了，外企在国内的优越感降下来了，大家基本处于一个竞争起跑线上。但是这一点还是不够的。原来，什么叫国民待遇，什么叫最惠国待遇，大家不大明确，但是经过十年实施 WTO 规则过程中，国民待遇为广大企业家所了解。拿起国民待遇的旗帜主要是民营企业、股份制企业和私营企业，他们要求和央企国企享受同样的待遇，这是内部的"国民待遇"。城市里有户口的居民和在上海打工的农民工也要获得同样的"国民待遇"。我们在入世前有一个口号，要从外到内推动我国的改革。现在又有两个口号：一个是国民待遇，一个是透明度原则，实际上皆是从 WTO 原则延伸出来而为公民所了解，又成为推动改革的强有力的武器。现在我们的口号是国民待遇，我们认为国民待遇的核心是各类企业应当凭借自己的优势和实力，在我国市场上取得成功，共享改革开放带来的机遇和成果。现在矛盾比较大的还是广大的民营企业、中小企业对央企国企获得的优惠条件的不满，这是一个要解决的长期问题。

三、关于《外商投资企业法》与《公司法》的关系问题

中国入世五年以后，《公司法》、《合同法》、《对外贸易法》、《反垄断法》都有重大的修改。这四个法律为外商投资企业法律制度增添了丰富的内容，也为外商投资企业享有国民待遇提供了坚实的法律基础。为什么这么说呢？因为《外商投资企业法》实际上是我国公司法的组成部分，而且《外商投资企业法》由于

调整的是外资在我国进行生产销售、经营劳动，是一种定居式的劳动，所以肯定会涉及《合同法》、《对外贸易法》、《反垄断法》的内容。如果我们只把《三资企业法》锁定在三法三条例，即《中外合资经营企业法》、《中外合作经营企业法》、《外商投资企业法》及国务院颁布的这三部法的实施条例中，我认为是寸步难行的。比如说，中外合资经营企业采取有限责任公司的形式，这个法律及其实施条例的适用范围是非常窄的，这个企业要想在我国真正运作起来，是绝对离不开《公司法》、《合同法》、《反垄断法》的，而且这些法律直接构成外商投资企业法律制度不可或缺的一部分。《公司法》在第 218 条有个规定："外商投资的有限责任公司和股份有限公司适用本法；有关外商投资的法律另有规定的，适用其规定。"关于这条前半句，我的理解是，作为三资企业，如果《外商投资企业法》没有规定而《公司法》有规定的，就应当适用《公司法》的规定。从这个意义上来说，第 218 条的前半句说的是：《公司法》是《三资企业法》的补充和发展。《公司法》从 1994 年颁布到 2004 年修改，这个修改的内容是非常多的，甚至可以说是重建了《公司法》。其中很多内容《三资企业法》是没有的。我对于这个问题作了很多比较研究，而且很早之前就写过他们之间的关系。但是我认为，入世十年以后，这四个法律的制定，都非常谨慎小心地注意到 WTO 的承诺。三资企业法在先，《公司法》在后，但是《三资企业法》的实践为《公司法》的总结提供了实践、提供了经验。反过来，由于某些特殊的情况，《外商投资企业法》无法扩充的内容，都通过《公司法》加以补充。他们不同的地方大家也知道，但是这些不同的部分要不要修改，我自己也有一些想法。比如说《外商投资企业法》用的是审批制，成立、修改合同、解散都要审批，而国内公司采取登记制，上市公司采取核准制。另外一个不同是，三资企业不设股东会，董事会是最高权力机构，也没有监事会，而国内公司要建立三会。这些不同是不是都应该很快地加以修改？我的观点是，入世十年的实践证明，《公司法》和《三资企业法》在相当长的一段时间内还要平行存在，而且有平行存在的背景和需要。同时审批制也会长期存在，审批的力度和内容可能会有所变化，但审批制本身仍然要存在相当长的一段时期。因为这可能涉及国家安全、国家核心利益、外资天然本性等，审批制目前来说还是非常必要的。

四、关于投资环境问题

在投资环境的建设中，目前我们强调培育和营造法治、诚信和道德观念。实际上，在硬环境方面我国和其他国家都差不多，软环境如立法上也取得了一些成绩，但是执法方面，尤其是市场诚信度问题、道德问题、文化问题较为突出，因此重点要解决这些方面的问题。市场诚信度问题事实上制约着我国经济进一步的发展和更高质量的外资的进入。有这样一个分析,上海的硬件建设和香港都差不多,但是到底哪里投资环境更好? 50 年内到底是香港更有吸引力,还是上海更有吸引力? 结论是:大家还是认为香港更好。这就是一个文化、法治、诚信度和道德规范的问题。我去过香港进行实地的比较,发现香港的汽车就很遵守交通规则,很少有人会抢道。等出租车的时候,就算人再多大家也都在排队,没有人插队。上海相对来说就差一些。还有一个就是大陆的腐败问题比较严重,政府的服务形象、服务功能、服务效率、反腐败和反贿赂的力度,也十分重要。整个国家自上而下的法治意识、法律与政策的透明度、劳动力和管理者素质、国家和地区经济的市场化程度和市场意识,包括诚信、道德水准、价值观念,也都是外商进入的考虑因素。有人比较过我国和印度的发展,谁最后会超过谁? 有人认为,因为印度的文化和我国的不同,印度的发展最后反而会超过我国。我国的文化有仇富、仇能的思想,要均贫富,认为等级制是很不公平的,因此当贫富差距过大时,老百姓有可能会揭竿而起发动革命。印度这个社会的容忍性强,不容易发生革命,甘地就是一个很好的例子,他就提倡宽容,这样印度的经济就能平稳发展。当然这种解释不完全科学,仅供大家参考。但是人们肯定是愿意在一个宽容的、道德程度高的、讲诚信的环境中投资、经营的。

五、关于三资企业纠纷问题

三资企业纠纷的种类、形式、性质在十年内发生了重大的变化。以前三资企业的纠纷主要表现在出资不实、抽逃资金、产品销售责任以及中外双方管理理念不同而导致的管理上的摩擦这几个方面。入世 10 年后,这类争议的比例和数量大大减少,这说明投资者的水准越来越高了。现在的纠纷主要是隐名投资、股权转让、并购、合同终止、企业解散和清算问题,而且三资企业的纠纷属于涉外纠纷,要通过仲裁的方式来解决。现在法律规定三资企业纠纷虽然可以在国外仲裁和诉讼,但是实体法只能适用中国法。现在有一种不好的现象,大量的纠纷都在境外解决了,而我们国内 209 家仲裁委员会受理的涉外案件则在减少,我们周边国家仲裁机构受理的案件在增加。我这里有一组很有意思的数据,去年贸仲涉外案件减少 25%,而新加坡国际仲裁中心涉外案件增加 24%。合资经营企业法没有谈到企业解散的问题,只谈到了合同终止的问题。我国专家都没弄明白的问题,外国人又如何适用中国法? 这是一个很大的问题。

六、其他仍需研究的问题

我们另外应该注意几点问题。首先,入世以后,我国参与经济全球化的深度广度都达到一个前所未有的高度,产生的一个负面影响就是对外的依存度很高。金融危机在全球化形势下,会在全世界蔓延开来。因此,我们要采取对策正视这些问题。对于三资企业要加强监管和审批,防止在危机出现时,外方抽逃出资。

其次,要警惕外商以隐蔽的手段和方式进行贿赂活动,通过赞助、参观访问等方式影响学者、官员甚至立法者,从政策的源头到立法层面来为外商谋取非法利益。这个目前已经有了不少案例出现。IBM 公司从 2004 年到 2009 年的 5 年间,对中国公司至少进行了 114 起行贿,被美国证券交易委员会处罚了 1000 万美金,处理了 2 名主管及百余名员工。西门子 2003 年到 2007 年间向中国 5 家国有医院行贿 2340 万美金,与此同时,西门子还通过贿赂中国部分官员的方式,获得了价值 10 亿美元的工程和华南地区总价为 8.38 亿美元的电力高压传输线项目。

再次,现在我们吸引外国直接投资的方式比较单一。设立外资企业传统的做法是新组建(Incorporation),还有一种方法就是并购(M&A)。现在我们的法律讲得都是 Incorporation,而通过 M&A 进入我国的外商只占 3%。但世界范围内,几乎 70% 的外商投资形式是采取 M&A 的。目前为止我们还没有一部关于并购方面的行政法规,法律对此只字未提,只有五部委关于外商并购我国企业的部门规章。只有低位法没有高位法,实际上是立法拖了 M&A 的后腿。

最后,还有一个如何正确处理好引进外资和维护国家利益、国家安全的问题。这些问题都是我最近一直在思考的问题,如果有同学对这些问题感兴趣,欢迎和我联系。

提问一:刚刚您提到三资企业纠纷解决中,一般都把仲裁地定在国外的问题。您能评价一下外国的仲裁和我国仲裁有什么区别吗?或者说和我国仲裁相比,外国仲裁有什么优势?

沈四宝:外国人认为我们国内在公平公正方面做得不够,另外我们的仲裁受到行政司法的干扰比较多,国内的仲裁经验、氛围也不如国外。案子在什么地方仲裁,就决定了决定权在什么地方。由于仲裁员都有自己的价值观念,始终是站在最高处,法律规定得再详细,仲裁员总有裁量权。指导仲裁员行使裁量权的,就是他们的价值观念和文化。境外仲裁对中方是不利的,仲裁地点定在国外,中方实际上就已经输了一半。我以前在很多地方做过关于“境外仲裁的利弊及其对策"的发言,现在这个问题表现得比较突出。关于国外文化和我国文化的不同,我有一个很好的例子。比如,国外采用的交叉盘问制,就是用行政的手段,检察院、公安局审讯嫌疑犯的手段,审问事实证人。这种制度外国人适应,而国内没有这种制度,但由于仲裁协议定在国外,就必须接受国外的制度。我们要适应海外的仲裁和诉讼,谈何容易?

提问二:目前,我国的外资所提供的法律服务范围远远超过了法律所规定的范围,但是相关部门并没作出相应的调整措施,这是不是政府对于外资所提供的超出法律范围的服务的一种默示?第二个问题,是关于《外商投资企业法》重新修订的问题。目前放松了境外投资审批权限,把审批权限下放到注册地会不会造成权力的寻租?最后一个问题是关于外商投资企业指导目录。不再区分鼓励类、限制类、禁止类,只是直接规定允许还是不允许,不知道您如何看这个问题?

沈四宝:外国的律师事务所的收入在全国律所收入中所占的比例急剧上升,他们基本上把高端的业务都做了。在做这些高端业务的过程中,实际上规避了我国的一些法律,比如,高伟绅律师事务所在北京有办事处,办事处不是法律主体无权订合同,但是现实却是由办事处订合同。这些政府都能看得到,在法律服务这个问题上,主要还是靠市场的竞争,而不是政策法律的限制。

关于第二个问题,境外投资审批权限即使下放到了地方,中央部门如商务部还是有权限的。

你最后提到的关于外商投资企业指导目录问题,我还是比较赞成分四类的。如果我们的法律定得太松的话,对于我们既要发展经济,又要维护国家安全是不利的。

提问三:我想问一个外商投资企业的股权变更的实务问题。按照现在的规定,外商投资企业股权变更需要商务部的审批,而实务中对股权转让中的某些复杂条款,如回购权条款,商务部是不会审批通过的。实务中他们会准备两份合同,一份是送审合同,条款比较简单,而包含有回购权条款的合同则放在补充协议之中。如果发生纠纷,对于补充协议的效力问题,您是如何看待的?

沈四宝:我认为合同要经过审批才能生效。补充协议未经审批,就不能生效。但是很多情况下的处理技巧还是靠调解,调解不了只能依法判决,即只能按审批的判。

提问四:您刚刚讲到法律法规的透明性的问题。法律法规的透明在上海等一线城市执行得很好,但是到了二三线城市可能就差了很多,如何在法律法规的制定方面做到真正的透明,能否给出您一点个人的建议?

沈四宝:入世十年,一个非常大的成果就是透明度原则为广大公民所认识和应用。这次个税法修改就收到近三十万份的建议。这位同学说的是我国社会发展不平衡的必然现象，我认为这只能一步一步来，大家对我国未来的发展一定要有信心！

顾功耘：今天沈老师以谈话的方式给大家交流了最近十年来“三资企业法”执行的情况，有成就的一面，也有不足的一面，进行了很全面的分析，我听下来也受益匪浅。大家再以热烈的掌声感谢沈老师的精彩发言。

市场监管法

金融法的几个热点问题

主讲人:周仲飞　上海财经大学校长、教授、博士生导师
主持人:顾功耘　华东政法大学副校长、教授、博导
记录人:胡琼天　孙逊敏　玄志弘　邢楠(2010级经济法专业研究生)
时　间:2010年12月6日18:30—20:30
地　点:华东政法大学长宁校区交谊楼报告厅

顾功耘:各位同学,今天晚上我们邀请到上海财经大学周仲飞校长给我们主讲金融法的几个问题。我们这个讲座是作为经济法的名家讲坛第一讲,本周我们还另外安排了两讲,周教授在金融法方面有很深的研究,曾留学英国多年,研究金融的法律问题。今天我们请他来做金融法的报告非常不容易,接下来我们以热烈掌声欢迎周教授给我们做报告。

周仲飞:今天的讲座是关于金融法的几个热点问题,大家都知道,金融法是实务性比较强的法律,跟实务联系得比较紧密,尤其是当金融市场发生变化的时候,金融法的理论、金融法的制度通常会作出相应的调整。金融危机之后,金融法领域,金融监管领域都对金融法的制度进行了反思。今天讲的问题都是有关金融法过去一年中国际社会的探索,并且未来几年还将作为我们的研究重点、实践重点,所以今天提到的问题对研究生、博士生以后论文选题有所帮助,因为这

几个问题在今后的几年都将是一个热点问题。

大家首先来看一下“十二五”规划中有关金融体制改革方面，和金融法有密切关系的地方。我们要建立逆周期的金融宏观审慎管理制度，这就是金融监管法律问题。金融监管协调、系统性金融风险防范和处置机制、存款保险制度，这也是金融法律问题。提升我国金融业稳健标准，这属于审慎监管，这是我们金融法中，尤其是银行法中很多有关金融稳健的标准和指标。发展农村小额金融服务，这涉及包容性增长，这是我们胡锦涛总书记在一次讲话中说到的。我们还提出了市场为基础的有管理的利率浮动制度，这就是货币法律制度。

接着我们再来看十一月份刚结束的首尔 G20 峰会。在国际金融社会中过去已经在做的，或者现在正在做的，还有包括未来还需要做的重点是什么？(1) 宏观审慎监管框架和逆周期监管，这和我们的“十二五”计划相关。(2) 系统重要性机构的监管、跨境银行处置系统重要性机构的监管、跨境银行处置，这也和我们“十二五”规划里面第二点金融监管协调、系统性金融风险防范和处置机制有关。(3) 影子银行监管。(4) 金融包容。(5) 货币和汇率制度。(6) 金融机构薪酬制度。(7) 金融消费者保护以及全球金融安全网。大家都知道对希腊、爱尔兰的援助，都是在欧盟领域内，如果以后在非欧盟领域、非欧盟国家发生类似希腊、爱尔兰这样的问题，谁来解决？谁来援助？这就涉及全球金融安全网的问题。G20 峰会的这些问题很多都是已经在探讨，国际社会也出台了文件，但是还需要继续探讨和研究，很多问题还没有完全搞清楚，所以在座的同学可以进一步研究。

一、资本充足率监管

资本充足率是整个银行法的核心，胡总书记在 G20 峰会上的讲话也提到要加强对资本充足率监管的完善。学习银行法如果不明白资本充足率的话，是不可行的。资本充足率监管是银行监管的核心问题，其最基本的公式是：资本/资产，此处的资产是风险加权后的资产。比如 100 元的资产，风险加权后可能不足 100 元，因为这个资产比较安全，可能该资产变成 150 元。因为风险比较大的资产可能变大，资本和资产相比不得低于 8%，还有其他比例，一级资本不能低于 4% 等。这次金融危机暴露出很大的问题：第一，资本质量有问题，大家都看到资本公式中作为分子的资本不完全指股本。股本是我们通常说的核心一级资本，实际上是监管资本。很多东西都可以成为资本充足率中的资本，比如重赎债券、发行时间比较长的债券。此次金融危机后，巴塞尔委员会认为，只有像股本和留存利润这样的资本，其质量是最高、最能预防损失的，而像重赎债券，由于债权人可以在任何时候将其赎回，如果银行以重赎债券弥补损失，债券持有人就会赎回债券，所以非股本资本质量不好，随时可能被赎回，其质量存在问题。第二，资本数量问题，8%太低了，所以现在要提高。8%是1988年Basel I出台的时候规定的。当时全球稳健的大银行资本充足率都在8%之上，所以就定了8%。大家可以看到，巴塞尔委员会的很多公式都是没有道理的，都是经验性的。第三，风险加权问题。风险加权资产中存在很多问题。为什么有的权重是100%而有的权重是50%？现在的银行资产可以证券化（证券化是指资产不是在表内还是在表外），理由在哪里？我个人认为很多加权、权重都带有任意性。巴塞尔网站上经常调整系数。在英国时，巴塞尔委员会副主席问制定公式的人为什么在计算风险的某个公式里适用3%这一系数，制定公式的人说"2%太少，4%太多，所以定了3%"。很多金融公式的推导都有假设的前提，假设本身的科学性有多大就不好说了。这次金融危机出现了资本质量问题、资本数量问题以及风险加权不准确的问题，所以刚刚通过了Basel III，我国也承诺要执行的。

Basel III规定：第一，最低核心一级资本充足率。最低核心一级资本指的是普通股加留存利润，这个全世界都统一，最核心的质量、最好的资本充足率从原来2%提高到4.5%；第二，最低一级资本充足率从4%提高到6%。最低一级资本是指核心一级资本加上类似于股本性质的债权工具；第三，在最低资本充足率之上建立资本（普通股加留存利润）留存缓冲，在满足其他资本充足率的前提下额外提取2.5%；第四，要建立逆周期资本。什么叫逆周期资本呢？资本充足率有个顺周期倾向，经济非常好的时候银行资产质量很好，盈利也很多，资本充足率也很高，但是一旦经济不好的时候银行坏账增多，资本充足率下降，银行为了符合8%的要求，要么增加资本，要么减少资产。经济不好的时候，股东不愿加资本，所以一般采取减少资产的方式，从而导致减少放贷。这就是所谓的逆周期现象。经济不好的时候，实体经济往往需要流动性，需要银行来放贷，所以为了防止这种逆周期现象，当经济状况好的时候银行要额外提取2.5%的资本充足率，以预防经济不好的时候资本充足率的下降。Basel III的逆周期缓冲是0—2.5%，并希望各国逆周期资本的缓冲能够提高到2.5%。除了上述几点外，Basel III又提出了第四点，最低杠杆比例来补充加权后计算出的资本充足率。杠杆比例是指资本和不经过加权的资产的比例，100元就是100元，这个比例要求不低于3%。

现在大家都知道了资本充足率很重要，我的问题是资本充足率到底有多重要。资本充足率有两个作用，一个是弥补损失，另外一个是公平竞争。我认为现行的体制下资本充足率是达不到这两个目的的，或者说是不能完全达到。资本充足率到底能吸收多少损失？现行的比例是8%。所谓8%的比例是说，银行要做100元的资产业务，股东至少提供8元。一般公司100%由股东出资都会倒闭，难道8%就可以防止倒闭风险？那资本充足率50%是不是会好一点？那也会倒闭，而且资本充足率不大可能达到50%。再举个例子，很多银行倒闭之前资本充足率都是符合8%的，甚至远远高于8%。2007年，英国北石银行遭受挤兑，其一级资本充足率当时是10%，远远高于监管机构的要求，被挤兑时英格兰银行进行了救助。当银行真的发生危机时，无论是8%还是10%都不够弥补损失。包括亚洲金融危机、80年代拉丁美洲的债务危机，很多银行倒闭前资本充足率都是很高的。美国专门作过研究，资本充足率反应银行的状况具有滞后性，当资本充足率还没有被损耗的时候，银行的问题可能已经很大了，如果资本充足率被损耗了，这个银行早该关门了。同时还有风险权重怎么样计算才准确？巴塞尔委员会经常修改风险权重，它不准确。既然是不准确的，为什么还要用法律来规定？大家都知道，资本充足率有很多公式，很多权重在多数国家都是通过法律规定的，我国通过银监会规定，欧盟通过指令规定，美国很多机构的具体规定也规定了权重。资本充足率到底应该定多少，是存在疑问的。有人统计过，资本充足率在6%—8%时，能够预防银行倒闭的边际效益要远远大于资本充足率在8%—13%的边际效益。提高到8%—13%也有预防银行倒闭的作用，但比资本充足率在6%—8%小，不是成本效益最经济的一种方式。

资本充足率的第二个目的是实现公平竞争，全球性的银行怎样能实现公平竞争？以前巴塞尔委员会允许监管当局自行定义资本，除股本外，我刚才说的是监管资本。国家可以把某种证券作为资本，而我国比较严格，很多在国外作为资本的东西在我国不允许。我国资本充足率很纯，国外很多资本经过证券化，已经变得不纯了。我国基本上是一级核心资本，而国外不是这样。如果各国可以自行定义资本，那么公平如何实现？所以我认为要用杠杆比例来作为监管的手段，即法律只规定杠杆比例的资本，股本和留存利润。我的观点和Basel III的不同之处在于，Basel III除了规定杠杆比例以外，风险加权资产的资本充足率仍然由法律规定。我认为，风险加权资产的资本充足率应当由银行自行规定。因为各个银行的风险程度、风险组合不一样，所以应当允许银行用自己的内部模型来计算它应该所需要的资本。监管机构只要管最低杠杆比例，不要管风险加权。我博士论文答辩的时候，有一个美国专门研究银行法的律师，他说："你的这个观点很有意思，我很少听到这种观点，但也提不出反对你这个观点的理由"。我当时提出最低杠杆比例应该达到6%，现在Basel III的规定才3%，因为6%只有美国的银行才可能做得到，其他国家的银行是很难做到的。现在Basel III 6月份刚刚出台，各国监管当局根据G20的要求，都要把Basel III转化为国内法。

二、流动性监管

我认为,流动性比资本充足率更重要。什么叫流动性?当有人来取款的时候,银行有足够的资产马上变现,以符合他人取款的要求,这就叫流动性。银行有一个特点,那就是银行的很多资产是长期的,不能马上变现,面临很多人来取款时,无法满足取款人的要求,会受挤兑。银行受挤兑后怎么办?它必须要卖资产。往往卖完能立即变现的流动性资产后还不够,可能还需要卖不太能流动的资产。对于不能立即变现的资产,市场上很可能没人要。这时候银行只能挥泪大甩卖,把资产打折变现。如果银行不断打折变现,会马上资不抵债,所以流动性危机往往会演变成破产。所以我认为,在某种意义上,资本充足率的高低是无所谓的,只要满足了流动性要求,银行就可以继续存续下去。在80年代初,我国的四大国有银行,资本充足率几乎为负值,仍然存活得很好,为什么?因为不断有人来存款,就会满足流动性要求。80年代为什么日本的银行这么厉害?日本银行的资本充足率也不过只有2%—3%而已。这是因为资本是有成本的,资本充足率低的话,银行的竞争力会变得很强。1988年的Basel Ⅰ就是针对日本银行的,日本银行的资本充足率太低了,以至于日本银行在全球范围内极具竞争力,所以要提高到8%。当然,这并不是说资本充足率不重要,但是流动性更重要。

巴塞尔委员会最近出了一个咨询报告,是关于如何进行流动性监管的。它提出了两项标准,一个是流动性覆盖率,另一个是净稳定资金率。所谓流动性覆盖率,是指银行必须保持充足的流动性。它的高质量流动资产数量与未来30天预期现金净流出量余额的比例要大于或等于100%。它要求银行维持适当水平的无负担、高质量的流动性资产,在持续30天的严重压力情境下能够转化成现金以满足银行这30天的流动性需求。

高质量的流动资产是指可以马上变现的资产,包括:银行现金、国债、黄金等。当然国债也要分类,有些国债也可能没人要。中国国债、美国国债的信誉很好,但希腊、爱尔兰、尼泊尔国债可能就没人要,这些没人要的国债就不属于我们所说的高质量流动资产。

净稳定资金率是指可获得的稳定资金量与从事业务所需要的稳定资金量的比率,Basel Ⅲ要求大于或等于100%,它可以用来测量银行在压力情境持续1年内持有长期和稳定来源的资金。银行应该依靠长期稳定的流动性资产来维持业务。这次金融危机的爆发给了我们一个教训,很多银行只是依靠短期的流动性来维持业务。比如说银行的短期存款,流动性就不够。当然,还有很多其他的公式,在 Basel III 出台之后,我国也要采取这种方式。

三、宏观审慎监管

在金融危机爆发后,更体现了宏观审慎监管的重要性。以前认为单个金融机构安全了,整个金融体系就安全了,这个观点是不准确的。比如说,某个银行为了符合资本充足率 8% 的要求,它有两种方式。一种是增加资本,但股东一般都不愿意出资,所以这种方法不可行;另一种是减少资产,就是减少放贷。虽然单个银行为了达到资本充足率 8% 的要求而减少放贷,对于这个银行来说是稳健安全的,但如果其他银行都为了达到这个比例而这么做,则不利于整个金融体系的安全。因为在金融危机时期,实体经济最需要银行贷款的支持,但假如各个银行都减少放贷,造成了流动性的减少,则会使得整个金融体系不稳健和不安全。所以,单个金融机构的稳健安全运行,并不代表整个金融体系的稳健安全运行。这就要求我们进行宏观审慎监管。

宏观审慎监管包括哪些工具,现在还在研究。比如说逆周期资本监管、货币政策、税收政策和财政支持政策,可能都是宏观审慎监管的工具。但具体包括哪些工具,现在还不清楚。宏观审慎监管权到底要由哪个机构来行使?美国专门成立了金融稳定监督委员会(FSOC)、欧盟专门成立了欧盟系统风险监管委员会(ESRB)、英国在英格兰银行下设金融政策委员会(FPC)。我们国家也在讨论这个问题,人民银行说应该归我管,因为根据《中国人民银行法》规定,中国人民银行有维护金融稳定的职能。银监会、证监会、保监会也在争夺监管权。但无论如何,我们国家到现在也没有确定宏观审慎监管到底由谁来负责。

宏观审慎监管到底是以法律为基础还是以监管机构自由裁量为基础?这个问题是值得我们学习法律的同学认真研究的。可能有的宏观监管必须以法律为基础,如货币政策。有的则可能以自由裁量为基础,如我国的四万亿支持政策。但即便是自由裁量的宏观审慎监管,在程序上也是要由法律明确规定的。

四、系统重要性机构的监管

什么叫系统重要性机构?就是指这个机构,对整个金融体系而言非常重要,如像 AIT 和中国四大国有银行。在这次金融危机中有一个很重要的问题,就是“大而不倒”。现在普遍认为太大的金融机构不能让它倒闭,因为这会给系统产生风险。在任何一个国家,大银行倒闭,监管部门都是受不了的,大银行倒闭,意味着监管无能,监管无能就意味着政府无能,在美国则可能会导致执政党下台。

奥巴马为什么能上台？一个很重要的原因就是奥巴马选举的那个时候刚好碰上了金融危机。在2008年9月15日，雷曼兄弟倒闭，与此同时，金融危机席卷全球。这难道只是时间上的巧合吗？我认为，如果雷曼要是能被救活，可能金融危机还不至于演变到这个程度。因为的确是在9月15日以后，美国的金融危机才逐渐演变成了全球的金融危机。根据中央银行的贷款职责，如果一个银行的倒闭将对整个金融系统产生重大影响时，中央银行应当提供紧急援助。那么为什么美联储没有救雷曼呢？那是因为根据《美国联邦储备法》第13条规定，如果中央银行要提供紧急援助，被援助对象必须提供合格担保。由于雷曼不能提供合格担保，所以最终导致了它不能获得美联储的救援。

如何界定系统重要性机构呢？一是看规模，即该机构提供的金融服务的量；二是看这个机构是否具有可替代性，也就是说，金融体系其他组成部分能否在该机构倒闭时提供相同的金融服务，在当地是否有其他机构可以代替该机构来提供服务；三是看相关性，就是该机构与金融体系其他组成部分的联系。在英国有着两百多年悠久历史的巴林银行倒闭时，英格兰银行没有提供援助，为什么？因为巴林银行倒闭不会产生系统性风险，所以英格兰银行不救。1984年美国的伊利诺伊州大陆国民银行要倒闭时，为什么央行要救它？因为伊利诺伊州大陆国民银行是美国两千多家小银行的贷款银行，如果这家银行倒闭，会引起这两千多家小银行倒闭。这就叫相关性，就是看一家机构的倒闭会不会引起其他机构的困难。

接下来谈谈如何加强对系统重要性机构的监管。对于国内系统重要性机构，应当指定一个专门机构监管。各国的监管体制都不太一样。英国有统一监管机构，所有的金融机构都由金融监管署(FSA)监管，自然就包括了系统重要性机构。但在美国这就成了一个问题，因为美国是多头监管体制。虽然在1999年的《金融服务现代化法案》里规定了美联储对金融控股公司有监管权。但是，这部法案里规定的美联储对金融控股公司的监管权，仅仅是协调交流权和批准设立公司等权力，并没有实质的监管权。很多系统重要性机构都是跨行业经营的，既从事证券业务，又从事保险和银行业务，在美国一直没有一个机构可以对这些系统重要性机构的所有业务进行整体监管。但就在今年7月，美国颁布了《多德—弗兰克法案》，这部法案专门规定美联储作为系统重要性机构的监管机构，并且这种监管不仅仅是信息沟通、信息交流的监管，而是一种实质的监管权，包括检察权和处罚权。

对于跨境系统重要性机构，比如说对于在各国都有分行、子公司的花旗银行，怎么对其进行监管？金融稳定委员会建议成立监管团，那么监管团如何运作呢？这里面问题很多，因为就算是在国内，银监会、保监会、证监会共同对某一个机构进行监管时,都会产生矛盾。各个监管机构都有各自的利益需求,更别说是跨国的监管团了!如何协调监管团?怎么来制定标准?直到现在这些问题都没有解决。同时,系统重要性机构要有更强的吸收损失的能力,如资本充足率应高于 Basel III 确定的最低标准。并且,所有机构应该有强制性的恢复与处置计划。对于大型的金融机构,在存续的时候就要制定"生前遗嘱",明确出现问题时如何恢复正常经营,破产倒闭时如何减少债权人的损失,如何减少对系统稳定的影响等。这需要有一套完整的计划,并且经过监管部门的批准。

最后,所有的跨境系统重要性机构都要有可处置性。即使再大的银行都可以被处置,不会因为太大而不能倒。可处置性是东道国监管机构批准前者在东道国设立分行或者子行的重要考量。如果一家外国银行到我们国家设立分行,我们不能再考虑这家银行是不是世界 500 强,或是不是规模巨大的银行,我们应当考虑的是,这家银行在倒闭的时候能否被处置。如果倒闭时不能处置,即使是世界第一的银行,也不能让它进来。所以今后在批准外国银行进入的时候,可能会发生理念上的变化,重要银行的可处置性成了首要考量因素。但这会不会和我国遵守 WTO 中的 GATTs 里规定的义务相矛盾?如何协调这个矛盾?这些都有待于我们研究。

那么如何解决金融机构大而不倒的问题呢?在我国没有存款保险的现状下,国家是不会让大银行倒闭的,倒闭对整个金融稳定造成的破坏力是不可思议的。但无论如何,现在我们要设法达成这样一种理想化状态,就是再大的银行,在一定情况下,也可以让它倒闭。美国的《多德—弗兰克法案》第 165(d)节专门规定这个问题,就是我们刚刚提到的处置计划。这条规定,各个大银行都要立下"生前遗嘱"。但这个处置计划非常笼统,美国大银行的处置计划,到底怎么制定,到底包括哪些内容,现在大家看第二段实际上是非常笼统的,好像不是纯粹的一个处置计划,所以以后美国的大银行具体怎么处置,还有赖于美国的具体规定。今年 7 月份美国通过的《多德—弗兰克法案》是一部对全世界有很大影响的法律,但它最后对美国经济社会以及全球金融市场会产生什么样的影响,现在不要急于去判断,因为这个法带有应急性,它是为了弥补金融危机产生的创伤,这种应急性的东西往往不是非常深思熟虑的。

然后是为了竞选,在某种意义上,奥巴马是为了兑现在竞选时所做的承诺,所以这里的很多内容不是经过分析的。对《多德—弗兰克法案》怎么具体实施,还要看各个监管机构的具体规定。美国监管机构,无论是美联储,还是 OCC 或者 FAIC,要出台 268 个具体规定来实施《多德—弗兰克法案》。我们看到《多德—弗兰克法案》第 165(d)节的处置计划是非常原则的,具体最后处置计划是怎么样的,还要看以后的具体规定。

英国的《2010年金融服务法》第7节有了原则性规定,所有的金融机构必须要制定并随时更新恢复与处置计划,但具体内容有待于金融监管署(FSA)出台具体规则。因此,英国的恢复与处置计划是什么样的,还有待考虑。有的硕士生写论文时,可以写一下大银行的恢复与处置计划,这个问题刚刚进行研究,有学者已经在这方面形成了不少论文,这完全是法律问题。很多国家正在出台草案、建议,所以还是有很多资料可以写的,所以英国还未出台具体规则,只是在《2010年金融服务法》作了原则性规定。

解决大而不倒的问题,还有一点就是全球有很多国家制定了征税政策。为了不让银行变大,或者它真的很大,就要采取征税措施,但各个国家的做法不一样。比如,英国根据银行的规模进行征税。如果初步设计对负债超过200亿英镑的银行予以征税,因为拥有200亿资产的银行对整个金融系统的风险很大,所以根据其对社会造成的风险来征税,预计税率为0.07%,即根据资产规模乘以0.07%来征税。英国征的税,不是用来处置问题银行的,它是因为银行太大对社会产生很大风险,所以需要征税。征得的税款上缴国库,不是作为处置问题银行的基金。欧盟是通过向银行和投资银行征税,设立事前成立的处置基金,目的不是为了保障银行不倒闭,而是为了有序地处置银行倒闭。各国做法不完全一样,有的是英国的做法,有的是欧盟的做法。现在很多国家,尤其是欧洲国家对银行征税已经立法通过,或者在具体规定层面通过了。

大而不倒的还有一种方法是限制规模。美国的《多德—弗兰克法案》对兼并作出了规定:任何金融公司如兼并交易完成后的并表总负债超过了在交易前一年末所有金融公司的总负债的10%,不允许兼并,因为规模太大了。在实践讨论中,有的人认为应该是8%,因为10%已经很大了,是不可思议的,但最后法律规定了10%。通过该条规定不让银行的资产规模变得那么大,不大就谈不上大而不倒的问题。当然大小的程度如何衡量,还真不好说。

刚才所谈的系统重要性监管,现在有一系列的监管措施,无论是对它的认定,比如系统重要性由谁来监管,跨境和非跨境的分别由谁来监管,这些问题我们国家现在都还未进行研究,而国际上已经出台了系统文件,大家可以比较认真地作些研究。

五、薪酬制度

大家都知道,薪酬制度按道理是由董事会制定的,但在这次金融危机中,我们发现金融机构中的薪酬制度和金融风险有相当高的关联性。金融机构的薪酬制度是怎么设定的?通俗而言,就是你赚了利润以后,可以提成1%或者0.5%

的报酬,但是如果造成损失,则不发你钱。这种薪酬激励制度,只是在为金融机构赚了钱后以提成的方式奖励你,但如果造成损失了,也不惩罚你。这样交易员会冒很大的风险,因为说不定突然赚了一笔,可能就有 1000 万或 2000 万,即使像里森一样把公司弄倒闭了,大不了被公司开除,当然如果违规了,像里森那样,就进监狱去了。

薪酬激励制度有问题,所以我们认为薪酬是董事会的权力,薪酬制度不是银行或者金融机构风险管理制度的一部分。这次金融危机后提出,薪酬制度是整个风险管理制度的一部分,而不再完全是董事会的职责,监管机构是要根据法律规定介入的。到底监管机构怎么来规定薪酬制度,各国有各国的做法。美国作了原则性规定,具体的仍然由银行或者金融机构自己制定;欧盟规定了一套公式,在特定情况下不能超过一定的限值。无论怎样,大家可以研究一下薪酬制度,因为它至少是公司治理中很重要的制度。

薪酬的多少应该和金融机构的工作人员对金融机构造成的风险程度相当,或者与潜在风险程度相当。假设一项资产业务,没有变成利润,或者部分还没有变成利润,那么没变成利润的资产可能对机构造成哪些风险?因为任何资产业务都是有风险的,我们可以判断风险到底是怎么样的,然后根据风险的大小对公司造成的潜在影响来决定薪酬和奖励。对于交易员、银行或者金融机构管理人员,薪酬是与其业务对公司造成的风险程度相匹配的,而非赚钱了就奖励。当然薪酬制度中还存在结构、方式等问题,大家已经非常熟悉了,一般而言支付的时间比较长,不能一年全支付,而是要三年、五年;或者薪酬里面有一部分是现金,一部分是股权激励等方式。如果大家从公司治理的角度去研究薪酬制度,还是很有意义的。

六、金融包容

第一,何为金融包容?简而言之,凭什么上海可以享受那么多的金融服务,而在偏僻的农村就不行?存款要走几十里路,为什么?这就涉及金融公平的问题,涉及整个社会或者政府是否要为社会弱势群体、贫穷的地方,通过立法来促进金融服务的提供。很多人理所当然地认为,这是银行的自主权利,如果银行在贫穷的地方设立分行、支行成本过高,那就应当设立在城里。银行作为营利机构,其自主选择权是无可厚非的,但是如果基本的金融服务在现代社会成为日常生活的必需品,是否需要通过立法或监管措施来保障所有人获得这种生活必需品?就像水和电一样。在 18、19 世纪,水和电是奢侈品,但现在如果离开公共用水和公共用电的话,我们将无法生活。又比如电话,在英国装电话需要 120 英镑，当时我的生活费只有580英镑，家里只能有两个分机，有钱的人如果要装第三个电话需要额外交120英镑（我不知道现在的情况是什么）。对此，英国规定，如果经济特别困难装不起电话可以向政府提出申请，如果获得批准，电话公司必须免费安装电话。现代社会人不能离开电话，它是生活必需品。当你没有条件获得这种社会生活必需品时，政府有义务要求电话公司免费安装。假设当社会发展到一定程度，金融服务（如开设银行的基本账户进行存款、转账）已经成为生活必需品，那么政府是不是有义务让所有人享受这种金融服务？这就是金融包容或者金融公平问题，大家可以继续研究。假设这种金融服务应该提供的话，我们就应该修改法律，而我们目前的法律没有考虑到这一点。从银行监管目标看，全世界的监管目标基本上都是发达国家制定的，我国也是依据发达国家的标准来制定。一般银行的监管目标包括两个方面，保障整个体系的稳健安全运行和保障存款人利益。所以，在发达国家制定的监管目标中，根本不会考虑到经济发展需要，而我们发展中国家恰恰需要通过金融提高经济发展需要。假设在立法层面重新修改银行监管目标，除了审慎目标和保障存款人利益外，应当加入经济发展需要这一目标，从而通过法律和监管的手段提高金融包容。

第二，为什么我提出银行要为金融包容做更多的事情呢？《公司法》规定公司要承担社会责任，我认为银行应当比一般的公司承担更多的社会责任。原因如下：(1) 银行是特许机构。首先，银行的执照是特殊的。其次，银行有存款保险，即使银行倒闭了，银行的存款人也可以从存款机构获得偿付。再次，银行获得政府的监管。老百姓都认为政府监管下的银行肯定是安全的，相信政府能监管好。最后，银行发生最后危机时，会获得中央银行的最后救援。因此，银行的确不同于一般机构，它所获得的社会保护远远大于一般的机构，因此它要承担更多的社会责任。(2) 银行服务，或者社会服务，是准公共产品。假设基本账户或者基本存款，已经在现代社会成为生活必需品了。假设没有账户就无法生活，或者生活非常困难，银行服务就变成了准公共产品。没有账户，工资到哪里领？水电费到哪里去交？失业救济金到哪里去领？假设社会再发展一段时间，银行服务或金融服务已经成为社会必需品时，那银行就有社会责任来提供这种服务。(3) 资本民主化。银行从农村地区吸取存款，不投到当地发展经济，而是投到最能赚钱的地方，比如上海，这是很不合情理的。美国的《社区再投资法》规定，在当地的社区吸取的存款，必须要有一定的比率服务于当地的经济建设，提供一定数量的贷款给当地社区。同时每年会有评级，如果被评为三级以下或者不合格，虽然监管机构不会对之进行处罚，但是银行要重新申请新业务、兼并或设立分支机构就不可能了。这就是所谓的用之于民，取之于民，也即资本民主化。大家知道，我国银行在农村地区吸收的存款不少，但是有多少返还给吸收存款地区呢？

这个数字我记不清楚了,但很少,大部分都投到了最能赚钱的地方。当然这可以理解,但是如果法律规定必须要有多少钱要返还给吸收存款的地区,银行就必须这么做。

第三,现在提供小额金融服务的机构,比如村镇银行,有时吸收存款,但也有很多不吸收存款。我们国家这种机构有很多,银监会出台了很多规定,我觉得这些规定最大的问题,包括巴塞尔委员会出台的小额金融机构核心原则,都把这种小额金融服务机构当做一般的银行进行监管,这个很不合理。因为这些机构毕竟不同于一般的银行,一般的银行吸收存款、发放贷款,有的金融机构根本不吸收存款,根本不涉及存款人的保护,不需要像监管一般银行那样监管这些机构。即使像村镇银行那样,吸收存款,也没必要像一般商业银行这样进行监管。审慎目标是为了防止金融系统性风险的发生,一般的村镇银行不可能产生系统性风险,因为它只能存在这个地区,即使它倒闭了,风险也是很小的,仅对当地有影响。即使没有存款保险,政府的财政可以弥补;如果有存款保险,则由存款保险来偿付,不需要像一般银行那样涉及资本充足率监管、流动性监管等等那么严格。本来小额金融服务就没有多少利润,如果监管过于严格,谁愿意去提供服务呢?

七、影子银行

这次金融危机的始作俑者就是影子银行。影子银行的种类包括互助基金、金融公司、结构化投资工具、资产证券化、证券交易商、对冲基金等。影子银行的共同特点是监管比较松,或者没有监管,往往是为了规避法律而设立的。很多影子银行和商业银行一样,比如CNAV(Constant Net Asset Value),这是一个互助基金,从个体吸收存款,并且承诺“我投资的是很好的产品,无论怎么样,我最低保本还你”,它实质上就是吸收存款,再对外投资,其实与银行没有太大的区别,并且承诺保本。银行也有保本承诺,银行只要不倒闭,本金是可以拿回来的。但影子银行不同于银行有那么多的监管机构,比如CNAV,就没有太多的监管,钱投进去是有风险的,所以你的钱如何受到保护呢?再如资产证券化,银行发放按揭贷款,15年、20年时间太长了,本金或者利息的收回周期太长。打个比方,我把贷款卖给顾老师,假设顾老师设立了一个特殊机构(SPV),顾老师拿到后又打包卖给其他投资者。看上去我作为银行把按揭贷款都卖给顾老师了,好像风险都已经隔离了,风险已经转移到顾老师这里,但实际上并不如此。第一,顾老师要对买他证券的投资者支付利息,利息是来源于你们向银行交付的按揭利息,银行再把这部分利息交给顾老师来偿付投资者利息。一旦你们不还了,我还要按照合同约定,给顾老师偿付利息、本金,否则他的投资者得不到偿付。虽然好像我把你们的整个放贷出售给了SPV,风险已经给他了,但实际上没有,我仍然要提供现金流给他,风险仍然由银行承担。第二,还有很多时候,银行向SPV打包出售的时候,为了促进资产证券化,银行会去购买这些证券,银行会承购所有者权益的一部分,参与到证券化的过程中。还有更严重的一个问题,很多投资者本身就是银行,而这些银行本身也在做资产证券化,相当于银行回购这些资产。虽然买来买去,但整个风险仍然存在于银行体系内,没有分散到银行体系外部。这就是资产证券化的最大特点,这就是这次金融危机造成的原因之一。

影子银行不受监管,或者监管风险很大,怎么办?我个人认为,如果影子银行已经起到商业银行的功能的话,那应该按照商业银行的标准来监管它。如果影子银行仅仅是提供一些衍生产品,G20也要求对这类银行进行监管:(1)标准化,即无论是场内场外的合约都应当标准化;(2)无论是场内交易还是场外交易,特别是场外交易,都应当由中央结算机构进行结算。原来我们俩做生意,由我们俩结算,现在要由中央结算机构进行结算。中央结算机构与两方分别有合约,而我们俩之间没有合约,买卖期货就是这个模式。通过中央结算机构结算可以防范系统性风险。现在对于衍生产品,尤其是场外衍生产品(OTC),国际社会作了比较多的监管规定。

八、金融消费者权益保护

金融消费者权益保护主要包括以下三块内容:

第一,信息披露(监管机构也要进行信息披露)。银行与消费者进行交易的时候,银行或者金融机构要提供足够的信息,包括投资者也是这样。现在存在信息披露不足的情况,但更多的问题是信息披露太多。提供的产品或者服务信息很多,但是消费者需要的信息恰好藏在看不见的地方,对消费者非常重要的信息被故意或者无意地隐埋了。英国、欧美都要求信息披露必须只有一张纸,用最通俗的消费者能够理解的语言,描述消费者在从事交易过程中所会碰到的风险。同时,作为附件可以提供很多信息。

第二,公平权。包括我刚才谈到的金融包容。银行或者金融机构提供服务,不能因为性别、宗教、出生、年龄的原因而有所歧视。这个问题其实很复杂,大家有空可以看看美国的法律。比如,年龄与偿还能力有关系,而偿还能力影响到银行是否与之交易。银行是因为年龄原因歧视,还是因为偿还原因歧视呢?比如说退休的人是偿还能力高还是弱呢?可能他的偿还能力是高的,因为他可以领取退休金。又比如18岁以下,是不是规定不发信用卡?美国至少规定了不能随便向18岁以下的人发放信用卡,因为他没有偿还能力。这个问题虽然是这样规定,但仍然很难决定。

第三,金融隐私权。你要买房、卖房,每天都会接到房地产商的电话。我们的信息、我们的电话他们是怎么知道的呢?你到银行开设一个账户是要填很多信息的,你的信息被银行掌握后,银行是否可以向它的关联企业披露?是不是可以向它的非关联企业披露?

在美国是怎么做的呢?银行获得的信息向关联企业提供,在美国是可以的,因为美国消费者在开设账户,在最初和银行建立合同关系时,银行已经告诉他将会向关联企业披露。所以之后的向关联企业披露信息不需要经过本人同意。

欧盟比美国要稍微严格一点,如果银行要向关联企业披露消费者信息,必须要采取"opt out",也就是"选择放弃"。这是什么意思呢?就是说,假设银行拿到了顾老师的信息,要向银行的关联企业披露,银行给顾老师发了一个函,告诉顾老师:如果在七天之内不明确表示反对的话,银行就要把你的信息告诉关联企业。所以,假设顾老师没有明确反对,那银行就可以告诉关联企业。这就是"opt out"。一般来说,那种信息很少被回复的,因为有可能你的信箱有一大堆资料,你可能直接扔掉了。

那么银行获得的信息是否能向非关联企业披露?美国和欧盟采取的做法又不一样。美国采用的是上述opt out做法,而欧盟采用opt in,即除非顾老师明确表示同意,否则银行不能向非关联企业披露他的信息。

在金融隐私权的保护上,美国和欧盟的方法不一样,欧盟相对比较严格,美国相对来说力度比较弱一点。为什么呢?因为,金融隐私权是不是作为人权,欧盟和美国有不同的看法。美国从来没有在《宪法》上规定,金融隐私权或者隐私权是作为人权的一部分。但是大家可以看到,欧盟的《人权条约》里是明确规定,隐私权是人权的一部分。

那么消费者的相关信息能否向政府机构披露呢?这个要根据法律规定。我们国家制定的《金融机构条例》现在正在征求意见,可能国务院马上就要出台。这将有规定,什么情况下可以披露。现在的问题是,我把你的信息向我的关联企业或非关联企业披露后,那么它们能否将获得的信息再向它的关联企业或者非关联企业披露?就是说它能不能二次使用?这个大家可以去考虑考虑。欧盟和美国的做法都是看消费者和金融企业的合同约定,如果不允许的话,银行的关联企业或非关联企业就不能对信息进行二次披露。

所以,对金融消费者虽然我们国家现在研究的人比较多,但这里还是有很多问题要注意。我再简单举个例子,金融消费者的法律救济,有法院和仲裁两种方法,还有一种叫做另类组织方法。另类组织,主要存在欧洲国家、澳大利亚、新西兰等，也被叫做巡查制度或督察制度。法律规定，在金融监管机构之内或者之外，专门设立一个处理消费者和金融机构纠纷的机构。在发现纠纷的时候，一般消费者都是先向金融机构投诉，如果金融机构不能解决，那么消费者或金融机构可以把投诉递交给巡查机构或督察机构。如果消费者接受了督察机构作出的决定，那么这个接受对金融机构就是有效的，也就是说金融机构必须要遵循督察机构作出的决议；如果消费者不接受，那么就相当于没处理一样，还可以向法院寻求救济。这称之为金融督察制度，这是很多国家法律明确规定的，这在欧洲法上很普遍，但是美国没有这种方法。

我刚才说的八个问题是国际社会近期正在进行研究的，同时也是我们国家需要展开研究的，但是每个问题都还没有得出一个定论。坦白地讲，金融法律永远不可能有一个最后的结论，它要随着金融市场的发展不断变化，它的理论、制度要不断地完善。这就是今天我要讲的内容，下面的时间留给大家来提一些问题。谢谢大家！

顾功耘：刚才周教授就金融法里面的八个问题做了详尽的解说，使我们获得了一些有关金融法的最新信息。接下来由同学们进行提问，和周教授做一些交流。

提问一：刚才您提到根据 Basel III，各个国家都在制定本国的系统重要性银行的不同监管标准。我有一点疑问：如果说一个银行被划定为该国的系统重要性银行，这意味着它将承担更多的义务，根据权利义务对等原则，那么这些系统重要性银行在国内是否相应的享有更多的权利呢？

周仲飞：这位同学提的问题很好。从现在国际监管标准看，首先必须要加强监管，这个是不可避免的。对系统重要性银行应当是通过国家监管的方式而不是征税等方式，提高监管的标准。和你的问题有关的是为什么要对系统重要性银行这样加强监管。假设一个银行被认定为是系统重要性机构，实际上它可以获得很多的外部收益。比如老百姓心目中会认为银行既然这么大，那就不太可能会倒闭。所以它得到的很多好处就隐含在里面。所以，一旦一个机构被认定为系统重要性机构的话，就可能会产生道德风险，这恰恰是现在国际社会在认定系统重要性的时候考虑要如何来预防的问题。假设认定为系统重要性机构，这个机构可能就没有动力去防范风险了。所以怎么去预防系统重要性机构的道德风险，是我们需要解决的一个问题。

提问二：您之前提到巴塞尔协议有监管团制度。我了解到，现在泛欧金融监管中也提到监管团制度的设立，您认为今后在我国的金融监管制度中可以采纳金融监管团制度吗?

周仲飞:坦白地讲,对这个问题我没有作过很多研究,但是我十几年前的博士论文是关于外资银行监管的。外资银行监管主要是一个与母国的监管协调的问题。关于怎样进行协调,我当时提出一个建议:要采取监管协议的方式。就是说,母国的机构要到我们中国来,在进来之前,我国作为东道国和你的母国要签订一个监管协议,这不是一个肤浅的协议,而是一个非常详细的协议,对怎么监管、采用什么监管标准、适用的法律、信息交流以及银行出现问题时的处置方式及责任分配等作出详细规定。刚才这些建议,与监管团制度是非常相似的。监管团适用的最低监管标准必须得到各国的认可,要有最低的协调标准。这就类似欧共体设立的四个原则中有一个就是最低协调的原则。监管团的标准就要采用最低协调标准。这个最低协调原则是指,各国监管的标准肯定都不一样,在采取什么原则这个问题上我们应该有一个最低协调标准。

第二,监管团以谁为主?巴塞尔委员会认为应当由母国牵头,我认为不是很合适。在外资银行设立的情况下,母国不光是注册国,还要是主要业务的所在地。但是从现在金融危机的情况下看,很可能一家银行的注册地和主要业务所在地在一个国家,也就是它的母国,但往往其最主要风险却可能在另外一个国家。实际上这个银行如果经营不好、产生风险的话,往往遭受最大损害的是主要风险所在的国家。所以监管团的团长是不是一定是母国,还可以再探讨。

第三个问题是,各国的法律是否需要修改、怎样修改?是否要授予监管团权力来承认国外的法律或改变本国的法律处置程序?因为本国的处置程序涉及对国外法律的遵守,涉及对本国程序的改变,如果每次都要通过立法程序来改变是来不及的。大家知道,在处置金融问题上,时间是非常重要的。比如银行被挤兑,一天可以挤兑上百个亿,一家银行可能几天之内就被挤兑垮了,根本没有时间经过一系列立法程序来加以处置。所以可以考虑授予监管团一定的法律自由解释权利。以上是我的一些考虑,不知道是否解答了这位同学的疑问。在监管团问题上,还有很多方面是可以研究的。

提问三:我有两个问题:首先,您提到的行政权力的干预与金融监管是否是同一个概念?另外,根据行政法上的比例原则,金融监管是否要有一定的边界?

周仲飞:你提了一个很好的问题。这是我们一直在探讨、逐步在解决的一个问题。实际上金融法有很多问题是行政法的问题,所以金融监管应当遵循行政法一般原则。但是金融监管权又区别于一般的行政监管权。金融监管权涉及整个金融体系的稳定,所以金融监管权有一个独立性的问题。我写过一篇关于银行监管独立性保障的文章。金融监管权必须独立于政府、独立于利益集团,当然,独立以后还要问责,这个另当别论。金融监管权必须独立行使,但是这个独立权必须在法定的范围内行使,必须以法律为边界。这个法律是指人大和国务院制定的法律。在金融领域如果所有的法律都要求是人大通过严格程序制定的法律,可能会导致金融不稳定、不安全。我个人认为,边界就是法律规定的。我简单举个例子,大家都知道,政府为了在处置危机时救助问题银行,可以将其国有化,即政府把资金投入进去成为股东。政府凭什么可以成为我的股东呢?公司吸收新股东的话应当经过股东大会,政府为了金融稳定安全的需要,不经过股东大会而成为公司股东,稀释其他股东的股权,可以吗?富通银行在2008年发生问题时,比利时政府提出国有化的介入方案,政府要收购银行股权,成为控股股东。最后富通银行股东向法院起诉,认为政府收购股权成为股东是没有经过股东大会同意的。最后法院支持了股东的意见。所以,没有经过股东大会的同意,政府通过投资把银行国有化是无效的。现在包括G20都要求,政府如果出于金融稳定的考虑要强行救助一家银行,或者要成为股东的话,必须要有法律明确规定。英国在2009年通过了《银行业法》,明确规定政府为了救助银行对其实行国有化,不需要经过股东大会的同意。

另外,还有一种成立过渡银行的做法,即某个银行出现了问题,我们可以成立过渡银行,把问题银行中好的合同和资产都转到过渡银行去。没有法律规定的话,问题银行就会提出疑问:为什么可以没有经过股东的同意,就把自己的合同转到过渡银行去?合同转让应当经过交易对家的同意。现在法律明确规定监管机构不需经过股东同意,就可以将问题银行的合同转入过渡银行中去。这种权力就是法定的。所以对于你的问题,金融监管权的边界到底在哪里,我认为这个边界就是法定的。因为金融监管和一般的行政监管是不一样的,它涉及金融稳定。

提问四:您刚才提到这一系列监管措施需要全球同步才能发挥效力,但是全球各国的发展毕竟是大不相同的。比如,您提到的金融危机的始作俑者影子银行,在我国的发展就是相当不发达的。如果采用与发达国家相同的监管措施,会不会对发展我国未来金融市场反而产生一种抑制作用?

周仲飞:首先,我认为取消衍生产品是错误的,在我国衍生产品还是需要发展的。我们国家的衍生产品太少了,现在可以从事的衍生产品大概只有五个,很多银行从事境外的就很多了,而一个花旗银行的衍生产品,就有上万个,我们根本就没法比。衍生产品具有避险功能,因此还是需要发展的。

其次,对衍生产品的监管并不是说要取消。比如就我刚才提到的影子银行来说,如果它从事的是商业银行性质的业务,那就应该像商业银行一样监管;如果它从事的是资产竞争化的业务,那就应当使它与风险相隔离。我说监管并不是说一定要限制它。监管可能会起到限制的效果,但根本上来说是要保证它规范的运作。就像美国,现在并不是要取消对冲基金等金融衍生品,而是要加强监管,原有的信息披露和备案制度等现在看来还是不够的,需要把它纳入到日常持续性监管的模式中来,但并不是说要抑制它的发展。

顾功耘:我想,大家可能还有很多问题要提,因为时间关系,今天的提问就到这里。报告内容非常丰富,非常新颖,涉及现在国际市场上一些最新的金融法律问题,而且有相当的技术含量,可能有些同学对这块不是很熟悉,周老师的讲解使我们获得了很多新的知识。周老师对金融相关问题也提出了很多独到见解,有较多的理论创新,给今天在座的同学提供了很多以后可以研究的问题。我们再一次感谢周教授精彩的演讲。今天的报告到此结束,谢谢大家的参与!

超越统一监管与分业监管:金融监管制度发展的新趋势

主讲人:岳彩申　西南政法大学经济法学院院长、教授、博导

主持人:顾功耘　华东政法大学副校长、教授、博导

记录人:裘雪婷　黄宇星　李凡　纪晨(2010 级经济法专业研究生)

时　间:2011 年 4 月 25 日晚上 18:30—20:30

地　点:华东政法大学长宁校区韬奋楼 215 室

顾功耘:同学们,今天我们很荣幸地请到了西南政法大学经济法学院院长岳彩申教授来做讲座,讲座的内容涉及金融管理体制的问题,让我们以热烈的掌声欢迎岳教授。

岳彩申:各位同学们,大家晚上好!今天我要跟大家交流一下金融监管体制新的发展问题和我的想法。讨论的主题是金融监管制度最新的发展趋势,依据是金融危机后美国、英国、欧盟的金融监管制度改革。围绕这个趋势,我还加了"超越统一监管和分业监管"的正标题。为什么要突出这个标题?最主要的原因是统一监管和分业监管是中国近十来年讨论的重点。讨论这个问题,我觉得跟国外的金融改革结合在一起是一个更好的切入点。

一、问题的背景和思路

开始,我简单介绍一下背景和思路。第一点,世界已经进入金融经济时代。前不久我看到过一篇文章,谈的就是现在处于第三个经济时代,金融经济时代。在这样的市场,金融市场成为创造和分配财富的关键,许多梦想、故事、奇迹甚至神话都在这里发生,金融监管从来没有像今天这样与人们的财富联系得如此紧密。可能很多同学会认为金融监管是一个国家行使权力的问题,实际上并非如此。金融监管在金融经济时代涉及我们每一个人财富的创造和分配。第二点,

金融监管制度一直在不断变革,这次金融危机验证了发达国家所谓成熟的监管制度仍然存在明显的问题,美国、英国、欧盟都在纷纷改革金融监管制度。第三,本轮金融危机对中国金融体系影响没有西方发达国家大,但这并不说明中国的监管制度是完善的。我记得金融危机刚爆发时,我们国内有点骄傲起来,认为中国没有受到影响说明中国的金融监管制度好。我觉得这是一种误解。因此,如何借鉴国外的改革理念与经验,对中国来说是一个重要课题。有同学可能会有疑惑,目前金融监管改革并没有什么大的举措,我觉得这正是问题所在。第四点,我个人推崇并鼓吹以美国、英国和欧盟为代表所进行的金融监管制度改革。我觉得西方的改革是先进的,值得我们学习。

在展开讨论之前,我先介绍一下我的主要观点。第一,统一监管与分业监管一直是国内近年来理论界与实务界争论的焦点。在很多人心目中,这就是中国金融监管改革的要害。第二,金融危机没有证明统一监管与分业监管存在实质差别,但却证明了监管职能的配置不同对金融安全有不同的影响。第三,金融危机后监管制度改革的取向是建立宏观审慎监管、微观审慎监管与消费者保护"三足鼎立"的新体系。这就是金融监管改革的新趋势。有同学可能有疑问这就是回到以前的"分散监管"或者说"分业监管"的体制,这确实是一个问题。第四,新监管制度实现了防范系统风险、消费者保护的职能与微观审慎监管职能的分离。第五,如何借鉴英美国家及欧盟的改革经验,重新科学配置监管职能,成为中国金融监管制度改革的重点。按照这一说法,我认为统一监管和分业监管不是中国金融监管的重点,也不代表改革的方向。有同学有疑问重新配置职能是不是代表把所有职能统一起来,我觉得有联系但不能简单地等同。

下面我谈一下我的想法、依据和推理过程。先来回顾一下统一监管和分业监管之争。第一,关于两种监管制度的基本界定。分业监管建立在对机构监管的基础上,基本框架是:银行、证券、保险三大主要金融领域分别设立专业监管机构,负责审慎监管和市场行为监管。典型的分业监管制度是美国在 1929—1933 年的经济危机后建立的,中国也是典型的分业监管制度。统一监管超越了机构监管,基本框架是:由一个监管机构负责对银行、证券、保险三大主要金融领域实施监管。新加坡是最早实行统一监管的国家(1984 年),由一个机构(新加坡金融服务局,MAS)负责所有金融领域的监管。英国和新加坡相似,由英国金融服务局(FSA)实施对所有金融机构的审慎监管和市场行为监管。介绍完这两种监管制度后,我认为有两点需要强调:第一,英国虽然实行统一监管制度,但也不是完全统一的金融监管制度,英国的中央银行仍然负责货币稳定和金融稳定,同时承担外汇、期货和贵金属交易方面的监管,财政部负责确立监管框架与金融立法。第二,实行分业监管制度的国家,监管职权的划分也是相对的。像我国的证监会、银监会和保监会,他们的职能也是有很多交叉的。

接下来我们看看,两种监管模式争论的焦点是什么。第一,支持统一监管的理由有四点:第一,有利于管理和控制整个金融体系的风险;第二,有利于获得监管的规模效益,降低监管成本;第三,有利于提高监管的一致性,减少多重监管;第四,统一监管在监管金融集团时优势明显,有利于全面评估整个集团的风险,实现有效并表监管。反对统一监管的理由有五点:第一,不同领域的风险不同,监管目标并不相同,如果对监管目标界定不清,监管效率甚至可能低于分业监管;第二,在统一监管机构之下仍然必须由不同部分对不同金融领域实施监管,监管合力难以形成,监管的一致性和整体效率能否得到保证,仍然是个问题;第三,缺乏监管竞争,易导致官僚主义;第四,可能产生道德风险并蔓延到整个金融领域;第五,难以培养专业领域的金融监管人才。因为统一监管的模式下难以深入,不易形成具有高水平的监管人才。从个人角度而言,我很赞同这五个理由。

关于分业监管的理由。支持分业监管的理由有:第一,监管分工明确,能较好地隔离不同机构和不同市场的风险,避免危机的连锁反应;第二,能够集中精力监管某一个特定机构或领域,有利于提高监管专业化程度。反对分业监管的理由有:第一,监管机构权力交叉重叠,金融法规不统一,降低了监管效率和监管一致性;第二,容易形成监管"真空",难以全面监管金融集团的整体风险,不适应金融混业经营的需要;第三,如果各监管主体之间未能建立有效的信息共享制度,容易导致监管套利行为。

关于各国目前的实践,我们来看看各国的不同情况。虽然有关分业监管还是统一监管、单向监管还是全面监管、封闭式监管还是开放性监管争论了多年,但迄今仍然没有结果。根据国际货币基金组织对全球 85 个主要国家和地区所作的调查,截至 2004 年底,各国采用不同金融监管制度的情况为:实行统一监管的国家 29 个,占 33%,主要为欧洲国家,尤其北欧;实行半统一监管的国家 21 个,占 26%;实行分业监管的国家 35 个,占 41%,包括中国。从数据上看,实行分业监管的国家比例还大些。

另外,对于统一监管和分业监管的不同的理论依据,实践中也有不同作法。现在我们来分析,经过金融危机之后,是否检验出统一监管和分业监管孰优孰劣?关于金融危机后对监管制度改革的影响,从历史角度上看,每次金融危机都会检验监管制度的缺陷并推动监管制度的改革。第一次 1929—1933 年的经济危机导致了美国分业监管体制的逐步建立;第二次 1997 年的亚洲金融危机推动了统一监管制度的发展。此后,英国建立金融服务局,美国通过《现代金融服务法案》,建立伞形监管模式,向统一监管靠拢了一大步。两次金融危机对金融监管的影响是不一样的。本轮金融危机检验的结论,我认为大致可以归纳为以下原因:第一,推行金融自由化的同时放任了对金融创新产品的监管;第二,对市场系统性风险缺乏有效监管,市场系统性风险如房地产价格的下降风险、信用评级、衍生产品信用担保、财务杠杆扩大风险;第三,忽视对金融消费者权益的保护;第四,对金融创新缺少法律责任制度的约束;第五,证明了与统一监管还是分业监管体制的关联度不高。也就是说,从这次金融危机研究的结果,看不出监管体制与产生金融危机之间的直接联系。这是关于金融危机验证的结论。依据体现在:第一,与美国综合经营分业监管的伞状监管制度的关系。美国 1999 年 11 月 4 日参众两院通过的《金融服务现代化法案》废除了 1933 年制定的《格拉斯—斯蒂格尔法案》,允许商业银行以金融控股公司形式从事各种金融服务,实行混业经营,但其监管制度并没有重大变化。美国并没有走向完全的统一监管,而是伞状监管。从我个人的观点看,美国还是以分业监管为基础。从严格的分业监管走向适度的混业监管,在原来的分业监管上加强统一,这种变化与金融危机的爆发并没有直接联系。现在美国主要的研究文献好像没有得出这样一个结论,当然有人提到对市场的系统性风险缺少统一监管,但也只是针对系统性风险。第二,与英国统一监管制度的关系。英国的统一监管建立在 2000 年前后,建立了金融服务管理局。虽然实行了典型的统一监管制度,却仍然没能逃脱金融危机的波及。在本轮世界金融危机中,英国是美国之外受影响较大的国家之一。英国目前的金融服务管理局统一负责金融监管在应对系统性风险方面没有什么优势,未能在信贷紧缩之后预见英国银行业几近崩溃的局面,经济陷入自 1930 年以来最为严重的一次衰退。可以看到,英国的统一监管在防范这类金融危机当中没有发挥重要作用。

二、危机后金融监管制度改革的取向

各国经过金融危机后,痛定思痛,进行了金融监管制度的改革,以弥补缺陷。从各国监管改革的取向看,依据美国、英国和欧盟三个样本,我认为,概括一下可以看出从关注监管权统分转向关注监管职能配置,危机后各国监管制度的改革没有将统一监管和分业监管为重点,而是以通过重新设计和配置监管功能,完善监管体系为重点展开。

我们对世界各国监管体系的考察应当选取有代表性的国家与地区,危机后金融监管制度改革的取向可概括为以下几个方面:

(一)从关注监管权统分转向关注监管职能配置

危机后各国监管制度的改革没有将统一监管和分业监管视为重点,而是以

通过重新设计和配置监管功能、完善监管体系为重点展开。在职能的重新分配上,又具体有以下几方面:

1. 在监管体系层面没有走向统一化

原具有代表性的英国等国家具有统一监管的代表性,但从目前的发展看,这些国家的情形也逐渐发生了变化。主要证据是2010年9月欧洲理事会通过的欧洲金融监管改革法案在微观层面反而成立三大监管局:"欧洲银行局"、"欧洲保险与职业养老金局"、"欧洲证券与市场局",以及英国2010年7月公布了新的金融监管改革方案计划,计划彻底改变英国的金融监管体系,撤销金融服务局。

2. 实现不同监管职能的分离

美国、英国及欧盟在改革法案中都将宏观审慎监管、消费者保护与微观审慎监管分离。但这是否就意味着不对监管权进行调整,为什么这次金融危机后统一监管与分业监管没有成为各国监管制度改革的取向呢?学术界争论了这么久,但国外却逐渐走向了另一条路,国外也未将到底是统一监管还是分业监管作为改革重点,我认为理由大致为:

(1) 历史和现实的教训都告诉我们,监管的根本问题不是行为模式的选择,也不是监管权力统一还是分散,而在于功能的定位。监管功能是监管权力配置和约束的根本。

(2) 过度追求效率常常是监管权力失控的原因,但监管权力如果与利益输送和交换联系在一起,就会成为腐败的温床,根本就没有什么效率可讲了。

(3) 对于监管功能的定位,不能以维护监管权力为出发点,更不能以维护利益集团的利益为出发点,而只能以实现对中小投资者权利的有效保护为最大目的。因此,金融消费者保护成为金融监管的新的重点。这三者之间的关系很深刻。

由于上述原因,金融危机后监管职能的重新配置成为监管制度改革的重点。这里有一个问题,即这种改革是否属于此前人们讨论的功能监管的内容?我们后面还会讨论此问题。

(二) 增强宏观审慎监管的独立性和统一性

集中表现为改革法案要求设立专门的宏观审慎监管机构统一行使宏观审慎监管权。下面我们可以从一些具体的实践进行考察:

1. 美国的改革

2010年7月21日,美国金融监管改革法案——《多德—弗兰克华尔街改革和消费者保护法》最终成为法律。美国这部新的监管法律要求成立金融稳定监督委员会,对系统重要性金融机构实施统一、综合监管。

2. 英国的改革

2009 年 7 月 8 日，时任英国财长的达林发布了名为《改革金融市场》金融监管改革白皮书（长达 176 页），提出了一系列改革方案，包括改革监管机构、培育竞争市场、控制系统性风险、加强国际和欧洲的金融监管合作。其中，对加强系统性风险的防范成为规制的重点。

3. 欧盟的改革

2010 年 9 月 2 日，欧洲理事会通过了欧洲金融监管改革法案，要求建立“欧洲系统性风险委员会”，负责对整个金融体系进行宏观审慎监管，监测整个欧盟金融市场上可能出现的宏观风险，及时发出预警并在必要情况下建议应采取的措施。其成员由欧盟成员国中央银行行长组成。这也不是大统一的金融监管，主要是对系统性风险的监管。

（三）建立独立和统一的消费者保护机构

1. 美国

美国金融改革法案突出的一项内容是设立消费者金融保护局。

(1) 消费者金融保护局整合了各监管机构的消费者保护职能，以确保消费者能够及时获得各类金融产品的准确信息，杜绝隐藏费用、掠夺性条款和欺骗性情况发生。

(2) 对于抵押贷款，进一步对其设立条件、经纪商的责任和透明度等作出一系列新规定。从加强对经纪商的约束来完善监管。

(3) 强调了对信用评级机构的监管制度改革。

2. 英国

保守党与工党组成了联合政府后，于 2010 年 7 月公布了新的金融监管改革方案《金融监管的新方法：判断、专注和稳定》，计划撤销金融服务局，新设消费者保护与市场管理局，负责消费者保护和金融业务监管。英国是世界上有影响的金融强国，1997 年率先废除央行监管职能，统一金融监管权力，一度成为理论界和实务界追捧和热议的对象。此番改革取消金融服务管理局，同时设立金融消费者保护机构，无疑对于未来全球监管亦具有很强的示范意义。新政府的监管改革方案还需要获得英国议会的批准，计划于 2012 年底前实施。尽管还存在不少变数，但不少英国官员认为，这项改革计划的实施几乎是板上钉钉的事。

通过以上分析，我们可得出以下初步结论：对美国、英国及欧盟的立法考察可以看出以下三个基本取向：(1) 金融消费者保护成为当前全球金融监管改革的重要组成部分；(2) 微观审慎监管、宏观审慎监管与金融消费者保护三种监管职能逐步分离的金融监管体系正初见端倪；这三个国家和地区改革的方向大致是一致的;(3) 三者鼎立的制度正逐步成为超越统一监管和分业监管,进而整合"机构监管"、"功能监管"、"双峰监管"等模式的新制度。三者鼎立模式出现后,已有的模式都被弱化了。

接下来,我们想探讨新监管制度框架的理论解析,也就是为什么会采用该种新监管制度框架?在理论上我们又该怎样认识?在此我想谈一点看法:

新监管制度的基本框架即微观审慎监管、宏观审慎监管与金融消费者保护三者鼎立构成新金融监管制度的基本框架。在此还需要对该种制度框架进行进一步的分析:

第一,微观审慎监管仍然是监管体系的基础:由专门的金融监管机构负责实施监管,职能为:(1) 关注单个金融机构的稳健性,防止和避免单个金融机构因经营不慎和过度承担风险而倒闭;(2) 通过增强单个金融机构的抗风险能力实现金融体系的稳定。微观审慎监管属于机构监管的范畴。在我们国家银监会、证监会、保监会等很多都是微观审慎监管。

第二,确定独立和统一的宏观审慎监管职能。这里需要强调的是独立和统一,其实宏观审慎在改革之前已经存在,由专门机构负责监管金融体系的系统性风险,美国就曾建议建立金融稳定委员会,其职能是:(1) 监管的层面更加宏观,在关注个体风险的同时更加关注来自金融市场及金融体系的系统性风险。(2) 防范金融系统性风险不仅仅依靠消除金融机构的个体风险,而专注于防范市场整体或行业整体性的风险因素,如价格波动、货币供应量、通货膨胀等。例如本次金融危机的爆发,金融机构也是促成危机的原因,有分析认为是由于缺乏独立的机构进行控制和监管而造成的。(3) 侧重于整个市场和金融体系的监管,突出监管的功能性。以功能来定位,区别于微观审慎监管、宏观审慎监管。

第三,构建独立的消费者保护职能。早期的金融消费者保护包含在调整合同法中,从历史角度考察,随着20世纪消费者运动的发展,因其专业性和重要性而逐步成为金融监管的重要目标之一。金融危机后,金融监管制度改革要求建立专门的机构负责保护消费者的权益不受侵害,其职能是:(1) 关注对金融领域弱势消费者的保护和强势经营者的约束,促进金融领域公平目标的实现;金融领域是公平的领域,第一要义是维护领域的公平,公平意味着市场的基础。(2) 通过构建公平、公正和利益均衡的金融市场秩序,奠定金融市场及体系稳定运行的基础,从而维护金融的安全;这是从解决市场基础的角度来进行划分。(3) 以突出监管功能为特点。

解释了框架之后,我们来看看新制度框架的特点,也即是新形势改革的特点,以下就我个人的理解提些看法:

第一,以发展理论为基础。新监管制度有效照应了金融全球化和金融自由化背景下金融体系发展和创新的要求,致力于解决金融创新所带来的负面效应,重在构建监管制度的框架而不是加强实质性管制,目的是提供"更好或更有效的监管"而不是"更强的监管"。

国内的金融制度改革目标定位在如何加强监管是有误区的,美国虽然管得更严,但不意味要加强实质性监管,只是改善框架,目的是提供更好或更有效的监管而不是更强的监管。我们要把握怎么完善监管,国内的有些机构侧重加强监管,最后演变成加强监管机构的权利,这是偏离的。

第二,以监管职能的配置为重点。改革的重点是监管职能的重新设计和配置,推动宏观审慎监管、消费者保护职能的统一,但并没有强调建立统一的监管制度。

第三,以保护金融领域消费者为核心。将消费者保护上升为防范和化解金融风险的高度看待,并从立法上设计消费者保护制度,推动了消费者保护制度的发展。

要解决刚才提过的一个问题,国外的金融监管改革重新配置功能是不是可以认为转变为了功能性监管,宏观、微观和消费者保护都是以功能定位,那是不是可以等同呢?还不能完全这样理解,功能监管的基本是相对于机构监管提出的,强调的要点在于按照金融产品进行监管,这是最大的区别。三足鼎立的三分法和功能监管的不同在于划分依据并不在于产品,虽然也划分了功能,但是另外一个层面上的功能的划分(系统风险,微观的行为和消费者保护),并不等同于理论上的功能监管。

新的监管制度有何意义?

一是建立了防范系统性风险的新模式,以前分散在不同机构,现在集中于同一个机构,有了很大的改进。建立防范性监管的模式主要在于建立宏观审慎监管制度,宏观和微观的区别之前有所涉及,从其他角度也可以有所比较,两者都有一定的防范风险的功能,但发挥的作用和重点不同,二者解决风险的问题不同,如微观先解决个体,进而防范整体,宏观直接针对整体,当然宏观也不是不关注个体,但当个体的风险不能演变成整体的时候,并不是宏观的重点。监管的对象不同,一个关注个体一个关注整体。监管方式不同,微观侧重合规性审查,宏观侧重于调控。从这个角度出发,当金融发展,系统性风险凸现,传统的微观审慎监管不能完全解决,就要设立独立的机构,新的监管改革就解决了这个问题,这是它的第一个意义。从该角度讲,新的监管制度设立独立的机构不是完全设计的,也是市场发展的需要。

二是实现了金融消费者保护和微观审慎监管职能的分离,理论上有几个问题需要解释。在监管改革前,这两者在职能上是什么关系?并不是说之前银监会、证监会等机构不保护金融消费者,而是说之前两种职能在状态上基本是混合的,在金融危机之前,澳大利亚、加拿大等国家,也部分产生了二者的分离,如澳大利亚证券与投资委员会(1998)、加拿大金融消费者管理局(2001)。但多数国家包括美国和英国,在监管制度上将消费者保护与审慎监管职能放在一个机构里。为什么让审慎监管机构承担金融消费者保护的职责?该种设计的理由在于,首先,金融产品的复杂性和专业性更强,普通消费者保护机构不了解产品性能,存在业务知识的局限,金融监管机构在业务方面的知识无疑是胜任的。其次,金融监管机构以安全审慎监管为核心,关注金融机构个体的盈利和安全性,金融业是典型的服务行业,没有客户就没有业务,特别在发达国家,消费金融比重比较大,只有保护消费者权益和信心才能保证机构的盈利,并最终保障金融机构稳健经营。从这个角度讲,保证消费者安全和金融机构的稳健经营是一致的。三是金融消费者保护直接关乎金融风险与金融稳定,在很多国家。理论上讲,只有稳健的金融机构才可能向消费者提供让人信赖的金融产品或服务,金融消费者保护的失败也将影响金融机构的稳健经营。因此这两个监管目标之间并不存在冲突,从长远看他们是一致的,审慎监管和消费者保护将会关注共同的重大问题。金融危机前,理论界就有反对两种职能混合的声音,我们取了两个学者的观点加以研究,迈克尔·泰勒主张"每一个监管机构应当有一个明确的授权、一个明确的目标并对其负责"。他在《双峰式监管:新世纪的监管架构》一文中提出了著名的双峰监管理论,建议一国应成立单一的审慎监管机构(金融稳定委员会)和单一业务金融监管委员会(消费者保护委员会)。哈佛大学法学教授伊丽莎白·沃伦较早主张设立金融消费者保护机构,她认为"我们需要华盛顿有这样一群人,他们能够不单从银行业利润的角度出发,更能从美国普通家庭以及国家经济健康的角度关注金融产品"。金融危机验证了一定的结果,两种职能混合存在明显的弊端,引发美国和全球金融危机的很大问题在于对消费者保护的失败,或者说金融监管机构长期重视金融机构的安全,而忽视对消费者的保护。现有监管制度缺乏对金融消费者的保护几乎是不争的事实。对此,美国众议院认为:危机前,负有保护消费者职责的美联储前主席格林斯潘从来没有执行过国会1994年通过的一部法律(《家庭住房权益保护法》——作者注)以监管次级贷款。《家庭住房权益保护法》着重于保护消费者。两种职能分离不能因为实践的失败就成立,它有一定的理论依据。2009年9月,来自美国三十多个州的七十多位消费者及保护法和银行法领域的学者联名向美国国会上书,表示支持设立独立金融消费者保护机构,认为专门的消费者保护制度可以提高公众对消费金融产品市场的效率与安全的信心。这一点在我国可能还理解不到位,因为中国的经济发展方式不同,美国是消费主导的经济发展,美国经济衰退的治愈办法就是加强消费,金融发展必须促进民众消费,就得保证消费者对金融市场的信心。

到底制度上实现消费者保护职能与审慎监管分离的理论依据是什么呢？首先,现存的监管机构更多强调保护金融产品出卖人的利益,而不是保护消费者对于透明、安全、公正的金融产品的权利。在审慎金融机构履行职能时,很可能在保护消费者和金融机构时会先选择金融机构,会忽视对消费者的保护。其次,金融消费者保护职能分散在审慎监管机构中不利于监管机构形成专业技能。保护消费者的权利在中国的制度还不够发达,现在的消费者权利保护是很复杂的,审慎监管机构会轻视很多工作,这样保护消费者的工作效率就大大降低,这点在中国理解不透彻,其实消费者保护是相当专业的。第三,极端情况下,金融监管者甚至以牺牲消费者利益换取金融机构利益。基于这几点,我们得出一个简单的结论,审慎监管职能和消费者保护职能,两种职能的内在冲突为消费者保护机构的建立奠定了逻辑基础,从目标上来说是冲突的,内在张力是逻辑基础。金融危机的教训进一步验证了加强金融消费者保护的现实基础。这两个方面证明了设立独立金融消费者监管机构的必要性。

三、对中国金融监管制度改革的建议

最后一个问题是对中国金融监管制度改革的建议。金融监管制度怎么改现在为止仍是很多人的心结。1995 年中国正式确立分业经营体制(这一时期国际上已开始从分业经营向综合经营的转变)之后,分业监管体制不断完善。1998 年 6 月,中国人民银行将证券市场监管职责全部移交证监会,真正形成了银行与证券的分业监管。1998 年 11 月,中国保险业监督委员会成立,将保险监管从中国人民银行金融监管体系中独立出去。2003 年 3 月,成立中国银行业监督管理委员会。正式完成了分业监管体制的构建,形成了银监会、证监会和保监会(以下简称“三会”)共同负责金融微观监管,人民银行负责金融稳定的监管体制。在这样的体制下如何看待美国欧盟的改革,怎样借鉴和理解他们的经验,首先要强调两个现实:一是中国目前的金融虽然发展得日新月异,尤其是上海被列为金融中心,但总的来说,金融业的发达程度比起西方国家还是有很大差别,现实基础也有很大差别;二是中国的金融业虽然处于与发达国家有一定差距的时期,但中国也正处于转变经济发展方式的时期,核心要点就是要消费主导,一定要成为经济发展方式的新特点,所以怎样把以消费者为重点的金融监管改革这样的趋势与中国的金融监管制度改革结合起来,评价分析中国的监管现状,找到中国金融监管发展的方向和重点不是一个简单的任务。我分几个方面谈谈对此的看法:不管能否成为实践,都需要大家的讨论形成共识推动金融发展。

(一)关于统一监管和分业监管

从金融危机和之后监管改革的情况看,体制的统一与否不是改革的重点,不是中国金融监管改革的方向,我个人这样认为,国外的改革经验,通过职能的合理配置也可以解决问题,职能的优化配置才是关键。美国、英国及欧盟的监管制度改革基本上可以证明这一点。因此,中国金融监管制度的基本方向应当以监管职能的优化配置为重点,逐步建立以消费者保护为导向,消费者保护、宏观审慎监管、微观审慎监管三者适度分离的监管体系。从大环境说,我认为消费者保护确实应该是导向,因为它对应的是以消费为主导的经济发展方式,这个在中国是无法避免的,目前发达的市场经济型国家都是以消费为导向的,在这样一个导向的大制度下应如何运行,就在于三者适度分离,适度两字很重要,既然这样,是不是存在统一性问题?我认为中国监管制度提高统一性是必然的,但提高统一性并不是完全统一,那提高统一性应该如何理解呢?为应对系统有风险,首先应当提高宏观审慎监管的统一性,这一点政府应当同意,“三会”都在提,但没有明确的责任体,从金融危机的教训来说,中国应该完善这一点。在立法上,建议制定《金融稳定法》,在其他法中规定也行,目前比较可行的有两种办法,但第一种更可靠,规定由中国人民银行行使此权力,也可设立专门的金融委员会行使此项权力;中国人民银行负责统一的宏观调控,执行货币政策,也比较超脱,定位比较适合。其次也是可以提的,即设立专门的金融委员会,不仅行使宏观的审慎监管职能,也负责协调其他监管机构的关系,这样的提法也是可以考虑的。虽然中国没必要建立英国一样的监管制度,但监管的标准一定要统一,尤其是为了达到宏观统一性需要解决的问题。在2009年6月3日上海—伦敦金融城第三次高端对话中,中国人民银行原副行长吴晓灵说:“在中国国内,我们金融产品涉及的多个监管当局,现在也没有条件形成一个统一的监管机构。我们应该要求‘一行三会’在监管理念、原则、标准上实现统一。”吴晓灵认为,建立统一的监管并不意味着建立统一的机构,而是要统一理念、原则、标准。最后一点,中国金融监管制度改革的基础仍然是分业监管。这是不能变的。仍然以分业监管为基础来修订、完善中国的金融监管体制,也是能做到的。

(二)建立消费者保护与审慎监管适度分离的体制

这一点难度较大。要建立这个体制,则应重点解决以下问题:

1. 从金融安全的高度看待金融消费者保护

法律界有很多人还没有意识到这一点。这是金融体系的基础。如果消费者的信心丧失了,金融体系和市场就会出问题。第一,金融消费者保护不仅是维护消费者个人权利的需要,也是防范金融风险和维护金融稳定的需要。第二,从长远看,金融机构的发展离不开金融消费者的依赖和信任,忽视消费者权利的发展最终会祸及金融业本身。我国的金融业为什么在国际上没有竞争力?难道仅仅是因为技术和管理的落后吗?没有把消费者权益放在重要位置是原因之一。第三,中国金融监管制度整体上偏重于保障金融机构和金融体系的安全,重机构轻个人,忽视了对金融市场中广大消费者权益的保护,也就忽视了金融机构和金融体系安全的基础——广大客户的信赖。第四,在金融产品较为单一和消费者选择空间有限的条件下,金融机构具有体制内的特殊身份,如中国的国有大型金融机构,现有监管制度基本上是合适的。但随着金融业的快速发展,金融产品及服务日益多元化和复杂化,国际分工明显不平衡,国际金融市场竞争更加激烈,忽视消费者保护的金融业最终将丧失内生性发展的动力和竞争力。因此,革新监管理念,建立充分保护消费者权益的监管制度,是现代金融业发展的迫切需要,也是提升中国金融业国际竞争力的重要举措。

2. 制定专门的金融消费者保护规则

具体路径包括:一是在消法中专门规定;二是在相关金融法中规定。不论采取哪种方式,应重点解决以下问题:第一,应将金融消费者的权利作为人权的一部分加以保护。美国金融消费者保护法律制度的构建是以人权保护为理论基础的。美国的《平等信贷机会法》作为民权法的一部分,旨在保护公民信贷机会平等,禁止基于种族、肤色、宗教、原籍国、性别、婚姻状况等方面歧视信贷申请人。第二,加强金融消费者保护必须结合具体的金融产品、服务,落实到具体的法律规定上。例如,对于信用卡全额罚息的规定,消费者认为显失公平,机构认为是行业规定。美国 2009 年《信用卡问责及披露法》基本上解决了这一问题。第三,抛弃国家利益优先的观念。中国金融立法习惯于将金融机构特别是国有商业银行的利益视为国家利益优先保护,对金融交易双方的权利义务缺乏公平的保护,一些所谓的行规、国际惯例成为庇护金融机构不当行为的借口,如小额账户管理费等。在金融消费者权利的视角中,商业银行的利益不是国家利益,国家利益也应当与消费者利益享受公平保护。第四,坚持实质公平理念。民商法虽然在借贷合同等制度中有一些规定,但受民法传统的平等保护理念的局限,忽略了金融机构与金融消费者间的实质不平等关系,难以提供公平的保护。完善金融领域消费者保护制度应结合具体金融产品、服务中交易双方的权利义务,合理确定交易风险的分担,保障权利义务的实质性对称。第五,全面修改现行的《消费者权益保护法》。现行的《消费者权益保护法》制定于 1993 年,不仅在价值理念、适用范围、保护机制、责任制度等方面与现实要求存在明显的差距,而且法条规定亦非常笼统,对于金融领域的针对性和适用性不强。应当专门规定对金融消费者的保护。在立法上,除考虑修改消法外,还可考虑制定符合中国金融业发展特点的《信贷公平法》等法律文件,进一步完善保护金融消费者的监管制度。

3. 适度统合金融消费者保护职能

一方面,与金融业发达国家相比,中国金融业还存在较多管制,金融领域的消费者纠纷增速明显,但整体数量仍然有限,同时考虑到设立新的独立机构具有一定的复杂性,短期内很难像其他发达国家那样设立独立的金融消费者保护机构。另一方面,经济转型和消费主导已上升为国家经济发展的战略,随着居民金融资产和消费规模的不断增加,金融消费的形式正从单一的银行存取款向支付、融资、理财、投资等一体化交易延伸,金融监管制度也应顺应这一发展趋势,前瞻性地改革,提升监管机构保护金融消费者权益的能力和效果。

就中国的监管制度而言,较为可行的策略是:第一,修改《人民银行法》、《银行监督管理法》、《证券法》、《保险法》,设专门的条款规定消费者保护问题,将消费者保护确定为监管的优先目标,规定有关部门在其监管职责范围内承担保护消费者的职责。第二,同时整合各监管机构内部比较分散的消费者保护职责,在各监管机构内部设立相对独立的金融消费者保护部门,逐步培育并形成金融消费者保护的专业技能,督促建立有关金融产品和服务交易规则的行业法规,为进一步完善中国金融消费者保护法制体系积累经验。

4. 建立对监管者的问责制度

权力与责任统一是监管权行使的一项基本准则。本轮危机中对金融消费者保护的失败固然与金融监管制度滞后于金融创新以及金融产品缺乏相应的法律规制有关。危机爆发后,美英监管改革重点从体制上实现消费者保护与审慎监管的分离,消除消费者保护职能分散在不同机构的弊端,是监管制度的一种创新,但忽视了一个重要问题,即监管者的问责制。在完善中国监管制度时,应当弥补上述不足,在规定对消费者保护的监管目标与监管权力时,应当规定明确的问责制,建立定期评估监管者是否实现监管目标的机制,对监管过程中监管者不当作为或不作为追究相应的法律责任。

消费者保护、宏观审慎监管、微观审慎监管三足鼎立的未来金融监管格局正在美英等国逐渐形成,但仍然需要注意:第一,由于监管体制受到各国政治经济文化诸方面的宏观环境与国情的影响,虽然这些国家都强调独立的金融消费者保护机构以及关注系统性风险的宏观审慎监管,但具体制度的构建和表现形式并不完全相同,现实中的监管制度改革远较"三足鼎立"理论更为丰富和复杂。第二,究竟三足鼎立的监管制度能否最后成为一种世界范围内普遍认可的制度,还存在一些变数;第三,美英两国作为世界金融规则的主要制定者,其金融监管制度的改革势必对世界金融监管法制带来深远的影响。在金融日益全球化的当下，这一趋势显然需要我们深入思考和进一步关注。

顾功耘：岳教授对于金融监管的体制和风险有非常独到的见解，材料十分翔实，论证十分严密。现在给大家提问的机会。

提问一：为什么要把宏观审慎和微观审慎分开？我个人认为二者很难分开。举例来说，美国的金融改革法案里美联储有一部分微观审慎的功能，比如具有系统重要性的金融机构由美联储监管，超过500亿的金融机构需要在美联储备案。虽说这是一种补充性的监管，但是从功能上来说也算是微观监管。从中国的金融实践来说，银行业的宏观审慎监管手段有调整准备金和利率，但是资本充足率是作为一个非常有用的工具，但该工具由银监会运用。因此我们传统意义上的宏观审慎监管职能不仅仅在宏观监管部门，也有在微观监管部门。二者在实践中真的能分开吗？或者说采取另一种变通方式，向下兼容，像美联储一样，一部分承担微观审慎监管职能，这样的职能配置在中国可行吗？

岳彩申：强调几点。第一，目前主要用来防范系统性风险的宏观审慎监管职能在大部分国家还是分散在不同的机构，现在改革后做了更高程度的集中，集中到一个部门来统一行使。但是这个集中在实践中没办法百分百分开，主要的可以集中在一个机构行使，效果会比较好。第二，即便在改革之后，微观的审慎监管机构还是会发挥防范和化解系统性风险的功能，只是重点发生了一些转移。

提问二：我的问题是关于金融控股公司的监管。在中国，存在三种类型的金融控股公司。一种是纯粹型的，如平安集团；另一种是银行系的，如国有银行；还有是实业系的，由实业公司控股金融机构。从系统风险控制的角度看，应该采取哪一种？如果选择了一条路来走，在很多学者认为“一行三会”流于形式的情况下，如何对金融控股公司进行更好的监管？

岳彩申：国内主要是根据金融控股公司的主要领域来确定监管部门，即主监管制。但是这种方式存在问题，比如银监会负责主监管，可该金融控股公司可能有很多业务是在证券资本市场，证监会也会对此监管，因此会普遍存在分业监管。也有人提出金融控股公司完全由中国人民银行监管，但现在人民银行不负责具体的微观审慎监管，金融控股公司的合规性就有问题。是不是要回到美国的伞形监管制度下呢？美国的金融控股母公司由美联储监管，下面的子公司则由各个监管机构负责监管。我认为目前的主监管制还是更为可行，问题在于各个监管机构如何协调。

金融危机背景下的证券市场监管

主讲人:郭峰　中央财经大学法学院教授、博导

主持人:杨忠孝　华东政法大学研教院常务副院长、教授

记录人:朱黎霞　王高英　徐亚沁　吴舒曼(2008级经济法专业研究生)

时　间:2008年12月11日18:30—20:30

地　点:华东政法大学长宁校区交谊楼第三会议室

杨忠孝:各位同学、各位老师,晚上好!今天我们很高兴邀请到中央财经大学郭峰教授。郭教授长期从事跟纸张有关系的工作,早期专门研究小纸片——票据法,后来发现这个小纸片没什么好研究的,因为纸片的形态只是纸张,他觉得没意思,后来说有纸张的无纸张的要一起做,听说证券开始无纸化,他就想搞搞大,更广泛地去研究证券法的问题。郭教授从80年代开始研究票据法、证券法,二十多年来对法学界已经作出了非常大的贡献,非常遗憾的是,郭教授到我们华政来得比较少,所以接下来我们把时间都留给他,大家热烈鼓掌欢迎。

郭锋:谢谢杨教授、培新教授,还有顾校长,谢谢三位的邀请,让我再一次有机会踏入祖国东南方最重要的证券法的高等学府华东政法大学。今天很高兴能和大家有个交流。关于金融危机背景下的证券市场监管的问题,我们现在要冷静地从法律的角度思考,这还有个过程,危机还没结束,还没见底,正在演化,还将往谷底走。现在一些经济学家、新闻媒体等说了一些原因,这个时候,还不应该由我们法学家来说话,我们应深入研究。1929年—1933年的金融危机,用了五年才恢复,现在的危机才开始,一年不到,最快也要用两年三年时间才能恢复。既然学生都愿意听一听,那我们也只能勉强地作一些分析,所以我在这里说一些不成熟的看法。

一、金融危机简介

先讲国内最高层对金融危机的认识和态度。一般我们应该从美国讲起，但因为我们身在中国，就业等都关系到我们切身利益，所以我们现在要了解中央对这个事情是怎么看的。12 月 8 日至 10 日，中央经济工作会议在北京召开，会上提到“次贷危机引发的金融危机愈演愈烈，迅速地从局部发展到全球，从发达国家扩展到发展中国家，从金融领域扩散到实体经济领域，酿成了一场历史罕见、波及范围很广的国际金融危机”。在这个危机的冲击下，实体经济大幅度下滑，今后，对实体经济的影响会进一步显现，无论是国际上还是国内，这个后果还没有见底。我们国家除了股市下跌，还没有感受到金融危机，但应当注意到，其实国内的实体经济很早就已经受到损害了，特别是进出口企业，有一些都关门了。台商、港商等一些老板早上还在上班，晚上就卷起剩下的钱走人了。现在有个说法，人民内部矛盾用人民币解决。金融危机另一个对我国的影响是很多打工的人都因为没有工作只好返乡。“受国际金融危机快速蔓延，加上我国经济运行中的困难增加，经济下行压力加大，企业经营困难增多，保持农民稳定发展，农民增收难度加大。”这是金融领域风险的一个认识。要把确保经济较快发展作为明年经济工作的首要任务。大家都知道，中央政府要出十万个亿，很多人半个月前开始排着队，到发改委门前要钱要项目，尤其是大西北那边的，都组织成公关团了。怎么搞经济搞得跟运动似的？这种方式已经有人批评了，但说明政府现在也是比较紧张，怕出现社会矛盾，所以出手要快，下手要狠。最后中央提到这句话：“坚持推进金融创新和提高金融监管能力相适应，进一步发挥金融对促进经济发展的积极作用，坚持加强政府调控和市场作用相促进。”这是对金融危机总结出来的一个对策的提法。中国对这场金融危机所引发的实体经济的危机已经有了比较充分的认识，明年的就业形势不容乐观，跟你们竞争的还有华尔街回来的那帮落难的咱们的同胞们，他们也回来找工作了。

这次金融危机最早是美国的次贷引起的，然后是今年 9 月，美国的第五大投行被兼并了，紧接着美国第四大投资银行雷曼兄弟由于投资失利，倒闭了。美国政府不救它。从历史上看，雷曼兄弟公司是很强的公司，历次的风波它都挺过来了。20 世纪 30 年代的大萧条都没有使它倒闭，后来的很多次不顺利它也都挺过来了，但这一次轰然倒下了。据一些资料显示，短短十几年，雷曼兄弟公司的规模扩大了很多，员工人数也从 8500 人增加到 28000 多人，增长了 230%，2007 年公司总收入 31 亿美元。当然，我们也要看到，它的负债有 6 千多亿美金，负债跟总资产差不多。除了雷曼兄弟以外，还有其他公司，如最近三大汽车公司通用、福特和克莱斯勒出现流动资金短缺,加上汽车销量暴跌,公司陷入财困,营运难以为继。大家看到很多报道,为什么对救美国的汽车没有像救美国的投行那么踊跃呢?美国投行在美国政界的影响力大,很多政界的重要人物都在美国投行做高级领导人,美国投行可以去游说国会。美国的三大汽车公司就相当于我国的国有企业,几十年来,他们不求上进不思进取,技术也不创新,销售还很贵,工会势力很强大,美国政府对这个很头疼。三大汽车公司被重组、兼并,甚至破产倒闭是迟早的事,所以这时候相当一批议员就希望政府不要救它,救它就是又让它苟延残喘了。如果一重组,推倒重来,工会的力量也削弱了,高福利也可以降下来,还有供货商的这些利益都可以重新分配。2008年的经济学奖得主克鲁格曼说,救助行动可能无法扭转美国汽车工业消亡的发展。他的判断就是,美国的汽车工业最终可能会消亡。但这也不是痛心的事,因为可以都转移到发展中国家了,这对美国的整体来说不会出现大的问题。550万人失业,这是很令人担心的事情,你说谁敢让这么多人失业?现在美国达成的意见是要救助,当然救助的同时,达成了一些条件,如三大公司的高管薪酬等都得有限制,美国政府将任命一位高级官员监管通用、福特和克莱斯勒这三大汽车商。如果不按政府说的进行及时变革的话,政府有权把这个资金撤回来。再拿花旗银行来说,金融界"巨人"花旗银行现在也是不行了,之前在做衍生产品,一片热气腾腾,但是现在股价下跌,还要裁员7.5万人,这些都说明,美国的金融危机才刚刚开始,幕布拉开后还会怎么样,我们还不知道。另外,制度方面的原因是房地产市场的泡沫。发达国家财富70%在房地产市场,30%在股票市场。本来美国经济在五六年前要出问题了,纳斯达克好几百家退市,但后来的降息等一系列刺激消费的措施使矛盾延缓暴发了。

二、金融危机深层次原因

(一)西方政治体制

西方的政治制度是比较稳定的,三权分立,政党吵得再热闹,民主党、共和党打架,老百姓不受影响;日本一年换好几次政府,最频繁的时候一年就要倒台两届,老百姓照样过。当然经济会受点影响,但是基本上不影响老百姓。这是因为它们的政治和老百姓有一段距离,政治是比较稳定的。另外,西方国家的福利比较好。比如,失业以后不要愁,政府会提供免费培训。比如你修汽车的,失业以后,政府会免费帮你培训学电脑,学了以后如果没有电脑公司招聘你,那再换一个,政府会一直提供就业培训直到你找到工作为止。分析中美两国的消费环境和文化，国外为什么敢消费，那是因为他们的政府提供了很充分的制度保障和社会福利保障。为什么中国人民不敢消费？那是因为中国政府没有为我们提供这种安全稳定、政治上可期待的制度和福利，所以我也说过一句批评政府，让政府去反思的话："咱们两万亿的外汇储备，还有投到美国的几千万的股权债券、债券投资等各种投资，如果早知道会损失的话，拿出个五千亿给老百姓，投入卫生、三险一金等，多好呀。"此外就是美国2006年以来的房地产价格持续下跌，很多贷款合同无法实现，房地产又被拿去拍卖，供给增加，价格下跌，这就引发了次贷危机。

（二）金融衍生产品的风险

从理论上说，金融衍生产品是一个避险的工具，它与基础的金融产品相比是一种很有效地分散风险的金融工具，而且也是一种金融创新的工具，因此，它一向为美国这种发达国家所推崇。金融衍生品在活跃市场交易、拓展市场空间、提高市场效率的同时，也隐含着很大的技术与道德等方面的风险。所以，现在我们的政府和老百姓都被这帮投资银行家们给忽悠了。投资银行推出一个新产品，其实是为了赚钱，它的内部有激励机制。当然如果是市场好的时候也没有什么问题，大家有钱时能钱生钱，然后再请商业银行提供一个担保，让它从中也赚点钱。但是最后出现风险时，谁来负担呢？所以这些投资银行家一个是把商业银行给骗了，另一个是把投资者给骗了。以前我们可能对投行感到很神秘，比如摩根斯坦、美林、雷曼等，其实在它们没有成为上市公司之前，它们跟我们的律师事务所是一样的。风险就是被这帮金融家、投资家给设计出来的，金融资本主义造就了一帮贪婪的金融投机家。

（三）流动性风险

金融机构贷出资金后，形成了难以收回的坏账，而这些赖以放贷的资金又是通过吸收存款和金融机构相互拆借筹集的。当自己的债券难以收回，而自己的债务又到期需要偿还时就出现了流动性危机。所以对于金融机构来说，最稳定的是储蓄存款。美国又是一个低储蓄率、甚至是负储蓄率的国家，所以金融机构的资金来源主要从哪里来，像投资银行，主要就从资本市场过来。为什么它要上市呢？它要筹资，发债券。大量的融资，期限又比较短，偿还的压力又大，资本市场波动这么大，比如雷曼，一到期，账有六千多万，怎么还？房价又不好，股市又不好，更加还不起了。所以这种低储蓄率的金融资金也是美国发生金融危机的一个重要原因。

（四）监管放松

美国对投行的衍生产品不监管，放任其自由发展，所以我们对美国的信息披露制度、证券公司的注册制度也要反思，它把这一切都推给市场，推给投资者了，毫无约束的监管机制，事发后又无紧急应对措施，最后在紧急时还遭遇阻碍，当然那也不算是阻碍，那是它的民主机制，导致没有及时处理。格林斯潘现在也认错了，也认为自己以前的观念是错的，他是要负责的，但是他只能负一个道义上的责任。这是由于没有监管而导致的。

（五）管理层的道德风险

全世界的管理层都一个样，都是追求商业利润，追求个人利益的。只不过是西方国家严一点，他就怕一点；我国漏洞多一点，他就贪得多一点。最近，凤凰网上出现了一个很耸人听闻的标题“性贿赂和行贿是美国这次次贷危机发生的真正原因”。我看这个视角蛮新的，就点进去看一下，一看还发觉分析得蛮有道理。为了做成房地产的生意，很多人都想获得贷款，所以中间就有一批年轻的小雇员为了做成生意，只好牺牲自己。似乎美国次贷市场已经形成了一个潜规则。我相信此报道并非空穴来风，还是有一定的真实性的。因此，在利益面前东西方都会出现这样的道德风险。

（六）对金融、证券监管的理论思考

监管的动因分析：政府为什么要对市场进行管制呢？由于垄断、外部性、不对称信息等的存在，市场机制不可能达到经济资源最优配置的最优状态。市场存在大量导致市场资源配置低效率的因素。比如在证券市场上，(1) 垄断。证券经营机构规模经济的特点使自由竞争很容易发展成为高度的集中垄断，如美国，大大小小的证券公司有几千家，但是我们知道的只有五六家，这是高度的垄断。我国也是这样，重组以后证券公司也有上百家了，但是真正出名的也就那么几家。(2) 外部性。证券经营机构的破产倒闭将可能影响整个交易机制的正常运行，引起整个证券市场、金融市场的危机，并将通过货币信用紧缩破坏经济增长的基础。(3) 信息不对称。由于自由竞争的市场机制存在着一些缺陷，所以为了保证经济体制的正常运行和市场资源的有效配置，就要对其进行有效的监管。

为了保证经济体制的高效运行，社会资源的优化配置，就要对其进行外部监管，所以政府的管制作为一种公共品，就只能由政府来供给、安排。有一种理论认为，为了公共利益，要对证券市场进行监管，为什么要监管？最冠冕堂皇的理

论就是公共利益理论。这是早几十年前的理论,但是发展到现在,已经不是公共利益理论占绝对优势了。当然,最正统的理论还是公共利益理论,包括我们的物权法、证券法里说的,都是为了保护公共利益。这种理论认为,证券市场的监管是政府回应投资大众要求纠正证券商的欺诈现象,比如内幕交易、操纵市场、虚假陈述等损害投资者利益的不公正、不公平行为的措施。证券市场的监管被看做政府用来改善融资市场资源配置、收入分配的手段,如果不是实施监管,市场机制本身可能就会导致证券市场资源配置的无效率或者低效率,以及收入分配的不公平,甚至证券市场的萎缩,这就是用正统的公共利益理论来解释的。

三、证券监管

证券市场的监管目标是什么?就是要建立一个高效率的证券市场,即一个既能发挥证券市场所有功能,同时又运行有序,合理竞争,信息透明度高,交易成本低,真正贯彻“三公”原则的市场。具体来说,第一就是要促进整个金融证券市场资金的有效配置;第二要加大信息的公开披露和利用,避免因信息不对称而造成的交易不公平;第三是克服或消除整个证券业务或者宏观经济的系统风险;第四是促进证券商的公平竞争。

证券监管是不是一定能实现公共利益这个目标?不一定。因为可能会出现监管失灵的情况,特别是对于新兴市场的国家来说,这种证券监管不仅成本高,成效不明显,甚至会产生反效果,严重阻碍市场本身的执法演进。我们国家的监管给投资造成的损失带来的风险是举不胜举。大家思考一下我们股市的改革,老是在价格上做文章,医疗方面讲价格,教育改革,说到学费也是价格,农产品也是讲价格,股市还是讲股票指数。这从表面上看也没错,价格高了、低了都重要,但是这没有找到根本的原因,因为根本的原因是体制上的原因。这些是能够引起我们反思的改革措施,它为什么要这样改呢?我们感到很不可思议。采取监管的时候,监管越紧,成本越高,不仅涉及执法的成本、守法的成本、道德风险,而且也抑制了金融机构提供更低廉、更富有创新力的产品。另外,要认识到监管者和监管对象一样,具有自律性,都以自我利益最大化为依归,这就是我讲的“监管经济学”。我们可以把监管现象看做一种商品,这种理论告诉我们,不要认为政府的监管就是为了保护公共利益的。

虽然现在出了金融危机,但我们不能因为有危机,金融就不创新了,在我国这样的发展中国家,仍然要创新,而且,金融一定要创新;监管要防止过度,不能因为出来问题,裁判员自己就上场踢足球,不能看它差点就进了,于是上场踢一脚,像我们的政府现在已经有这样的苗头了,出手要狠,下手要快,巴不得赤膊上阵,想把GDP给搞上去,虽然很急,但是经济有它自己的规律,不能监管过度,不能越位,当然监管不足也是要防止的。

关于集中统一的综合监管问题。这个大家也可以作一些思考,因为大家知道,我们现在是分开监管的,分业管理。虽然《银行法》、《证券法》都修订了,都留下了混业经营的空间,而且事务上也都混起来了,但是我们的监管机构还是三个。现在也面临着"综合监管"这样一个机制,究竟是功能监管、机构监管,还是要形成一个统一的金融监管委员会呢?我想对于美国和中国来说,都面临着这样的考虑。如果说上个世纪二三十年代的经济危机中美国形成的经济制度为它未来六七十年的金融发展搭建了一个制度平台,那么,本世纪初产生的这次经济危机,我认为也可能为未来五六十年的全球金融监管架构创造了一个新的平台。这就是从我们政府部门到立法部门到我们这些研究学者们现在要拿主意的事,在这几年,一定要把它思考成熟,要修法、建立新的机制,但现在这些都不知道怎么弄,大家要思考这个问题。

在证券法里,对信息披露的问题有两种理论观点,这是美国学者提出的。一是认为信息披露是必要的,尤其是对上市公司,这是主流的监管理论,是监管哲学,也是证券法所采纳的。但是另一方面,又有一种否定的观点,就认为没有必要搞信息披露,这种观点认为有效市场并不要求所有的参与者都要拥有信息,信息披露增加了发行的成本,产生了金融的外部负效应,出现了监管失灵,也不能增加投资者的收益。所以,像美国有的学者就认为只要增加反欺诈就够了,连证监会都不需要,信息披露制度也不要,这就是美国一些学者比较极端的观点。这种观点认为强制信息披露在道德上也有碍诚实企业商人的行为,因为要披露就要包装,好比说我要出去演戏了,演戏就得化妆,这样就有碍诚实,应该本来是什么就是什么的,当然,诚实原本就是尊重别人,尊重自己。还有,如90年代,美国就涌动着一股反监管思潮,当时就建议,对投资者的保护太过分了,当然,这些人都是为机构说话的。还有证券商的权太小、信息披露对上市公司来说负担太重了等,这就是反监管的浪潮。监管部门的责任就在于搞强制信息披露,这是美国证券法所确立的一个原则。我们大家都知道美国的这个观点来源于布兰戴斯的一句名言:"阳光是最好的防腐剂,电灯是最有效的警察。"这句话在罗斯福竞选总统的时候就用来解决证券市场的欺诈问题,因此这才建立了信息公开原则。比如说,美国这次金融危机的教训,一个就是对IPO的企业只进行形式上的审查,不进行实质上的审查,而实质上审查的任务都交给普通投资者。因此,政府就只对信息披露的充分性负责任,至于这个股票有没有投资价值,这个公司是不是有真实的经营业绩是不管的。证监会在这次金融危机之前,无论在论文里、书里都认为我国的证券法就应该像美国的这种模式过渡,搞形式审查,采取这种注册制的做法。另外，对金融衍生产品，美国根本不管，只要你设计出来，能卖得出去，你就可以发。再比如，美国的私募基金，大家都知道，也是基本上不管的，因此才造成现在这么大的风潮。仅仅停留在信息披露是解决不了保护投资者利益的问题的，这是我的一个结论。第二个结论就是从信息披露监管的标准看，存在着信息披露太多太烂的问题，这确实加大了企业的成本，这是不容否认的。美国的安然事件以后，《萨班斯法案》公布，如果每个公司都要按照《萨班斯法案》，少的要增加几十万美金，多的要增加上百万美金的费用，而这种效果究竟如何，还值得检讨。第三个问题是现在我们对动态信息缺乏有效监管。一个是发行商的信息，广义上还包括交易信息，我们还缺乏监管。从金融危机下的证券监管来说，我觉得要思考的问题还有很多，比如大家也可以思考我们现在的监管模式，监管机构、保监会、证监会、银监会、人民银行这种多头监管是不是可以。对于这个问题，我个人认为是不可以的，我认为还是要建立统一的金融证券监管委员会，如果这个不能实现，各个部门最终只会考虑自己的事。还有我们提到的"功能监管"的问题，监管机制的完善问题是不是还要想办法？几个大的法要重新思考、重新定位、重新修改，这些现在都应该提到日程上来。我国现在面临一个系统性的政府执政危机，但是政府不知道怎么去办。这倒不是说这样不好，但是整个政府应该去规划管理机制、管理体制、宪政制度。所以说这次危机给我们带来了很多思考。我也没有一个成熟的看法，仅是结合本人的专业——证券法，给大家作一些基本情况的介绍，给大家一些提示性的启发，请大家共同思考，讲得不对的地方请大家批评指正。谢谢！

杨忠孝：感谢郭教授给我们带来了精彩的讲座。应该说，金融危机给我们带来的需要思考的东西很多，今天的讲座也带给我们很多的启发，我相信有很多同学在这一年多的时间里已经有很多的思考，与次贷危机、金融危机和金融监管相关的讲座，分析我国资本市场当中存在的问题的讲座也曾经听过不少。相信大家在今天听了郭教授的讲座又会有很多的想法。接下来的时间留给我们专家和同学进行一个交流。

提问一：我首先对几个词语的含义有着自己的理解。关于"监管"一词，如果拆分开来看的话是"监督"和"管理"。"管理"在公司当中，是深深地嵌在里面的，而"监督者"又要脱离其外，这两者是相互矛盾的。如果将两者拆分开来，那对这个词的定位可能就不是非常准确了。同样的一个词语如果广泛地应用在金融监管当中，作为一个基础性的词语，在理解上是有一定困难的。我想听一下郭老师的见解。还有一个问题就是"规制"、"监督"、"管理"这些词之间究竟有哪些差异,我想请教一下,谢谢!

郭峰:我觉得这是一个行政法上的问题,关于这些问题,大家都可以讨论,没有一个定论。说实话,我还没有查过"监督"和"管理"的词源,因为这两个词看起来实在是太普通了,但是要细细追究起来肯定是不一样的。这个同学提出的问题实际上是很有意义的。"管理"是不是"监督"呢,不一定。所以说在中文的词义之下,这两个词之间没有严格的分离,他们可能被交叉使用着。管理者有没有监督的责任呢?监督者有没有管理的责任呢?这可能在一个现实的案例里面是分不清楚的。因此,我们的这几个机构都叫"监督管理委员会",比如,证券监督管理委员会、保险监督管理委员会等。我认为还是把这些词语做一个分离好一些,一方面他们有监督的责任,另一方面又有管理的职责,如果说这两方面的责任完全一样,就没有必要用作四个字来念了。这只是我的一个理解,在一时半刻之内也不能表述得很透彻。这个问题很好,我们可以把它们做一个区分。

提问二:郭教授刚才说到了金融市场需要监管,但是又不能进行过度干预,这就提到了一个适度性监管的问题。美国这个具有如此成熟的金融市场的国家,它对金融市场监管的适度性没有把握住,事前没有对金融市场进行监管,导致了次贷危机,导致了需要事后监管。其实这个监管相当于"救火",也不是真正意义上的监管了。那么我国应该从这之中吸取一个什么经验,怎么来把握这个"度"呢?我的问题就是,您刚才提到了道德风险,美国这次次贷危机的一个重要的原因就是信用评级机构上市评级的独立性和客观性,因为受一己之利的影响,将没有良好信用等级的 CBOS 评价为 AAA 最高等级,最终导致次贷危机的产生。对于信用评级机构的道德风险应该如何进行规制,是否要对此规定一些法律责任?

郭峰:关于金融危机给我们国家带来的启示的问题,我觉得还是要从两个方面看。一个方面,美国是市场经济国家,传统上它还是靠市场的机制在发挥作用,并配置社会的资源。在这次国会和政府的辩论交锋的过程当中,一部分议员和美国总统都认为,不能因为美国这次救市的措施就怀疑美国资本主义经济赖以存在的市场经济的基石。国际上还有呼吁我国救市,说只有社会主义才能救资本主义,这肯定是不现实的。他们本身无非是在非常的时期采取了非常措施来治理社会经济出现的一些问题。因此,美国虽然对衍生产品、对冲基金疏于监管,但是我们也不能因此去否定它的功能,这些金融产品在最近的二十年来对于经济的发展还是起到了很大的作用,这是不能去否定的。只是到最后大家的头脑都发热了,政府也不理智,过多轻信一些投资银行家的说法,高估他们的道德情操,这样可能就埋下了整个事情的伏笔。另一方面来看我国,我国刚刚从计划经济体制之下走出来,市场经济根本就没有建成,我们的市场经济是官僚的、国营的、封建的、垄断的、投机取巧的混合的经济，而不是真正意义上的市场经济。到处都是官商资本的集合、大的国有公司、政府部门的集合，他们的很多行为都是损害消费者利益的行为，但是他们在赚了钱的情况下还能获得补贴，这些现象完全是不公平的。所以说我们的政府是对经济干预太多了。我们现在思考的是应该完善法律手段，从法律机制的角度来规制政府和经济之间的关系，完全放任肯定是不行的，但是又回头去走计划经济的老路肯定也是不行的。在这方面我们也不能否定政府的一些前瞻性的措施，有的还是做的不错的。大家回忆一下我们前些年四大国有银行不良资产的剥离，当时在国际上引起一片批评之声，说中国不能这样做，这样做违背市场经济的规律，但是美国现在在重复我们的道路，他们也在处置不良资产，而且正是上次亚洲金融危机之后我们及时处置了不良资产，才使得我们在这次金融危机当中，商业银行立于不败之地，没有遭受什么损失。还有像我们的证券公司前几年已经清理整顿过了，把客户保证金的问题全部解决了，所以现在即使股市再低迷，也没有听说有股民的保证金被券商侵吞的现象。这也可以说是我国在这十几年改革中所摸索出的经验，这使得我们这次在面对金融危机的时候在这方面处在一个比较主动的地位。所以我们要将各方面综合起来看，我们做的很多事情是对的。在我刚才演讲的过程中可能对政府的批评比较多，我们作为一个纳税人是恨铁不成钢，是希望政府做得再好一点。我们并没有对改革开放三十年取得的成绩加以否定。我国经济高速增长，而且国民财富也高速增长，整个社会还是进步了，这些都引起了整个国际社会的另眼相看。我们中国人值得自豪的地方就是我们一直有一种强烈的危机感，三十年来不管是领导人还是学者都有强烈的危机感，我们一直认为自己很多地方不行，制度不如人、技不如人、财力不如人，所以我们一直有一种想要奋起直追的思想。我们还有一个很明显的优势就是善于把国际上最好的东西拿过来，再结合国情创造一些适合中国特色的理论和经济运行中的具体制度，这方面我们是最聪明的。我们在政治体制上却相对比较保守，不愿意在这方面做文章，不愿意去想。从今年开始，未来三十年，我认为是制度建设时期，或者说是以宪政建设为中心的制度建设时期，所以这三十年会决定我国未来三十年的政治和法律的架构，最终应该实现一个民主法制的国家。

提问三：就世界上的监管模式而言，无非就是要么集中，要么以行政监管为主，要么以自律监管为主。就我个人的观点，对于某一些模式的选择可能更多的时候并不是一个理论的选择，可能只是一种历史的选择。所以我想请求郭老师给我一个判断，就是在我国这种既定的历史境遇之下，市场监管究竟是应该行政监管多一点，还是自律监管多一点？或者说，在哪些领域行政监管应该多一些，哪些领域自律监管应该多一些？

郭峰:简单说,在我国的现有国情之下,尽管我们对政府的监管不太满意,监管水平比较低,但我们的市场发育程度还是比较低的,基础证券存在很多问题,而衍生产品作为一种高风险产品,又有这么强大的杠杆效应,所以还是要以政府监管为主。自律监管因为涉及由谁作为自律监管的主体,是交易所还是行业协会?我们现在交易所基本上是管办的,行业协会基本上也是官办的,因此这种行业在我国本来就是一个半官方的行业。它自己不可能像英国那样有一个高度市场化的行为能起到自律的作用。证券市场就是一个游戏场,游戏之下什么心态都有,如果说自律监管,我看没有一个组织能够担当重任。如果说放任不管,那么问题就更大了,我国本来就是"一管就死,一放就乱",这就是我国几十年来改革所得到的教训。所以说还是要靠政府,关键就是让政府的监管尽量比较科学,比较理性,尽量尊重市场主体的利益和意愿,这是现在需要解决的问题。谢谢!

杨忠孝:今天郭教授在金融危机之下的思考,是有理论,也有实践的。思考的前提有两点,第一,保持对目前所正在发生的经济危机、金融危机的高度关注;第二,对背后的原因保持冷静的思考。如果能保持这两点,我们也可以从容的应对几百年不遇的经济危机。感谢郭教授给我们带来的精彩演讲,谢谢!